亚洲开发银行政策研究技援项目(TA-7306)专家组

组　　长：詹慧龙

组　　员：崔永伟　　蔡昉　　张永生　　辛　贤

　　　　　都　阳　　聂凤英　　王向阳　　厉为民

POLICY STUDY ON GOVERNMENT PUBLIC
EXPENDITURE IN AGRICULTURAL PRODUCTION

中国政府
农业投入政策研究

亚洲开发银行政策研究技援项目(TA-7306)专家组　著

人民出版社

目　　录

Contents

Policy Study on Government Public Expenditure in Agricultural Production

During its 16th National Congress in 2003 to 2007 the Communist Party of China (CPC) Central Committee and the Chinese Government re-affirmed that issues related to agriculture, rural areas, and farmers are given the highest priority in the national development agenda. Since then, the CPC has implemented a range of measures —such as increasing investment and providing preferential tax or tax exemptions —to actively support and promote the healthy and stable development of the agriculture sector and the rural areas. Such efforts have laid a solid foundation for China to effectively cope with the various risks and challenges facing its agriculture sector and continue its stable economic and social development. As the world's largest developing country, China needs to undertake an extremely critical and arduous task in its agricultural sector, and provide innovative and efficient funding, policy support, and management model, among others, in order to simultaneously deal with socioeconomic and environmental changes and challenges.

I. Challenges for China's Agricultural Development

Agriculture labor shortage —overcoming the Lewis Turning Point. Census data indicate a diminishing number of new entrants to China's labor market since 2006. During the 11th Five-Year Plan period (2006-2010), China had an annual average of 7.41 million people joining the workforce. During this period, except for the year 2009 in the middle of the financial crisis, China always experienced labor shortage. The labor shortage is expected to worsen since China projects to only have 3.12 million additional workforce per annum during the 12th Five – Year Plan period (2011 – 2015), yet the required workforce per annum during said period is estimated to be about 20 million. By 2017, the working–age population will start shrinking; given the transformation and development of the Chinese economy, this process is expected to persist in the future.

Land constraints. The Chinese government estimates that they need to maintain 120 million hectares of arable land to be self–sufficient in grain production. However, China's arable land has already fallen below the threshold and could further decrease to 117 million hectares by 2015. Since 1996, China has lost, on average, over 670,000 hectares every year due largely to urban expansion, industrial development, and natural disasters. Besides, inappropriate soil management, excessive use of agricultural chemicals, desertification, salinization, and water shortages have greatly contributed to the rapid deterioration of the fertility of farmlands.

Water scarcity. Agriculture accounted for over 60% of total water demand in China in 2012. Given the increasing water needs as a result of rapid urbanization and industrialization, on one hand, and increasing food demand, on the other, agriculture has to be much more efficient in its water use. The regional imbalance of water supply and demand is another challenging water issue. Arable land in the Yangtze River basin and in areas north to the basin account for 65% of the national arable land, whereas freshwater resources in those land account for only 19% of the national total. China has already implemented various water–saving technologies and farming practices, albeit in a limited scale. These technologies and practices need to be further disseminated and replicated so as not to hinder economic growth of other sectors.

Rising and diversified food demand. Given the increasing trends in population growth and urbanization in the coming years, food demand is expected to grow and become more diverse. China's total population is projected to grow on average by more than 7 million annually, while, with more and more people leaving the rural area for the city, its urban population is expected to grow annually by more than 10 million. Consequently, a decreasing number of farmers will need to feed an increasing number of urban dwellers. The supply of cereals, meat, and vegetable oil will need to increase annually by 4 million tons, 800,000 tons and 500,000 tons, respectively. Besides, China needs to provide a greater variety of food as people's preferences are constantly and significantly changing.

Food safety and plant and animal health. The food demand of China's population is not only for greater variety but also for better quality and safety. Recent food scandals represented by melamine–contained baby milk raised food safety awareness among the population. With rapid urbanization, China's population has become increasingly reliant on purchased food over whose quality they have no control. The growing practice of intensive livestock husbandry has made livestock farming vulnerable to animal disease outbreaks, some of which such as avian influenza and swine influenza have already posed serious threats to human health. Moreover, plant pests have grown stronger and elusive to tackle. To prevent animal and plant diseases, farmers take preventive measures (i.e., vaccination for animals and pesticide for plants) to minimize loss of livestock and crops. However, inappropriate application of vaccines and pesticides can cause long–term health threats. Food safety has become one of the top priorities of the government.

Increasing climate change risks. In addition to risks from animal diseases and crop infestation, the agriculture sector is also most vulnerable to climate changes and thus faces substantial climate risks. Associated with global climate change, adverse climate events such as droughts and floods are becoming more frequent and severe, causing serious losses and damages to agriculture. To help mitigate the adverse impacts of climate change, the agriculture sector needs to adopt some changes in farming practices and crop variety. In China, however, several studies concluded that climate change will have relatively minor impacts on overall agricultural output, and the impacts will vary by region and crop variety. ①

II. China's Potential to Meet the Growing Food Demand

Over the past 30 years, China has fed its own people, 21% of the world's population, with less than 9% of the world's farmland, thereby making a significant contribution to food security of the world. Nonetheless, China will soon be facing the challenge of producing more food with less labor, land, and water resources given its escalating population. To date, significant increases in crop yields have been achieved in China through a combination of technological improvement, mechanization, consolidation of farmlands, and adoption of higher-yielding varieties, chemical fertilizer, and other modern farming techniques. During the past decade, the contribution of technological improvement to agricultural growth increased from around 40% in 2001 to 48% in 2006, and 54.5% at the end of 2012, growing at an average of over 1% annually. The mechanization rate of Chinese agriculture considerably increased from 32% in 2003 to 57% in 2012, which is equivalent to its increase during the previous 30 years. During the eight years from 1988 to 2006, China achieved through integrated agricultural development programs a yield increase of 1,500 –2,250 kg per hectare in medium-and low-yield farmlands of 33.067 million hectares. As China's low-yield farmlands account for about two-thirds of the total farm-

---

① Those studies include: (i) Zhai, F., Lin, T., and Byambadorj, E. 2009. A general equilibrium analysis of the impact of climate change on agriculture in the People's Republic of China. *Asian Development Review*. 26 (1). pp.206 –255; (ii) Wang, J.X., Mendelsohn, R., Dinar, A., Huang, J.K., Rozelle, S., and Zhang, L.J. 2009. The impact of climate change on China's agriculture. *Agricultural Economics*. 40 (3). pp. 323 –337; and (iii) Tao, F., Y. Hayashi, Z. Zhang, T. Sakamoto, and M. Yokozawa. 2008. Global Warming, Rice Production, and Water Use in China: Developing a Probabilistic Assessment. *Agricultural and Forest Meteorology*. 148. pp. 94 –110.

lands, the potential of yield increase is tremendous. Meanwhile, China's agricultural labor productivity is only about 50% of the world's average.

III. China's Agricultural Expenditure to Meet Growing Food Demand

Inadequate public spending in agriculture. Over the past 20 years, farmers made significant investments in agricultural machinery and equipment as well as chemical inputs to achieve yield increases given the labor shortage. On the other hand, public spending in agriculture lagged behind and needs to be augmented to better address the challenges confronting China's agriculture sector. The government's spending increased from RMB 262.6 billion in 2004 to RMB 1,238.8 billion in 2012 to support the agriculture sector and the rural areas, with an average annual growth of over 20%. The share of expenditure in agriculture remains low at 9.5% of the central government's total expenditure since 2007; and, approximately 70% of the expenditure in agriculture is spent on administration expenses instead of agricultural investment per se. Moreover, the government fund for agriculture was allocated to different government agencies such as the National Development and Reform Commission, the Ministry of Finance, the Ministry of Water Resources, the Ministry of Agriculture, and the Ministry of Science and Technology that hardly coordinate with each other. Increased and more coordinated public spending will greatly help China's agriculture sector ensure food security in the future.

The directions and priorities of government funding should be identified. Government agricultural expenditure policy should be treated as an effective component of the agricultural development system, and together with market economy mechanism form a stable institutional framework for supporting sustainable agriculture development. A sound incentive mechanism for agricultural production should be established to promote investments in agriculture and provide incentives for farmers as rational producers. The boundaries between government investment and farmers' investment should be clearly defined. Market incentives should fuel the direct production process of agriculture instead of policy incentives in the form of subsidies. Subsidies tend to make farmers more reliant on non-market incentives, and such is not good for improving agriculture's competitiveness and self-reliance.

Government funding should not focus on agricultural subsidies that may cause distortions in price signals. Instead, the direct investment in public goods highly complementary to private agricultural investment should be enhanced, including investing in facilities that can help increase the per-unit yields, investing in human resources engaged in agricultural production, and investing in agricultural technologies with a potential for increasing yields in the long run. Government's agricultural investment should conform to the general trend of labor-saving technological evolution. Investments in agricultural technologies, agricultural machinery and equipment, agricultural infrastructure, and agricultural training and capacity building should be enhanced to improve the quality of farmlands, and to increase the application of technologies that would facilitate both labor and land substitution.

More public spending to cope with climate change. To mitigate adverse climate change impacts, more public spending is needed for agriculture. The studies[1] estimated that the amount of investments needed specifically for climate change adaptation would be approximately RMB 15 billion every year, and such investments will be provided primarily to regions and for crops identified to be significantly affected by climate change. These investments encompass agricultural infrastructure (e.g., transportation, information, and logistics facilities), capacity building for farmers and local gov-

---

[1] Juming Tu, Tun Lin, Guanghua Wan, Xian Xin, and Yongsheng Zhang. Forthcoming. Estimating the Agricultural Investment Needs for Adapting Climate Change in China. Working Paper. Asian Development Bank.

ernments, farmers training, development planning, ecological protection, and establishment of an agricultural insurance system.

IV. Policy Recommendations

1. Build a sound legal framework for agricultural investment. The Agricultural Investment Law should be prepared and promulgated as soon as possible to reinforce the policy and legal support for the various types of agricultural investments, including both domestic and foreign investments as well as both public and private (including farmers' own investment) ventures in agriculture. The roles of different government bodies (central government ministries and local governments) in handling administrative and financial matters related to agricultural investment should also be clearly defined to avoid confusion and/or duplication of roles as well as prevent shirking of duties. The quality of statistical indicators and data on agricultural investment needs to be improved. Furthermore, efforts should be made to promote the creation of regional agricultural investment laws and regulations that are in line with the national laws.

2. Integrate and streamline the public expenditure for agriculture. Reform the existing administrative system and redefine management authorities for public investment in agriculture according to the revised division of responsibilities of each government agency. Local governments should be authorized to consolidate public agricultural investments to increase the efficiency in the use of funds. The first step is to consolidate public expenditure across different areas and levels of government administration based on type of usage. The second step is to gradually decentralize the management authority of the public expenditure for agriculture from the central level to county and township levels. The third step is to integrate agricultural investments by project and/or industry. The fourth step is to establish a mechanism for integration of new public expenditure for agriculture following the principle of "retaining the existing level of the

public expenditure and integrating new funds to the existing public expenditure and reallocating it as required."

3. Refine the budgeting and monitoring of agricultural investment. Reform the existing public expenditure allocation for the agriculture sector and the rural areas across different levels of government administration to unify budgetary and extra-budgetary funds, streamline expenditure items, and clearly earmark funds for agricultural development efforts that are distinct from funds used for personnel and organization expenses. A sound management information system for investments related to agriculture, rural areas, and farmers is likewise important to facilitate the coherent and standardized management of agricultural budgets. Regular performance monitoring and evaluation of the different agricultural investments should be introduced to accurately assess their respective actual impacts, and thereby reflect the results of such evaluation in rescaling and streamlining of public expenditure and relevant policy instruments.

4. Expand the public expenditure for agriculture to induce private investment. Consolidate funds from other sources to establish a special fund for agricultural investment, which can finance treasury bonds and/or government-guaranteed soft loans. This financial mechanism will facilitate the transfer of private funds to agricultural investment. A sound and robust government investment should stimulate the generation of more funds from farmers and nongovernment economic organizations, as well as from the capital market and foreign investors. Such funds should complement local governments' investment and existing financial instruments, such as agriculture insurance and concessional loans for agricultural cooperatives. It is thus crucial that the fiscal transfer payment system be refined so it can effectively enhance investments in agriculture.

Zhan Huilong, Agricultural Development and Investment
Specialist and Team Leader

Cui Yongwei, Agricultural Policy Specialist

第一章　中国政府农业投入政策研究总报告

第一节　引　言

一、项目背景

2008年,是中国农业农村发展非同寻常的一年,各种难以预料、历史罕见的重大挑战接踵而至:年初南方罕见的雨雪冰冻灾害、4月四川汶川大地震,以及下半年爆发的全球性金融危机。随着世界金融危机对中国影响的不断加深,农业和农村经济运行出现了许多新情况新问题,农产品价格全面下滑,出口严重受阻,农民工返乡回流明显增多,稳定粮食等主要农产品生产的难度加大,农民增收形势严峻。为抵御国际金融危机的不利影响,促进经济发展,保持社会稳定,当年11月,党中央、国务院出台了一系列扩大内需、促进经济平稳快速增长的政策举措,各地政府也先后推出了一系列扩大内需的政策措施。形势的发展变化,迫切需要加强农业投入的政策研究,以保证在大幅度增加农业投入的同时,能有效提高农业资金使用效率,从而稳步提高农业综合生产能力,促进农业增产、农民增收,为中国经济社会又好又快发展奠定坚实基础。

纵观世界各国的经验,政府对农业的投入是非常必要的,这并不只因为农业部门较低的生产效率和自身难以产生足够的积累而使其难以承受贷款的负担,更重要的是,农业固定资产投资由于需求规模大、建设期限长、牵涉面广、投资以后效益不易分割等,使得不可能由分散的农户来承担,而只适宜于政府投资;而农业科研、技术推广、农户教育等具有十分明显的外部性,具有显著的公共产品的属性,也应由政府来投资进行。因此,研究政府农业投入问题不仅是产业发展的客观需要,也是提高政府效能的必然要求。

《中华人民共和国农业法》(以下简称《农业法》)规定:"国家逐步提高农业投入的总体水平。中央和县级以上地方财政每年对农业总投入的增长幅度应当高于其财政经常性收入的增长幅度。各级人民政府在财政预算内安排的各项用于农业的资金应当主要用于:加强农业基础建设;支持农业结构调整,促进农业产业化经营;保护粮食综合生产能力,保障国家粮食安全;健全动植物检疫、防疫体系,加强动物疫病和植物病、虫、杂草、鼠害防治;建立健全农产品质量标准和检验检测体系、农产品市场及信息服务体系;支持农业科研教育、农业技术推广和农民培训;加强农业生态环境保护建设,扶持贫困地区发展;保障农民收入水平等。"

近年来,中国政府从全面建设小康社会和推进社会主义现代化建设的全局出发,把解决好"三农"问题作为政府工作的重中之重,制定了"工业反哺农业、城市支持农村"和"多予少取放活"的方针,实施了一系列强农惠农的政策措施,不断加大财政对农业的投入,为保证农业持续发展,农业生产力稳步提高,推动粮食增产、农业增效和农民增收作出了重要贡献。但是,在新的经济社会形势和产业发展环境面前,与现代农业发展的要求相比,中国现行的

（一）经济社会发展对完善政府农业投入政策提出了新要求

当前,中国经济社会发展已进入了一个新的历史时期,"三农"问题也呈现出一些新的特点:农产品需求日益由追求数量向追求质量转变;农业发展的制约因素由过去主要是资源约束转变为资源、环境和市场的多重约束;农村产业结构和就业结构发生了重大变化,农村劳动力大量转移就业,务农劳动力的数量和质量急速下滑;科技进步成为农业与农村经济发展的主要推动力量。这些新的变化要求中国政府在农业投入政策的理念、规范、制度、方法和措施等方面都要进行相应的调整,以充分发挥投资支持农业发展、保障国民经济持续健康发展的作用。

（二）农业自身发展对完善现行农业投入政策提出了新要求

近年来,虽然中国逐年加大了对农业的投入,但由于农业基础薄弱,欠账较多,农业投入的缺口还是很大。随着中国城市化、工业化进程的加快,城市发展对土地的需求刚性增长,耕地数量逐年递减,现有的耕地质量普遍不高,70%以上的耕地为中低产田。水资源对农业发展限制日益突出,水利基础设施不足导致有限的农业用水不能得到充分利用,影响了农业生产效益的提高。气候变化对农业发展的影响日益加剧,全球升温导致很多极端气候灾害的出现,也使农业生产条件、农业病虫害发生规律和农业气象灾害发生规律产生了变化,给农业生产造成了很大困难。随着中国向现代社会转型速度的加快,在农业资源供应日益紧张、农村劳动力日益匮乏、社会对农产品需求日益旺盛的情况下,唯有加大农业投入、努力改善农业生产条件、提高土地产出率、资源利用率和农业劳动生产率,才能促进农业发展、农民增收,不断提高农产品标准化和优质化率,实现保障农产品稳定供给的发展目标,才能保障中国经济社会的全面快速发展。

从政府农业投入的实践看,尽管《农业法》等法律和近几年出台的几个中央"一号文件"对农业总投入的增长幅度有一个原则规定,但1994—2007年,全国财政总支出由5218亿元增加到49781亿元,增长了854.0%,而同期财政用于农业的支出则从532.98亿元增加到4318亿元,仅增长了711.6%,13年间,财政用于农业的支出比财政总支出增长率低了142.4个百分点,未能达到《农业法》和有关文件的要求。据初步测算,2006—2010年,农业部组织的农业"七大体系"建设需要投资2944亿元,其中,中央投资1822亿元,年均需要中央投资365亿元。按照"十五"期间年均69亿元的投资强度测算,每年尚有约300亿元的投资缺口。农业投入的长期严重不足,影响了中国现代农业建设的进程,影响了农业基础地位的稳固,以及对国民经济稳定健康发展支持作用的发挥。

（三）稳定农业投入、提高投资绩效,需要以合理的农业投入政策为保障

现阶段中国的农业投入政策缺乏整体性和稳定性,难以对各级政

3

府开展农业投入形成有效的约束和激励,不能保障农业投入的持续稳定,也难以使有限的资金发挥最大的效用。随着经济社会的发展和外部环境的变化,现行农业投入政策存在着一系列亟待解决的深层次问题:

1.农业投入稳定增长的政策体系尚未形成。目前,中国的农业投入政策还不完善,已有的政策中大多数对各级政府都只有权限的划分和程序性规定,没有明确的责任约束。虽然各级政府都制定了农业发展目标和战略规划,也有相关的投入政策,但由于各种原因,各级政府尤其是地方政府解决农业问题的方式常常是被动式、应急式的,短期行为多,长期规划少。虽然财政用于"三农"的财政投入总数量在增加,但年度间不均衡,财政支农支出占财政总收入或总支出的比重一直在一个比较低的水平徘徊。

2.农业投入管理机制还不完善。在政府架构中,涉及农业投入管理的部门多,相关的管理职能分散在农业、林业、水利、气象、财政、发展与改革、商务、科技、环保等部门。部门之间的协调性不强,计划和行动很难取得一致,齐抓共管、步调一致、协同行动的局面尚未形成。支农资金的科目分类、管理体制均是以部门条块为主,各部门对政策的具体理解、执行和资金使用要求各不相同,政策之间缺乏有机的协调。中国审计署的调查显示,目前国家支农项目类型多达160个左右,从中央到省、市、县都有20个左右部门参与资金管理。由于各部门对资金管理的具体要求和规定不同,加上运行环节多、过程长、管理成本高,规范的管理监督机制难以有效形成,导致资金到位率低、使用不规范。运行管理体制上的弊端,影响了农业投入的效率和效益。建立科学合理的政府农业投入政策体系,完善与现代农业投入活动相适应的管理激励机制,是稳定农业投入、提高农业投入效率的重要保障和当务之急。

(四)国内外的实践为农业投入政策研究提供了借鉴和参考

——国际经验。美国、欧盟、日本、印度等国家和地区在建立一套科学有效的农业投入政策方面做了大量的探索。他们的主要经验是:通过完善农业投入政策和法律,稳定和加大对农业的投入,保护农业和农民的利益。将农业投入的重点放在基础设施建设、生产资料补贴、农产品补贴、科研与技术推广、农产品质量安全、保险补贴和贷款贴息等方面。这些国家和地区或是已完成了工业化过程，或是正处在转型期，其农业投入政策和有关实践对我国有很好的启发和借鉴意义。

——国内实践。30多年农村改革的伟大实践表明，政府农业投入波动的周期基本上与农业生产波动的周期相吻合，与国家经济发展总体形势的变化也紧密相连。20世纪80年代以来，政府农业投入政策的变动为研究当前政府农业投入提供了很好的经验借鉴，尤其是近年来中国政府制定的一系列关于增加"三农"投入的政策实践，以及各省政府依据《农业法》制定的本省《农业投入条例》和山西、河北、福建、湖北、辽宁等省对县级以上人民政府设立农业发展基金的有关政策规定，为本项目的研究提供了重要的理论和实践依据。

二、研究目标与任务

针对中国政府农业投入的现状和未来的发展趋势，借鉴发达国家和地区农业投入政策制定与实施的成功经验，依据世界贸易组织规则，结合中国国情，对政府农业投入的范围、重点领域、投资规模、资金构成、投资决策、经费使用以及管理监督等方面进行重点分析和研究。

三、研究方法

本研究采用实证分析与规范分析相结合的方法，全面系统地考察中国政府农业投入问题。

具体方法和思路是：在分析和研究现阶段中国经济社会发展新特征新要求的基础上，回顾和分析中国政府农业投入的历程，总结世界典型国家政府农业投入的做法和经验，针对气候变化的影响，研究今后一段时期确保中国粮食安全、发展现代农业和增加农民收入的政府农业投入的重点及政府农业投入体制机制的改革方向，结合案例研究，为完善中国政府农业投入政策体系提供政策建议参考。

四、研究范围的界定

本研究所指的农业仅包括通常理解的农业（种植业、养殖业）、林业、水利、农业气象和农业生态环境,以及相关的科技教育、技术推广等支撑服务。

"政府农业投入"的概念是:政府为获得一定数量的农产品和良好的生态环境,在农业生产过程中,投入资金,通过一定的运作方式,形成农业资产或资本的经济活动过程。在现有的技术条件、经济条件和市场条件下,农业投入有广义和狭义之分。狭义的农业投入是指农业生产过程中固定资本和流动资本的投入,它排除了农业生产过程以外的资本消耗。广义的农业投入还包括为农业生产服务的农业科研、教育、技术推广、农业生态和环境保护等方面的投资,同时还涉及与农业关系密切的农用工业、水利、气象和林业。政府农业投入的方式一般包括固定资产投资与补助性投资。需要指出的是,本项目所研究的政府农业投入,仅限于政府的与农业生产相关的投入,不仅包括与农业有关的资金的投入,还包括与之相应的政策、法律法规等有关制度。

农业投入政策是为一定的农业发展目标而确立的投资指导原则及其相应的措施,其目标在于对各种农业投入主体的行为加以引导和调控。

第二节　中国政府农业投入政策的演进

一、中国政府农业投入政策的发展历程

新中国成立以来,中央及地方政府一直高度重视对农业的投入,通过积极筹措资金和加大投资力度等方式,确保了财政对农业投入的增长,对推进农业现代化进程发挥了重要作用。中国政府农业投入政策的发展可以划分为以下 5 个阶段:

(一)农业投入政策的初始阶段(1949—1958 年)。这一时期,财政对农业的支持投入重点放在农业基本建设和农林水气象事业等方面,安排少量的资金支持恢复农业生产。

(二)农业投入政策的弱化阶段(1959—1978 年)。由于主客观各方面因素的影响,这一阶段国家财政对农业的资金投入一直在较低的水平徘徊。

（三）农业投入政策的结构性调整阶段（1979—1993年）。国家对农业资金分配政策及财政支农政策进行了重大调整。国家财政用于农业的投入也大幅度增加，国民收入分配中弱化农业的现象有所改观，农村出现了20多年来少有的快速发展形势。从1982年至1986年，中央连续出台了5个关于农村工作的"一号文件"，促进了废除人民公社、推行家庭联产承包责任制、突破计划经济模式等一系列农村和农业改革，初步构筑起适应社会主义市场经济发展要求的新型农村经济体制。

（四）农业投入政策的强化阶段（1994—2002年）。这一时期，财政支农投入逐步增加，在继续支持农业基础设施建设、农业科技进步、农业抗灾救灾、农村扶贫开发的同时，加大了对生态建设的支持，加大了对农村改革特别是农村税费改革的支持。但是，从宏观视野观察，城乡二元社会经济结构及城乡二元财税体制依然没有动摇，城乡差距反而呈扩大趋势。

（五）农业投入政策的飞跃阶段（2003年—至今）。2003年，党中央提出了"统筹城乡发展"的方略，把"三农"问题作为全党工作的重中之重，中国财政支农政策开始实现战略性的转变。2004年以来，中央连续出台了10个指导"三农"发展的"一号文件"，实施了以"四减免"和"四补贴"为主要内容的支农惠农政策，中央对农业投入的力度进一步加大，财政支农工作的指导思想也发生了重大变化，农民与政府的"取"、"予"关系发生根本性改变。从政策层面上，把财政支农的重点由原来的以促进农业生产为目标，转向以促进农业农村的全面发展为目标；把整合财政支农资金、发展现代农业、统筹城乡发展作为财政支农新的着力点。以支持粮食生产、促进农民增收、加强生态建设、推进农村改革、加快农村教育卫生文化发展等政策为主要内容的财政支持"三农"政策框架体系已初步成型。

二、中国政府农业投入的基本经验

回顾过去，通过运用政府农业投入政策，中国农业发展得到了不断增长的财力支持，对国民经济和农村的稳定发展起到了日益突出的支持作用。总结建国以来特别是改革开放以来30多年政府农业投入政

策的经验,可归纳为以下三个"必须坚持":

(一)必须坚持将农业放在国民经济的基础地位,不断完善政府投入有关政策措施

在当今的任何社会和国家,特别是在中国这样一个人口众多、农业和农民都占有较大比重的发展中国家,农业在国民经济中的基础地位始终不能动摇,这是一条必须严格遵循的经济规律。鉴于农业的基础性、战略性、弱质性特征,强化农业的基础地位就必须强化政府农业投入的财政政策。

(二)必须坚持"三农"优先发展的原则,不断调整国民收入分配格局,持续加大农业投入

改革开放以来特别是进入20世纪90年代以来,中国经济保持持续快速增长,社会经济结构发生了重大变化,经济发展阶段由工业化前期向工业化中期过渡。根据国际经验,在这个阶段,随着工业化的快速推进,工农关系将发生转折性变化,经济发展也将进入工业反哺农业阶段。中国的工农分配关系自改革开放以来已经开始发生变化,改变了建国后长期实行的农业为工业提供原始积累、政府投入主要用于工业的做法,逐步理顺了国家与农民"取"、"予"之间的关系。特别是党的十六大以来,中央更加高度重视解决"三农"问题,明确和坚持了"多予、少取、放活"的方针,逐步建立了"以工补农"、"以城带乡"的反哺农业机制,通过推进农村税费改革和加大国家"三农"投入,调整和改变了国家与农民的分配格局,这为中国"三农"的稳定健康发展奠定了重要基础。

(三)必须坚持体制机制创新,更好地发挥政府农业投入政策的作用

改革开放以来特别是近10多年来,各级政府在建立完善支农体制机制方面进行了积极的探索,如防灾减灾的应急机制、支持"三农"工作的联席会议机制、"公办公助"的引导机制、生态效益补偿机制、积极探索支农资金整合、试行将农业专项资金使用的决策权下移等,对于建立统一、规范、有效的政府农业投入政策机制和管理运行体制,对于加强政府农业投入工作起到了积极的作用。今后一个时期,必须坚持改

革创新,逐步完善政府农业投入政策和管理运行体制机制,确保政府农业投入资金的安全有效运行,充分发挥政府农业投入政策的支持、规范和引导作用。

三、当前财政支持"三农"政策存在的主要问题

(一)尚未形成投入稳定增长的机制

近几年,财政用于"三农"的财政投入数量不断增加,但年度间不均衡,财政支农支出占财政总收入或总支出的比重一直在较低水平徘徊。

(二)资金使用分散和交叉重复并存

集中体现在用于农业方面的资金,包括农业基本建设投资、农业科技支出、支持农业生产支出、农业综合开发资金等都存在使用上的分散和交叉重复并存的现象。由于财政支农资金分属多个部门管理,各部门对政策的具体理解、执行和资金使用要求各不相同,政策之间缺乏有机的协调,各个部门在贯彻中央"三农"政策时都会在资金安排分配上面面俱到。目前最突出的是发展和改革委、科技部、财政部和农口各部门之间,以及各部门内部机构之间分配管理的财政支农资金在分配上还没有形成一个有效的协调机制,基本上是各自为政,资金使用分散和投入交叉重复现象比较严重。由于财政支农资金分属各个部门管理,各部门的具体要求和规定不同,加上运行环节多、过程长、管理成本高,规范的管理监督机制难以有效形成,导致资金管理和使用效率低下。

四、中国政府农业投入政策的改革思路

2008年10月,中共十七届三中全会通过的《中共中央关于推进农村改革发展若干重大问题的决定》和近年来中央先后出台的一系列"三农"政策文件,全面准确地分析了农村改革发展的形势,高屋建瓴地提出了未来农村改革发展的目标任务和重大原则,为当前和今后一个时期国家财政"三农"支持政策的制定与实施指明了方向。

(一)切实加大政府农业投入的力度

今后一个时期,积极发展现代农业,提高农业综合生产能力,重点

在确保国家粮食安全、推进农业结构战略性调整、加快农业科技创新、加强农业基础设施建设、建立新型农业社会化服务体系、促进农业可持续发展和扩大农业对外开放等七个方面。

从总量上看,虽然国家财政支农的投入巨大,但财政支持农业发展的力度还很不够,支农效果也不理想。当前财政支农资金的70%左右是用于农业行政事业单位事业费,而用于农业生产本身的资金很少,农民受益很少,根本没有达到支援农村经济、农业生产发展的目的。因此,在继续坚持政府财政支持"三农"发展的同时,必须要加大政府对农业投入的支持力度,重点支持农业生产的全面发展,不断提高政府财政投入总量的增加速度,优化投入的支持结构。

(二)建立规范有效的政府农业投入管理运行机制

1.积极推进政府农业投入资金的整合。坚持以县为主推进支农资金整合工作,鼓励和允许各地积极探索多级次、多形式的支农资金整合的有效途径。积极打造支农资金整合平台,以发展规划引导支农资金整合,通过项目的实施带动支农资金的集中使用。

2.积极创新政府农业投入机制,发挥农业财政政策的导向功能。一方面,要改变财政支持农业的方式,在直接资金投入的方式之外,完善以奖代补、以物抵资、先建后补等农业投入形式,形成在财政投入的带动下,企业和农民自己投工、投资改善农业生产条件的机制。

3.规范和强化政府农业投入管理。建立以需求为导向的农业投入供给决策机制。逐步实现投入供给决策程序从"自上而下"向"自下而上、上下互动"的转变。为此,首先,要加强对农业生产基础条件的需求调查,充分反映农民的需求重点,建立投入供给优先次序;其次,要研究制定政府农业投入的资金使用绩效评价方法,根据评估结果实施激励约束并重的考核机制;再次,要建立严格规范的政府农业投入资金的监督检查机制。把支农资金使用管理的检查作为监督的重点,并自觉接受审计等社会各方面的监督,提高支农资金使用的规范性、安全性和有效性。

4.调整政府农业投入的支出结构,优化农业投入环境。强化政府农业基础性投入,同时为社会投资主体增加农业投入创造良好的外部环境。在税收、补贴、贴息等方面对农业投资给予优惠和奖励,吸引社会资金投向农业;改变财政投入方式,减少政府直接办项目,加大对农民和社会办项目的补助;通过税收优惠等政策措施鼓励农业经营收入用于农业再投资等。

(三)建立与 WTO 框架相适应的政府农业支持政策体系

在支持农业发展的财政投入方面,《农业法》中的财政经常性收入,是个原则性的概念,没有公开的统计口径相对应。另一方面,公开的农业总投入的统计口径不准确,不能反映财政投入真正用于支持农业生产发展方面的情况。这导致长期以来中国主要运用财政支农支出占财政总支出的比重及财政支农支出占农业增加值的比重两个指标来反映财政支农支出总量或规模,使得财政支农资金的规模长期高估,实际上不利于农业产业的发展。因此,有必要按照 WTO 框架的要求,不断完善中国政府农业支持的政策和分析评价体系,并制定相关法律法规,明确政府农业投入的支持方向和重点,确保实现政府农业投入的快速增长和农业获得支持资金的实际有效增长。

第三节　其他国家和地区农业投入政策的经验探寻

一、美国政府农业投入政策分析

美国农业支持政策大约起源于 20 世纪 30 年代,主要目标是增加和稳定农民收入、保障农业健康发展。经过几十年的发展,随着美国经济实力的增强,对农业的投资不断扩大,农业发展扶持体系日渐完善,确保了美国农民的收入不低于城市居民的平均收入水平。2002 年美国新农业法颁布,其对农业支持政策的主要措施有:目标价格与反周期支付、生产灵活性合同与直接支付、支持价格与贷款差额支付、保护土地补贴、农作物保险和灾害援助、信贷支持,以及涉及科研、推广、教育、基础设施和促进农村发展等多方面的农业投入。

美国对农业的投入之所以稳定而可靠,主要的一个原因就是,美国的农业投入是以法制化作为保证的,它不受时间和外界其他因素的干扰和影响。美国农业投入法制化建设对中国完善法制,实现"依法支农、依法护农"具有重要参考价值。

二、日本政府农业投入政策分析

日本农业保护政策自成体系,通过各种渠道对农业进行全方位的保护,具有自身的特点。日本实行农产品生产和价格补贴、农田水利建设补贴、农业现代化设备补贴、农业贷款利息补贴等制度增加政府对农业的投入。二战后,日本经济进入高速增长期,政府实行"以工养农"政策,农业整体上已不再是财政收入的主要来源,而是财政支出的重要方面。为保护本国农业,对进口农产品实行高关税政策。实施保护农地制度,稳定耕地面积。为从根本上保护农业,根据地少山多国情,实行先水利化,继良种化、化学化,后机械化的独特现代化道路。在政府鼓励下,建立了多种形式的农民互助合作性的"农业协同组合"(简称"农协"),有力地保护了农业的发展和农民利益。为保护农业,除保护农业的根本大法《农业基本法》外,还形成了保护农业的完整法律体系。

三、欧盟农业投入政策分析

在欧盟的政治、经济一体化不断发展的过程中,其农业领域的政策,即共同农业政策(CAP)所起的诸多作用举足轻重。在市场与价格政策方面,CAP除了引入保证限制数量制度、生产者共同责任进口税制度、生产配额制度外,还实施了限制介入收购(对农产品的期限和品质),以及控制农产品价格的政策(1984年以后)。同时强调减少生产过剩和农业所具有的环保功能,CAP从市场政策型向重视环境保护的地区农村政策转型。为了既适应WTO规则的要求,又不削弱对农业的支持,2003年6月,欧盟确定农业补贴与环境保护完全挂钩,形成了以环境保护为核心的农业补贴政策体系,农业补贴的环境保护功能改造最终完成。

欧盟重视保护生态环境、提高农产品质量、不断增强农业发展潜力。他们把环保理念贯穿于农业生产中,培育农民的环保意识和农产品质量意识,做到环保生产和清洁经营,减少环境污染,提高农产品质量。随着生态系统的恢复,增加了对气候的调节能力,农业发展的外部环境得到优化,进而提高农业生产能力。

四、法国的政府农业投入政策分析

法国是欧盟中农业最发达的国家之一。自 20 世纪 60 年代初开始执行欧盟共同农业政策,从价格支持政策转向生产者收入政策,同时强化结构政策,加强对农村发展和农业生态保护的支持力度。1998—2007 年,法国对农业的公共支持力度不断增强,法国农业公共支持(不包括地方政府支出和对渔业的支持)资金累计达 1622.30 亿欧元,相当于同期农业增加值的 55%。对农业的公共支持涉及农牧业活动和乡村区域整治、林业、农业教育和研究与发展、农业的一般服务等四个领域,其中,给予最多的是农牧业活动和乡村区域整治,1998—2007 年期间,法国在这一领域投入累计达到 1258.82 亿欧元,占法国农业公共支出资金总额的 77.6%。目前,法国正在实施 2007—2013 年农村发展国家公共支持规划。根据该规划,规划期内法国通过欧洲农村发展基金用于支持农村发展的资金总额将达到 120 亿欧元以上,重点支持乡村空间管理和环境保护(占支持总额的 56%)。按法国现有农村人口,仅此一项平均每一农村人口即可获得 920 欧元的农村发展支持资金,这还不包括由欧洲地区发展基金和欧洲社会基金等为农村发展提供的支持资金。法国在增加农业公共支持的财政支出总量的同时,将资金比较集中地用于对增加产出、降低生产成本和改善农业生态环境等具有重要作用及意义的相关方面。例如:改进农业公共支持方式,拓宽支持的领域和范围;扩大农业直补的领域及范围,提高补贴幅度;建立农业发展专项基金;加大农村和农业生态环境保护的公共支持力度。

五、巴西政府农业投入政策分析

为提高农产品竞争能力,维护农业经营者的利益,巴西政府采取了一系列行之有效的农业扶持措施。在农业信贷政策方面,以法律形式规定农业信贷的重点是鼓励扩大农业生产,帮助中小企业增加农产品出口;在农业保险方面,农业保险由中央银行独家经营,分备耕、种植、管理、销售四个阶段的投保和"全额保险"、"分段保险"两个险种,保险范围以生产成本为上限;在价格支持方面,实行农产品最低保护价格,加大农业基础设施建设,大力研发、推广农业新技术,推动农业生产结构升级,强化农业合作社作用。

六、韩国政府农业投入政策分析

20 世纪 70 年代,韩国政府将"工农业均衡发展"、"农水产经济的开发"放在经济发展三大目标之首,并发起了著名的"新村运动"。鼓励一家公司企业自愿与一个农村建立交流关系,对其进行"一帮一"的支援,即所谓的"一社一村",较好地解决了产业化进程中农村社会人口减少、社会空洞化等现象。

从对生产者支持的角度,1968 年开始对大米等农产品种植农户实行购销倒挂的补贴政策,并不断提高补贴标标准;从 1999 年开始韩国政府对执行"环境友好型"农业生产的农户给予直接支付补贴,补偿农户因减少化肥和农药使用导致作物减产带来的收入损失;还制定了农民提前退休直接支付政策。对农业一般服务支持的政策包括了农业科研投入、技术推广和农业教育体系、农产品安全检验、病虫害控制、改善农业基础设施、农产品流通体制建设等几方面。

第四节　中国农业发展新阶段与政府农业投入政策的变化

一、刘易斯转折及其对农业投入的影响

持续的经济发展使中国已经成为一个中等收入国家,在中等收入向发达经济体迈进的进程中,中国正面临着诸多的挑战。

经济发展、现代部门的不断扩张所产生的劳动力需求增加,以及由此吸引的农村剩余劳动力不断向非农部门转移,再加上长期低生育率水平导致的人口结构快速转型,使中国经济面临工资水平的持续上涨和劳动力短缺的现象双重压力。这就引起农业发展模式产生了阶段性

的变化,农业投入政策也必须做出相应的调整,以适应经济发展对农业的需求,使农业部门实现持续健康发展。

(一)刘易斯转折如何影响农业投入:劳动力市场的变化

中国劳动力市场的转折是农村劳动力不断向城镇转移所推动的,这一过程使中国逐渐摆脱了二元经济的特征。2010年,外出务工的农民工总量达1.53亿,成为城市劳动力不可或缺的组成部分。从需求来看,中国经济持续高速发展,吸纳劳动力的数量也相应扩大。由于中国长期处于低生育水平,目前新增劳动年龄人口数量正急剧下降。2007年新增劳动年龄人口的数量由上一年的1491万大幅下降到894万,并由此开始较长时期的单边下降趋势。预计到2017年,新增劳动年龄人口将首次出现负值,即劳动年龄人口的总量将开始减少。也就是说,劳动年龄人口总量减少的时间大致出现在"十二五"结束之后。

(二)刘易斯转折如何影响农业投入:食品短缺点效应

农业部门劳动力工资开始迅速上涨,改变农业中最主要的生产要素(资本和劳动)的相对价格关系,并由此引发农业投入水平、机制和农业技术的变迁。如果没有政府投入政策的干预,农业总产量将会产生波动。在食品安全具有硬性约束的条件下,维持农产品供给的稳定,需要加大政府投入,消除市场失灵可能产生的不利影响。

(三)刘易斯转折如何影响农业投入:要素相对价格效应

伴随刘易斯转折点的到来,农业劳动力成本提高,改变了农业资源禀赋的结构特征。以前的农村劳动力农闲外出、农忙返乡的季节性特征越来越不明显。在这种情形下,农业生产对劳动力的需求必然需要通过机械来替代。这种变化导致的结果:首先,家庭劳动日工价的上涨。其次,劳动力短缺以及劳动力成本的提高,诱导出农业投入结构的变化,农业技术变化迅速转向劳动节约型。再次,农业中生产要素的替代过程,是伴随着技术变化进行的,即从土地节约型农业技术变化转向劳动节约型农业技术变化的过程中,实现了资本对劳动的替代。这个技术变化同时也表现为农业全要素生产率的大幅度提高。因此,从全要素生产率的提高趋势我们可以得出结论:中国农业的生产方式正在发生根本性的变化,绝非"小农经济"的说法可以概括其性质的。

二、农业现代化及农业投入的特征

在过去的 20 余年里,由于诱致性技术变迁,农业投入的数量和水平都发生了明显的变化。其一,单位面积上现代生产要素的投入数量大大增加,使农业逐步摆脱了由于土地经营规模制约的"小农特征";其二,农业投入结构由于劳动力成本的上升发生明显变化,资本替代劳动在中国农业发展的过程中得到了越来越明显的体现。

(一)农业投入总体水平的变化

过去 20 余年,现代农业投入品的不断增加是中国农业发展的突出特点。在播种面积维持基本稳定的情形下,劳动投入指数在近几年出现明显下降。由于农业中各种投入要素相对价格的变化,农业投入结构在过去 20 余年里也发生了明显改变,机械和化肥等替代劳动的现代生产要素投入显著增加。从农业投入的来源看,过去 20 余年里私人投入的增长速度要远远快于公共投入的增长速度。在目前的农业经营体制下,化肥、农业机械等投入品主要依赖于农户的私人投入,而灌溉、农业科技等具有较强外部性的投入品,则依赖于公共投入。在私人部门现代生产要素投入增长已经达到相当高水平的情况下,政府公共投入对私人要素投入的互补性,将对未来中国农业规避食品短缺点发挥越来越重要的作用。

(二)农业投入需求的变化

中国目前的农业经营体制决定了农户是最基本的农业生产与经营单位,也是生产要素投入决策的基本单位。从长期来看,农业要素的投入需求取决于区域的比较优势。也就是说,越具有农业比较优势的地区,农户的农业投入积极性会越高。政府应充分利用市场机制,刺激某些农业生产要素投入的增加。

(三)农业增长的源泉

中国农业发展已经具备了现代农业的特征,农业增长的主要源泉将来自于现代生产要素的投入。过去 20 余年,中国粮食的增产主要得益于以化肥和机械为主的物质资本投入的增加,而这些投入品主要来自于私人投入,并且劳动投入对产出的影响已经远远小于资本。分析发现,灌溉投资并没有实质性地改善灌溉条件不足地区的灌溉条件,农业"靠天吃饭"的特征仍然较为明显。在土地和劳动投入成为越来越强的硬性约束的条件下,未来农业的发展需要增加与这些物质费用投入具有互补性的农业投入,尤其是具有公共性的互补品,如提高灌溉的效率,增加农业科技的投入,以及对具有较强外部性的其他领域加强公共财政的投入。进一步提高农业综合生产能力,对于保持农业的稳定发展始终具有重要的意义。

三、新阶段的农业投入政策

目前,中国经济正面临着从第一个转折点向第二个转折点迈进的过程,农业投入政策也相应地需要因应这一时期的一般规律。具体来说,包括以下几个方面:

(一)进一步理顺价格关系是保证农业正常投入机制的前提

在市场机制为主导的经济环境下,通过投入与产出关系所形成的投资激励才是最基本和可持续的。这就要求农产品价格形成要能够及时反映市场供求关系和资源禀赋稀缺性的变化。面对市场供求关系引起的价格波动,政府应当主要在传播市场信息等领域发挥积极作用,而不能仅仅以平抑价格作为调控目标。

(二)农业投入政策的着力方向要符合劳动节约型技术变迁的总体趋势

农业中劳动节约型技术变迁的特征越来越明显。提高农业机械利用效率,要求土地集中速度的加快。此外,外部投资者如大型农业公司可能更多地介入农业生产,进一步加速农业机械化和土地集中的过程。这需要更强有力的农业生产支持体系,包括更多的与农业机械使用相关的对农田水利基础设施的需求,从而对私人投资和政府投资都提出更大的需求。因此,在现有的农业经营制度下,出台鼓励土地流转的政策措施,扩大农业的经营规模,不仅条件已经成熟,而且将会成为促进农业投资、加速农业现代化的一个重要推动力。将外部投资者引入农业,需要在政策上予以完善和支持。

（三）更充分地发挥公共投资对稳定农业生产的积极作用

在"十二五"及以后的经济发展阶段,公共财政对于农业不应以农业补贴(可能会产生价格信号扭曲)为主要的投入方向,而应加强对农业私人投入具有较强互补性的公共物品的直接投入。

（四）应对食品短缺点效应的投入政策

在新的发展阶段,农业劳动力进一步转移,将造成农业总产量的损失,也就是越过食品短缺点所产生的效应。因此,政府应进一步完善农业投入政策,加大公共投入,核心是通过具有外部正效应的农业投入,来抵消市场失灵可能造成的农业总产出的损失。由于耕地和水资源稀缺,农业生产能力的重要支撑仍将是提高单位面积产量的生产技术,以及对农业科技特别是具有长远增产潜力的农业科技突破的需求和有效的技术推广体系。

（五）应对农业中的人力资本短缺

随着劳动力的持续转移,具有更高人力资本的劳动力更倾向于在非农部门就业。因此,农业投入中人力资本的投资尤其重要。政府对农业的人力资本投入应集中于两个方面:一是要加大直接针对农业生产者的人力资本投入,如农业技术的培训和农技推广等;二是通过加大农业科研等具有正外部性的公共投入,提高农业生产的技术水平,增强农业综合生产能力。

第五节　粮食安全与中国政府农业投入

从2004年至今,在中央各项支农惠农政策扶持下,中国的粮食连续增产,有效确保了国家粮食安全,为促进国民经济的持续健康发展奠定了坚实基础。

一、农业发展与中国粮食经济

2012年中国粮食总产量为58957万吨,比上年增产1836万吨,增长3.2%,粮食生产实现了连续9年丰收。

（一）中国的粮食生产

一是粮食生产能力不断增强。农业综合生产能力显著增强，农业技术装备有了长足发展。

二是粮食生产基础设施改善。党中央、国务院高度重视农业和农村基础设施建设。2004 年以来，中央连续出台 10 个中央"一号文件"。尽管每年主题各有不同，但均明确提出巩固和加强农业基础，不断加大扶持力度，稳定发展粮食生产，把加强农业和农村基础设施建设作为推进农村改革发展的重要举措。

三是粮食生产支持体系初步建立。公布实施《土地管理法》、《农村土地承包法》和《基本农田保护条例》，建立了最严格的耕地保护制度。取消农业"四税"（农业税、除烟叶外的农业特产税、牧业税和屠宰税），实行粮食直补、良种补贴、农机具购置补贴和农资综合直补等政策，初步建立了发展粮食生产专项补贴机制和对农民收入补贴机制。对稻谷、小麦实施最低收购价政策，完善了对种粮农民的保护机制，市场粮价基本稳定。调整国民收入分配结构，加大对农业投入倾斜力度，初步建立了稳定的农业和粮食生产投入增长机制。调整中央财政对粮食风险基金的补助比例，实施对产粮大县奖励政策，加大对粮食主产区的转移支付力度。

四是科技支撑能力显著提高。粮食生产发展的每一阶段都伴随着突破性新品种的诞生和重大技术的推广应用。粮食丰产科技工程和配套项目的实施，培育了一大批优质高产高效粮食作物新品种，建成了一批粮食高产、超高产科技示范基地，形成了一批粮食高产优质高效生产技术模式，为中国粮食持续稳定增产提供了有力的科技支撑。

五是粮食加工经营能力有所提升。粮食加工业是食品工业的重要基础产业，是农产品加工业的支柱产业。近年来，中国的粮食加工产业不论是技术装备、产品类型还是对粮食的综合利用程度都有显著提高，已经成为提升粮食产业效益的重要方面。

（二）粮食安全与政府农业投入

财政农业投入是政府支持农业发展的重要组成部分，对于增强农业的基础地位，保证国家粮食安全，提升农业国际竞争力，稳定和发展农村经济具有极其重要的作用。

1.政府农业投入对食物供给能力的影响

2004年以来,中央先后出台一系列扶持农业发展的政策措施,尤其是农业"四项补贴"投入水平不断提高,对稳定农业生产尤其是粮食生产起到了极其重要的作用。政府农业投入主要是影响到国内食物的生产能力,包括农业科技、基础设施、农田水利、机械装备、农民培训等方面,不断提高粮食的总产和单产水平。

①粮食产量

经过多年的努力,中国粮食总产量随着经济社会发展和综合国力的增强不断提高,尤其是在1979—1998年期间全国粮食产量先后登上35000万吨、40000万吨、45000万吨、50000万吨四个台阶,从根本上扭转了中国粮食长期短缺的局面,实现了粮食供求基本平衡,丰年有余。随着粮食主产区功能的日益强化,中国粮食生产正逐渐向具有比较优势的粮食主产区集中。

②粮食单产增长

多年来,中国粮食总产不断增加,主要是粮食单产提高的结果。1978—2009年,中国粮食单产水平总体呈上升趋势,从168.49公斤/亩提高到330.07公斤/亩,增长了95.9%。与粮食生产发展阶段基本一致,粮食单产也呈现阶段性变动的趋势。三大作物单产的提高促使粮食总体单产水平的增长,而粮食单产的提高是推动中国粮食总产提高的主导因素。

③畜产品生产能力

近20年来,中国畜牧业发展很快,畜牧业的发展不仅为社会提供了大量的畜产品,而且极大地促进了农业和农村经济的发展,日益成为大农业中仅次于种植业的第二大产业,成为振兴农业和农村经济的重要支柱产业。同时,畜产品也已逐渐成为人们的食用必需品。

2.未来一段时期粮食的需求变化

总体来看,随着经济社会的不断发展、人口的持续增长,中国粮食消费需求将继续刚性增加,消费结构逐渐升级,口粮消费将减少,饲料粮需求增加,工业用粮增长趋于平缓。

①粮食消费需求总量刚性增加

"九五"以来,中国粮食需求总量总体上呈现平稳增加的态势。近年来,由于粮食加工业发展加快,中国粮食需求的增幅有所扩大,2006年的粮食消费增量超过1000万吨。"十五"期间中国年均粮食消费的增长速率为0.7%,按年均0.8%的增长速度测算,2015年中国粮食需求总量将达到52500万吨以上。

②城乡居民口粮需求量下降

自20世纪90年代中期以来,中国城乡居民的口粮消费总量不断减少。随着经济社会的不断发展,城乡居民饮食与营养结构的不断优化改善,未来中国城乡居民的人均口粮消费将会继续下降,并且下降幅度有可能加大。

③饲料粮仍是粮食需求增长的主体

近年来,中国粮食消费的增长主要表现为饲料粮的增加。由于收入的不断增加,推动城乡居民对动物性食品的需求日益增加。目前,中国城乡居民动物性食品消费差距还很大,农村居民的消费水平还有很大的提高空间。与此同时,中国动物性食品的总体消费水平与欧美等发达国家相差甚远。因此,中国对动物性食品的需求将保持刚性增长态势。这极大地刺激了对饲料粮的需求,将是今后一段时期拉动中国粮食需求增长的主要动力。

④工业用粮需求仍将迅速扩张

随着中国粮食加工业的加快发展,工业用粮的需求进一步扩大,工业化消费比重日渐提高。

二、主产区农户的粮食生产效率

分析表明,中国农户作为最基本的农业生产与经营单位的农业经营体制将长期存在,在充分利用市场机制的前提下,通过增加公共投资增加现代农业生产要素投入,从而提高农户的生产效率,是农业政策发展的重要方向。

(一)主产区农户粮食生产效率的估计

主产区农户粮食生产情况直接决定和影响着中国的粮食安全。在粮食主产区,根据 DEA 模型的估计,水稻、小麦和玉米种植农户综合技术效率的平均值为 0.6120、0.6338 和 0.1854,效率值落差很大,揭示农户在水稻、小麦和玉米生产上存在无效率的现象。农户种植水稻、小麦和玉米的纯技术效率平均值小于规模效率平均值,说明技术无效率的原因主要是来自于农户纯技术无效率,即投入要素并未最有效地运用。规模效率值为 1 的农户占比很小,说明绝大多数农户水稻、小麦和玉米的生产正处于规模报酬递增或递减的阶段,还未达到最优的规模。

以上情况表明:在未考虑环境因素及随机干扰因素的情形下,大多数农户种植水稻、小麦和玉米在资源利用上仍有改善的空间,且由于纯技术效率值明显低于规模效率值,代表农户水稻、小麦和玉米生产面临的纯技术无效率问题较之规模无效率问题严重,若要改善技术无效率之现象,必须从投入要素的使用管理上着手,避免生产要素浪费的情形。

(二)主产区农户粮食生产效率的影响因素

基于 Tobit 模型对农户粮食生产效率影响因素进行分析发现,土地细碎化是提高生产效率的瓶颈。地块数越多,土地越细碎,农户的生产效率则相对越低,而农户经营耕地面积大,有利于提高农户的生产效率。因此,促进土地流转,使农户保持在一个适度规模水平上进行生产,将有利于提高农户粮食生产的效率。

减少用工投入,提高机械化水平将有利于提高农户种粮效率。三大作物分析表明,减少用工投入均有利于提高生产效率。因此,继续加大农机补贴力度,在主产区不断提高农户生产的机械化率,减少人工投入,将有利于提高粮食生产效率。

加强农田基础设施建设,完善水田灌排系统和小麦、玉米生产的灌溉条件,可以减少农户生产中的其他间接费用,将有利于提高农户的粮食生产效率。

三、中国的粮食安全与政府农业投入政策

应对国内外粮食发展新形势,增加政府农业投入,提高中国粮食综合生产能力,稳定粮食生产,将是今后中国确保粮食安全的一项重要战略任务。为实现粮食发展目标,确保国家粮食安全,积极应对新形势,

必须切实贯彻科学发展观,着力构建粮食稳产发展的长效机制,为粮食稳定发展提供全面保障。

(一)加强扶持和引导,为粮食稳定发展提供政策保障

在现有的支农惠农政策体系基础上,继续加大对农业的政策扶持和农田基础设施等投入,及时总结、借鉴国内外成功经验,构建并完善适应中国特色粮食稳定发展的政策体系。加大投入,建立支农投入确保粮食生产的长效机制。建立粮食生产专项基金,完善国家粮食生产分级责任制。

(二)支持研发和培训,为粮食稳定发展提供科技支撑

为了满足日益增长的粮食需求,科技进步是今后确保粮食安全的唯一出路。因此,必须采取有力措施,从根本上提高粮食科研创新能力、储备能力、转化能力和农民应用科技能力,从而提高农业科技对粮食生产的贡献率,克服各种不利因素对粮食生产的负面影响,切实提高粮食增产的科技支撑能力。政府农业投入应主要通过鼓励新品种的培育、加大农技推广和加强农民培训等方面入手,提高中国农业生产的整体科技水平,确保粮食安全。

(三)强化农业资源保护,为粮食稳定发展提供资源条件

农业发展离不开对农业资源的保护。今后应加大对农业资源的保护力度,从种质资源的角度确保粮食安全。切实加强耕地资源保护。加强水资源有效利用。提高水肥综合利用效率。

(四)加强基础设施建设,为粮食稳定发展提供条件保障

加快农田基础设施建设,加大粮食生产的物质技术投入,大力发展农业机械化,是提高粮食综合生产能力的重要举措。此外,还应增强高标准基本农田建设、推进现代农机装备的普及、扩大优质专用良种育繁基地、强化病虫害防控能力。

第六节 气候变化与中国农业

一、气候变化与农业

气候变化是目前人类社会面临的最大挑战之一。由于人类暂时还

难以摆脱对传统化石能源的依赖,因温室气体排放而导致的气候变化的趋势短期内很难得到有效遏制。应对气候变化的基本途径,一是减少温室气体排放,二是采取应对措施减少气候变化的负面影响。由于全球气候变化已经是一个难以改变的事实,今后无论如何减排,都只能减缓气候变化的速度,并最终将温度控制在一个目标点上。这意味着,适应气候变化将在应对气候变化行动中扮演越来越重要的角色。

农业部门是受气候变化影响最大的部门。对于发展中国家而言,气候变化对农业的影响更加严重,因为这些国家的农业无论是产值还是就业的比重均很大。目前,中国城乡差别仍然较大,农民更缺乏通过增加投入来提高适应气候变化的能力。增加农业公共投资以提高农业适应气候变化的能力,是中国面对的一项紧迫而重大的课题。

气候变化通过温度、降水、极端天气等因素影响农业。从近年发生的旱灾可以看出加紧制订有效的农业投资政策的迫切性。无数事实表明,只要有良好的农业基础设施,农业就可以尽可能地摆脱"靠天吃饭"的局面。

目前,关于气候变化条件下中国农业投资政策的研究,主要有两大方面需要进行改进。第一,虽然气候变化早已成为一个普遍的事实,但由于过去对此没有充分重视,现有农业投资政策很少考虑气候变化因素。因此,中国农业投资政策的制订,需要充分考虑日益加剧的气候变化对农业的影响,在投资规模、结构,以及投入方式等方面均需要进行调整。第二,就气候变化如何影响农业而言,目前的研究还存在一些不足,未能充分揭示气候变化对农业的影响,这使得农业投资政策的方向和重点出现偏差。

二、中国气候变化情况

根据《中国应对气候变化国家方案》,在全球变暖的大背景下,中国近 100 年的气候发生了明显变化,中国未来的气候变暖趋势将进一步加剧。

第一,近 100 年来,中国年平均气温升高了 0.5℃—0.8℃,略高于同期全球增温平均值,近 50 年变暖尤其明显。从地域分布看,西北、华北和东北地区气候变暖明显,长江以南地区变暖趋势不显著;从季节分布看,冬季增温最明显。

第二,近100年来,中国年均降水量变化趋势不显著,但区域降水变化波动较大。

第三,近50年来,中国主要极端天气与气候事件出现的频率和强度明显变化。华北和东北地区干旱趋重,长江中下游地区和东南地区洪涝加重。

中国未来的气候变暖趋势将进一步加剧。中国科学家的预测结果表明:一是中国年平均气温将升高。全国温度升高的幅度由南向北递增,西北和东北地区温度上升明显。二是未来50年中国年平均降水量将呈增加趋势。其中东南沿海增幅最大。三是未来100年中国境内的极端天气与气候事件发生的可能性增大,将对经济社会发展和人们的生活产生很大影响。四是中国干旱区范围可能扩大、荒漠化可能性加重。五是中国沿海海平面仍将继续上升。六是青藏高原和天山冰川将加速退缩,一些小型冰川将消失。

三、气候变化对中国农业的影响

一般来说,如果考虑适应气候变化行为,则气候变化对农业的影响要小得多,在一些情况下甚至有正面的影响。如果不考虑适应气候变化的因素,则气候变化对农业往往有负面影响。

我们在充分研究分析已有研究成果的基础上,采用新的研究方法评估气候变化对农业产量及对农产品流通的影响,并对中国农业适应气候变化额外投资需求进行估算,得出如下结论:

第一,气候变化对中国农业产量的总体影响较小,但对不同地区和不同作物的影响则有较大的不同。比如,由于农民的自发适应行为,水稻的种植将减少,气候变化对水稻产量将有明显负面影响。但是,对玉米和大豆产量将会产生正面影响,对小麦产量的影响则相对较小。分地区而言,气候变化对华北地区及华中地区粮食产量有正面影响,但对华东地区、西南地区及东北地区粮食产量,则会产生负面影响。

第二,气候变化对不同作物、不同地区的不同影响,会最终反映到地区农产品贸易上,进而会潜在地影响中国的粮食安全。

第三,由于较充分考虑了适应气候变化因素,同其他研究方法的结论相比,我们的研究结论中,气候变化对农业的冲击要相对较小。如果中国农业今后能够进一步提高适应能力,气候变化对农业的总体影响会得到有效缓解。

第四,增加农业投资是提高适应气候变化能力的重要途径。中国适应气候变化的投资需求在可承受的范围之内,估算 2011—2030 年中国累计适应气候变化所需的额外投资为 3000 亿元左右,平均每年增加150 亿元左右。

第七节　农民收入的发展变化

一、农民收入的特征

农业、农村和农民在国家发展中占据着战略性的地位。"三农"问题是关系中国改革开放和现代化建设全局的重大问题。"三农"问题的核心是农民问题,农民问题的核心则是农民收入问题。

从各国发展来看,当前世界上几乎所有的市场经济国家的农业大都受到了政府的保护,其最主要的手段是通过各种形式的收入补贴支持农业生产和增加农民收入。在西方经济学家的分析中,农民主要是指农场主,所研究的农民收入问题主要是农场主的收入问题。在影响农场主收入的各种因素中,最重要的因素是农产品价格,因而常常把对农产品价格问题的讨论,视同为有关农民收入问题的讨论。

与之相比,中国的农民收入问题则具有鲜明的中国特色。因为中国农民收入,不仅包括农业收入,还包括非农业收入。在中国,土地所有权是归集体所有的,农民只有承包经营权。农民既是土地承包经营者,又是农耕劳动者,因而中国农民的农业收入一般不包括地租收入,但包括农业经营利润和农业劳动收入两部分。中国农民收入问题既是一个相当复杂、涉及面广的问题,又是一个仅限于一个特定人群的收入增长问题。由于农民收入问题的复杂性和特殊性,要实施城市支援农村、工业反哺农业的政策,就必须提高政府运用财政手段支持农业的能力。

二、农民收入的变化

改革开放以来,中国农民收入水平有了很大提高。1978 年到 2010 年,农民人均纯收入由 133.6 元增加到 5076 元,增长了 38 倍,年均增长 12.7%。农民收入的增长,表现出明显的阶段性、区域性等特征。

(一)农民收入增长的阶段性特征

改革开放以来,中国农民人均纯收入在总体上快速增长的过程中呈现出明显的阶段性特征,增长速度年际间差异很大,时快时慢。1978—2010 年间农民人均纯收入名义增长最快的年份是 1994 年,达到了 32.48%,最慢的是 2000 年,仅有 1.95%,农民人均纯收入实际增长最快的年份是 1982 年,为 21.34%,最低的年份是 1989 年,为 -1.60%。按照人均纯收入名义增长和实际增长速度的变化,结合考虑农民增收来源的差异,可把农民收入增长划分成六个阶段。20 世纪 80 年代前半期、90 年代前半期和最近几年是农民收入增长较快的阶段,而其他阶段由于发展环境的变化,农民收入增长相对较慢。

按时间划分,1978—1984 年为快速增长阶段,1985—1988 年为增速减缓阶段,1989—1991 年增长处于徘徊停滞状态,1992—1996 年为恢复性增长阶段,1997—2003 年为农民收入低速增长,2004—2012 年为农民收入快速增长阶段。

(二)农民收入的区域差异性特征

中国区域间发展不平衡,农民收入水平及其增长差异悬殊,区域性差异明显。2009 年,东部地区农民人均纯收入为 7532 元,高出中部地区 2645 多元,大约为西部地区的 2 倍多。2000 年以来,不同区域农民收入水平的相对差距出现一定的稳定性,但绝对差距继续扩大。中国农民人均收入水平形成的区域差异,是长期积累的结果。中国农村居民人均纯收入由四部分构成:工资性收入、家庭经营纯收入、财产性收入和转移性收入。其中,家庭经营性收入仍然是农民收入的主要来源,2009 年占农民人均纯收入的比重为 49%。

(三)农业收入仍是农民收入的重要组成部分

从产业收入角度来看,农业收入在中国农民家庭纯收入中仍占重要地位,尤其是在农区更加突出。尽管农业收入总体上对农民收入增长的贡献有下降趋势,但农业收入对农民收入增长仍有一定的决定作用。主要由种植业和畜牧业构成的农业收入一直是中国农民收入的主要来源。1978 年,农民家庭经营收入中,第一产业占到了 94.4%,第三产业占 5.6%。到了 2009 年,第一产业占到了 78.7%,第二产业为 6.5%,第三产业为 14.8%。虽然第一产业所占比重有所下降,但农业收入在农民家庭经营纯收入中的比重仍然很大,仍是农民收入的重要组成部分。

三、财政支农投入与农民收入的变化

中国农民收入中农业收入是主要来源,农民收入增长呈现出明显的阶段性,与农业收入的增长关系十分密切。但农业发展具有弱质性和外部性,农村副业的发展也需要依赖于电力、道路等公共基础设施的完善。因此,财政作为宏观调控手段所提供的价格或资金支持对于增加农民收入具有重要作用。

(一)传统分析口径存在的问题

财政支农支出是反映国家财政对农业和农村发展支持程度的重要指标,也是国家财政支农政策的集中表现。近年来,中国政府高度重视"三农"问题,财政支农支出不断增加,财政支持农业支出占财政支出的比重也不断增加,自 2007 年后稳定在 9.5%。虽然从总量上看国家财政支农的投入巨大,但人们普遍认为目前财政支农的力度还很不够,支农效果也不理想。其原因是多方面的,其中,与财政支农支出口径和统计方法上存在问题有密切关系。财政支农资金有 70% 左右用于农业行政事业单位事业费,而用于农业生产的支持很少,农民受益很小。在农业基本建设中,用于重大水利工程和生态建设等全社会受益的投资较多,约占 80%—90%,而真正用于增强农业市场竞争力和直接改善农业生产生活条件的良种工程、重要农产品基地、农田水利、节水灌溉等中小型基础设施方面的投入少,只占 10% 左右,这些项目都是直接增加农民收入的。财政支农结构的不合理,抑制了农民收入提高。

(二)新视角下财政用于农业的支出与农民收入

随着国家支农力度不断加大和农业现代化进程日益加快,农民收入持续增加。2012年全年农村居民人均纯收入7917元,比上年名义增长13.5%,扣除价格因素实际增长10.7%。其中,工资性收入比上年名义增长16.3%,家庭经营纯收入增长9.7%,财产性收入增长9.0%,转移性收入增长21.9%。

自2007年开始,中国对政府收支分类进行了改革。与之相应的2007年以后的《中国统计年鉴》中,仅列出了政府农林水事务支出,包括农业支出、林业支出、水利支出、扶贫支出、农业综合开发支出等,这是一个大口径(即"三农"口径)。通过对前述口径的调整,分析政府财政支农投入对农民收入的影响发现:政府在退耕还林方面的支出对农民的收入有负的影响但不显著;政府在农业产业化和农民合作经济组织方面的支出,对农民工资性收入有正的影响但不显著,对农民家庭经营收入有正的显著影响;小型农田水利方面的支出,对农民家庭经营收入产生了正的影响但不显著;政府扶贫支出对农民收入有影响但不显著;农业综合开发方面的支出对农民工资性收入和家庭经营收入有正的影响,而且对农民工资性收入有正的显著影响;农业生产资料专项补贴对农民工资性收入有负的显著影响,而对家庭经营收入则有负的影响但不显著;基金预算支出中,用于农业部门的支出对农民工资性收入产生了正的显著影响,而对农民家庭经营收入则有正的影响但不显著。

第八节　农业投入管理体制变迁和
投入体制的有效性

一、农业投入管理体制的变迁

(一)农业投入管理体制的阶段变化

新中国成立60多年来,投资管理体制也经历了不同的发展阶段,投资规模也不断上升,投资体制机制日趋完善,投资效率不断提高。对我国农业财政投资管理体制的分析,可以以1978年为界分为改革开放前后两个阶段。

1.改革开放前。从投资主体看,新中国成立之初,中央政府、私人企业和农民都是投资主体。在对城市工商业的社会主义改造和农村集体化之后,投资主体就变为中央政府和城市小企业以及农村集体组织。改革开放以前是集权化的计划经济体制,与此相应,中央政府掌握的投资基金占据全社会固定资产投资的主导地位,中央政府掌管全国的固定资产投资计划,包括全国固定资产投资规模、方向、布局、大型建设项目等。直到1978年,中央政府的投资仍然占全社会固定资产投资总额的62.2%。

2.改革开放后。第一阶段,探索阶段(1979—1983年)。国务院批准了《关于基本建设投资试行贷款办法的报告》,开始在基本建设领域进行"拨改贷"的试点,打破了基本建设由财政无偿拨款的计划经济模式,引入银行的预算约束机制,强化了企业的资金使用成本和使用效率观念。在投资宏观调控方面,为了更有效地管理国家投资建设,1982年将国家基本建设委员会的投资管理职能并入国家计委,其他职能并入城乡建设环境保护部。1983年,国务院决定把"技术改造作为扩大再生产主要手段",并把基本建设和技术改造分别由国家计委和国家经委管理;在地方财政投入不断扩大、基本建设项目数量不断增多之后,为了有效发挥地方政府投资建设的积极性,对投资建设实行两级(中央和省级)管理,大中型项目由国家部门审批,小型(1000万元以下)项目下放给地方政府审批,1亿元以上的项目由国家计委核报国务院审批。第二阶段,扩大改革阶段(1984—1988年)。随着国家把经济体制改革的重点转向城市,投资体制改革出现了一个高潮,除了前一阶段进行试点的改革措施得以推广外,又出台了许多新的改革措施,主要包括"拨改贷"、扩大地方投资权限、提高建筑质量、改革投资管理机构、企业直接融资等改革。第三阶段,改革深化探索阶段(1991—2003年)。这一阶段先后推进了一系列改革,包括启动并深化投资体制改革、成立政策性银行、强化项目监管等措施。第四阶段,改革推进的新阶段(2004年—今)。2004年,国务院批准的投资体制改革方案以《国务院关于投资体制改革的决定》名义颁布,提出转变政府管理职能,确立企业的投资主体地位的新要求。文件明确指出:要改革项目审批制度,落实企业投资自主权;要扩大大型企业集团的投资决策权;要拓宽融资渠道和规范企业投资行为。

(二)政府农业投入的变化

财政农业支出总量不断增加,是一个令人关注的特征。农业投资的增加,显著改善了农业基础设施条件,财政对农业的补贴有力支持了农业生产与农民增收,推动农业科技创新与应用。财政扶贫投入不断增加,农业综合开发支出持续增加。农村税费改革大大减轻了农民负担。财政支农管理机制不断完善,支农资金的投向更加兼顾公平与效率。

预算外收入中,国有土地有偿使用收入成为主要的来源。农村税费改革以来,农业税的取消加剧了农业支出的压力,各地也加大了预算外收入的努力,通过不同方式筹集支农资金,但是都未从根本上解决支农投入不足的问题。

(三)农业投入决策与运行中存在的主要问题

随着农村经济体制、投资体制、金融体制、财政体制改革的深入,农业和农村投资体制呈现出明显的分权化和多元化现象,逐步明确了国家、集体、农户的投资主体地位,形成了农业投入主体多元化、筹资渠道多元化、投资决策分散化的格局。在完善决策和管理手段上,努力学习国外项目管理的先进经验,进行了大量的项目可行性研究、项目评估等方面的管理创新,项目管理手段日益丰富,管理制度不断完善。但与此同时,由于体制安排等方面的原因,在实际运行中,农业投资决策也存在诸多问题,事权与财权划分不清、资金管理条块分割严重、项目决策不科学、实施管理不到位、内部控制不规范等问题依然存在甚至日益严重,对农业发展带来了一系列负面影响。

二、农业投入绩效评价

政府对农业的投资直接影响到农业发展和农民增收。这种影响的来源既包括投资规模的大小,也包括投资效率的高低。国际经验表明,随着一国工业化的发展和现代化程度的提高,财政农业投入的比例会逐步下降,中国当然也难以例外。因此,不断提高农业投资的效率就成为工业化、城镇化快速发展形势下中国各级政府应高度重视并积极努力的目标。加强农业投入的绩效考核就成为推进这一发展的重要手段。总的来说,农业财政投入的效益主要反映在经济效益、生态效益和社会效益三个方面,对于不同的农业投资项目,其关注和考核的重点不同,考核的方法也应有所差异。

(一)农业投入经济效益评价指标

首先,经济效益指标最为重要,也最易度量,可以通过某些具体指标来反映。

1.农业财政投资对农业 GDP 的贡献。财政支农和农业基本建设支出对新增 GDP 的贡献的大趋势是逐步上升(尽管中间有所波动),表明了支农支出结构中农业基本建设支出的重要性。

2.农业投资对农民人均纯收入的贡献。财政支农投入对于农民人均纯收入增长的拉动作用在增加之后的总趋势是降低,表明财政支农对于农民增收的拉动作用在日益减弱。

除了这两类指标外,还有其他一些度量指标。例如,财政对农业投资的财务净现值、财政对农业投资的固定资产形成率、财政对农业投资提高劳动生产率指标、财政对农业投资增加生产能力指标等,也都应该予以充分考虑。

(二)农业投入生态效益评价指标

按照 2007 年实施的新财政收支分类科目,可以对财政投资前后的一些农业生态指标变化进行实证分析。这些指标包括农地保护程度、水资源利用率、水质改善程度、农村土壤改良程度、林草覆盖率、土壤有机物含量变化、农田林网化率变化、水土流失面积变化等。

以退耕还林工程为例。目前,退耕还林生态效应评价是利用生态经济理论中森林资产价值理论与效益费用分析方法,其原理是运用直接市场法、替代市场法和陈述偏好法将生态系统的服务功能货币化。利用该方法结合退耕还林工程所产生的生态效益,可以确定退耕还林生态效益的指标主要包括以下几个方面:水源涵养效益(防洪效益、增加枯水期径流效益、改善水质)、维持大气平衡(固定二氧化碳的效益、释放氧气的效益、过滤空气滞留粉尘的效益、污染物降解效益)、改良土壤效益、固土保肥效益(固土效益、保肥效益)、生物多样性保育价值和防护价值(防风固沙林保护土地价值)。

(三)农业投入社会效益评价指标

社会效益评价指标通常包括农村居民恩格尔系数、农民贫困率等。

1.恩格尔系数。改革开放以来,中国农村居民家庭的恩格尔系数在不断下降,从1978年的67.7%下降到2006年的43%,之后是小幅的上升,到2008年为43.67%,这从另一个侧面反映了近些年来农村居民收入增速的放缓。

2.农村贫困率。中国从20世纪80年代开始在全国范围内实施有计划、有组织、大规模的扶贫开发。目前,中国又启动了新一轮(2011—2020年)农村扶贫开发工作。中国开发式扶贫的主要方面:一是针对贫困地区基础设施薄弱、抵御自然灾害能力较差的实际情况,国家安排必要的财政资金鼓励、支持贫困农户投工投劳,开展农田整治、水利、公路等方面的基础设施建设,创造发展生产的物质条件。二是国家安排优惠的扶贫专项贴息贷款和制定优惠政策,重点帮助贫困地区、贫困农户以市场为导向,发展种植业、养殖业和相应的加工业项目,促进增产增收。三是开展农业先进实用技术培训,提高贫困农户的科技文化素质,增强自我发展能力。四是实现扶贫开发与水土保持、环境保护、生态建设相结合,实施可持续发展战略,培育和增强贫困地区、贫困农户的发展后劲。

三、农业投入需求分析

(一)农业投入现状

财政农业投入也就是"三农"支出,指的是财政对农业、农村、农民投入的总和,并不是单独的预算科目。为了便于了解总体投入情况,财政部专门把涉农的各方面支出项目综合反映在"三农"支出中。因此,与教育、医疗卫生等相关支出会有所交叉。

2009年,全国财政"三农"支出20042.6亿元,占总支出的26.3%,比2008年增加4409.1亿元,增长28.2%。其中,中央财政安排"三农"支出 7253.1 亿元,比 2008 年增加 1297.6 亿元,增长 21.8%,包括中央本级支出 709.9 亿元,比 2008 年增加 37.5 亿元;中央对地方转移支付中用于"三农"的支出 6543.2 亿元,比 2008 年增加 1260.1 亿元。地方财政通过自有财力安排"三农"支出 12789.5 亿元,加上中央对地方转移支付中用于"三农"的支出,2009 年地方财政共实现"三农"支出 19332.7 亿元,比 2008 年增长 29.2%。

(二)农业投入的范围和结构

中央财政安排的"三农"支出包括中央本级支出和补助地方的"三农"支出。其中,中央本级支出主要用于农产品储备费用及利息支出,支持新疆生产建设兵团和中央农垦企业农业生产、对农民补贴和农村社会事业发展支出。中央补助地方"三农"支出主要用于农村税费改革,支持建立农村义务教育经费保障机制、支持新型农村合作医疗制度、农村医疗救助和农村公共卫生体系建设,建立新型农村养老保险制度,增加对农民的直接补贴,以及支持农业基础设施和农田水利建设等方面。地方财政安排的"三农"支出主要用于农业产业化、农业技术推广和技能培训、病虫害控制、林业培育、农村人畜饮水、农村能源综合建设,水利工程和农业基础设施、公路水路运输和农村道路建设,农村教育、医疗卫生、社会保障和就业、农村公益事业、对村民委员会和村党支部补助、村级一事一议补助、退耕还林补助和自然生态保护、对农民补贴和促进农产品流通等方面。

综合来看,全国财政"三农"支出主要用于支持农业生产和农村社会事业发展,围绕不同阶段农村经济的发展目标,着力支持包括农业基础设施建设、农村社会事业在内的"三农"工作中的重要方面和重点领域。

(三)"十二五"时期农业投入预测

农村基本公共服务体制和农村土地制度改革是"十二五"农村改革的关键点,城乡基本公共服务一体化与户籍制度一体化改革最可能取得历史性突破,经济发达地区可率先建立城乡统一的基本公共服务制度。"十二五"财政支农资金应首先用于以农村职业教育培训、医疗卫生、公共就业、社会保障、公共交通、公共文化为重点的农村基本公共服务上。

至于未来农业投入的具体规模，如果要精确地核算支农投入的需求，就需要深入分析中国支农资金构成的准确数据，并预测中国未来农业发展的需求水平。这在当前情况下显然是一个无法完成的任务。但是，本课题的部分专题在提出一些假定条件的前提下，尝试着对有关农业投入的需求规模作了一个估计，以便给大家提供一个大致的概念。

第九节　农业投入运行机制调整的重点

一、合理划分事权与财权

(一)合理划分各级政府财权与事权

各级政府的财权与其所承担的提供农村公共品的责任匹配，不能出现事权和财权的失衡。根据农村公共产品的不同性质，建立由中央、省、市、县四位一体的农村公共产品供给体制。采取以中央、省两级政府为主导，市县财政适当配套的方式，着重解决好与当前农业经济发展、农村社会发展、农民生活等紧密相关的公共产品的供给问题。

(二)强化资金管理与使用

整合政府农业投资的类别。将有关资金按照大"类"以及相应的"款""项""目"予以统一整理和归并。根据支农资金的功能特点，可以分为五个子类：基本生产建设类资金、管理服务类资金、保护类资金、生态资源类资金、农村社会发展类资金。在此基础上，按照部门职能分工，尽可能做到"一种功能、一个目标、一个部门、一套标准"，调整和归并财政支农资金的管理部门与权限，防止政出多门、交叉重复。在改革一时难以到位的情况下，应本着积极稳妥、务实高效的原则，逐步扩大中央、省级和县级等不同层级支农资金的整合范围，在县一级进行支农资金和项目的协调整合。

下放项目审批权限。要在已经实施的小型农田水利、农民专业合作组织等专项资金项目审批权限下放到省这一改革的基础上，研究推动将项目审批权限由省级下放到县级的具体办法，减少支农项目审批环节，强化地方特别是基层财政部门的管理责任。同时，切实加强审批权下放后的资金监管,健全管理制度,提高财政支农资金的使用效益;大力推进支农项目实施绩效考核,建立绩效奖惩制度,做到部分财政支农资金的分配与绩效考核情况挂钩。

二、建立财政支农资金管理长效机制

(一)推动农业投入立法

建立政府支农的法律架构,用法律来调整财政部门、政府农业和农村发展事务管理部门与农业财政资金使用者之间的关系,从而实现农业财政资金使用管理的规范化和科学化,真正提高支农资金的使用效果。在法律层面上,重新修订《农业法》,同时抓紧制定出台《农业投入法》、《农民专业合作经济组织法》、《农产品行业协会管理法》、《农业保险法》和《农业补贴条例》、《农业灾害救助条例》、《贫困地区援助条例》等法律法规;在行政法规层面上,抓紧制定内容更具体、操作性更强的农业投入管理行政法规。

(二)创新财政支农体制机制

要规范资金分配办法,规范支出行为。要改革专项资金管理方式,采取加大贴息资金力度、切块下达资金、下放项目审批权限等改革措施,变单一的直接补助方式为综合性的激励引导政策,进一步发挥财政支农资金"四两拨千斤"的杠杆作用。完善支农投入民办公助机制,积极创新财政扶贫开发机制。

第十节　完善对农业投入的监管

对政府农业投入的监管应坚持完善制度、健全体系、注重功能、加强考核、政府为主、社会参与、资源共享、协同互进的原则,根据职能与责任,依法依规稳步推行。

从监管类型看,根据监管对象是否为特定对象,农业财政投入监管可分为一般监管和特定监管;根据农业财政投资资金运行的时间阶段,还可分为事前监管、事中监管和事后监管。

从监管主体看,可分为本部门内的自我监管、同级其他部门的横向监管、不同级政府的监管、人大的监管、审计监察部门的监管等。

第十一节　政策建议

一、加快调整政府农业投入的方向和重点

适应多元化农业经营主体快速涌现、农村优质劳动力迅速流失、农业经营规模迅速扩大、气候变化日益加剧的形势,政府应加大直接针对农业生产者的人力资本投入,如农业技术的培训和农业推广等;加大农业科研等具有正外部性的公共投入,提高农业生产的技术水平;加大农业规模化经营基础条件和设施装备的投入;加大应对自然灾害的农业基础设施和品种、技术的投入;加强对农业私人投入具有较强互补性的公共物品的直接投入,逐步减少对农业的补贴(可能会产生价格信号扭曲)。

二、加快调整农业投入的体制机制

(一)加强农业投入的法制建设

尽快研究出台《农业投入法》,合理划分政府事权与财权,细分农业投入的统计口径,完善农业投入的制度保障与硬性约束,规定各级政府对农业投入的责任和义务,明确政府在农村金融、农业保险等方面的职责范围、支持方式、监管责任等事项,强化对外资、民间资本和农户资金等各类农业投资的政策、法律支持。推动制定与国家法律相适应的地方性农业投资法律法规。

(二)拓宽财政农业投入的资金来源

通过各种制度与政策安排,逐步形成以国家财政性投入为导向,农户与社会经济组织投入为主体、资本市场与外资为补充,直接投资、补助、贴息、地方政府投入等相结合,金融、保险相配套的多渠道、多元化的农业投入体系,通过设立专项基金、发行国债或进行政府贴息贷款等形式,积聚社会闲散资金投入农业生产,引导金融资本、工商业资本等进入农业生产领域。完善财政转移支付制度,有效激发基层政府农业投入的积极性。

（三）促进财政支农资金统一集中使用

改革现有的行政管理体制,按照部门职责确定财政农业投入的决策和管理权限,根据事权来分配财权,以提高行政效率。在体制机制改革暂时不能到位、财政投入政出多门的情况下,应允许地方在一定原则下对涉农项目资金整合使用,以提高资金使用效率。一是按照资金的使用类别,将具有同类性质的资金整合使用;二是逐步构建"以县为主,上下协调"的支农资金整合路径,充分发挥县级政府在支农资金管理中的基础作用;三是按"项目"或"产业"这一线索整合支农资金;四是按照"存量不变、增量整合"的原则,建立健全支农资金增量整合新机制。

（四）完善资金预算和使用考核办法

改革财政涉农预算分配管理方式,统一预算内与预算外资金,科学划分财政涉农预算科目,把人员机构经费与建设发展支出严格分开;建立并完善"三农"投入管理信息系统,做好支农预算的综合平衡;引入奖惩机制,全面推动农业投入绩效评价工作,以绩效考核推动农业投入规模和管理水平的提高。

（詹慧龙、崔永伟）

第二章 农业发展新阶段与农业投入政策的变化

第一节 引 言

中国的经济发展正进入一个关键的转折时期。一方面,持续的经济发展使中国已经成为一个中等收入国家;另一方面,在中等收入向发达经济体迈进的进程中,中国正面临着诸多的挑战。其中,在中等收入阶段,确保农业的平稳发展,对于维持经济的持续增长有着重要的意义。

作为经济发展进入新阶段的标志,刘易斯转折点的到来不仅验证了中国在总体上摆脱贫困的事实,对农业发展和农业投入机制的变化也有着深远的影响。正是由于农业发展模式产生了阶段性的变化,农业投入政策也必须做出相应的调整,以不断适应经济发展对农业的需求和农业部门持续健康的发展。

刘易斯转折虽然从现象上体现为劳动力市场结果的急剧变化,但它与农业和农村发展的联系却十分紧密。推动中国经济迈向刘易斯转折点的动力,来源于现代部门的不断扩张所产生的劳动力需求增加,以及由此吸引的农村剩余劳动力源源不断地向非农部门转移。正是由于非农部门快速增长产生的旺盛的劳动力需求和长期低生育率水平导致的人口结构快速转型,才使中国经济不断面临工资水平的持续上涨和劳动力短缺的频繁出现。

就农业发展而言,如果不采取相应的政策调整,在进入刘易斯转折点后就不能一帆风顺。刘易斯转折点后,农业中的劳动投入由于劳动力的转移而开始具有正的边际产出。这就意味着作为对劳动力市场信号的正常反应,进一步的劳动力转移虽然不可避免,但却会对农业总产出产生负面影响。而保持农业总产出的稳定和增长(粮食安全)一直以来都是中国农业发展的首要目标,也是农业部门对国民经济稳定发展承担的主要责任。同时,在刘易斯转折点后,非农部门工资水平的显著提升,会逐渐增加农业中劳动投入的机会成本。由于劳动相对于其他物质投入日益昂贵,这种要素相对价格关系的变化,会诱致农业部门发生新的技术变迁,并以现代生产要素替代劳动投入。此外,农业中劳动力人力资本差异性和劳动力转移对高人力资本者的选择性,也对转折点后农村人力资本的投入提出了更高的要求。一方面,现代化的农业生产要求更高的人力资本投入;另一方面,人力资本的短缺在农业中可能更加明显。因此,农业投入政策和农村其他社会发展政策的联系也更加紧密。

第二节 刘易斯转折对农业投入的影响

一、劳动力市场的转折

中国劳动力市场出现的转折是农村的劳动力不断向城镇劳动力市场转移所推动的,这一过程使中国逐渐摆脱了二元经济的特征。2010年,外出就业的农民工总量已达 1.53 亿,成为城市劳动力不可或缺的组成部分。由于农村转移劳动力的不断增加,城镇就业保持稳定的增长速度(如表1所示)。推动中国的劳动力市场进入刘易斯转折的基本因素来自两个方面:其一,持续的经济增长带来的旺盛的劳动力需求;其二,长期的低生育率水平推动的人口转变。

表1 农民工与城镇就业的数量与增长速度				
年份	农民工		城镇就业	
	人数(万)	年增长率(%)	人数(万)	年增长率(%)
2001	8399	7.0	24123	3.4

续表

年份	农民工		城镇就业	
	人数（万）	年增长率（%）	人数（万）	年增长率（%）
2002	10470	24.7	25159	4.3
2003	11390	8.8	26230	4.3
2004	11823	3.8	27293	4.1
2005	12578	6.4	28389	4.0
2006	13212	5.0	29630	4.4
2007	13697	3.7	30953	4.5
2008	14041	2.5	32103	3.7
2009	14533	3.5	33322	3.8
2010	15300	5.3	34687	4.1
2011	15863	3.7	35914	3.5

资料来源：《中国统计年鉴2012》，中国统计出版社2012年版。

首先，需要观察需求方面的因素。由于中国经济持续高速发展，经济总量已经位居世界前列，吸纳劳动力的数量也相应扩大。因此，中国劳动力市场上的总体就业规模也大大增加。这意味着就业岗位每增加一个百分点，将会为更多的人创造就业机会。

就业总量和经济发展的关系受到诸多因素的影响，产业结构、工资水平、公共福利的水平、劳动力市场制度等都有可能改变就业和 GDP 的关系。但是，从短期的劳动力需求预测来看，这些变量又是相对稳定的。因此，我们可以计算总体的就业水平相对于 GDP 的弹性，来估算不同的经济增长情境下劳动力需求的增长情况。

2004 年和 2008 年国家统计局分别组织了第一次和第二次全国经济普查，对从事第二产业和第三产业的全部法人单位、产业活动单位和个体经营户的从业人员信息进行了普查。根据这两次经济普查的信息，我们可以计算出第二产业和第三产业的平均就业弹性分别为 0.468 和 0.758。如果假设就业弹性保持上述水平，"十二五"时期的潜在就业岗位的增长将保持在每年 2000 万左右。

其次，由于中国已经长期处于低生育率水平，人口因素所推动的劳动供给也发生了急剧变化。根据人口普查和人口变动抽样调查资料,我们可以估算今后一段时期内新增劳动力人口的变化情况。由于快速的人口转变,目前新增劳动年龄人口数量正经历着急剧下降。2007 年新增劳动年龄人口的数量由前一年的 1491 万,大幅下降到 894 万,并由此开始较长时期的单边下降的趋势。"十一五"期间,平均每年新增的劳动年龄人口为 741 万。回顾整个"十一五"时期,除了 2009 年受到金融危机冲击,没有出现劳动力短缺以外,其他年份都出现了不同程度的劳动力短缺,而且,总体上呈不断严重的趋势。2017 年,新增劳动年龄人口将首次出现负值,即劳动年龄人口的总量将开始减少。也就是说,劳动年龄人口总量减少的时间大致出现在"十二五"结束之后。纵观整个"十二五"期间,每年新增劳动年龄人口较之"十一五"期间进一步下降到 312 万。结合劳动力需求的分析,就不难理解民工荒为什么愈演愈烈。同时,我们也有理由相信,这一局面将在今后相当长的一段时期内伴随着中国经济的发展。

二、刘易斯转折如何影响农业投入:食品短缺点效应

刘易斯转折虽然肇始于劳动力市场的变化,但由于刘易斯转折反映了农业部门和非农部门关系的变化,因此,这一转折点的到来不仅昭示了农业发展新阶段的到来,也预示着农业投入的机制会发生根本性的变化。由此,也对完善农业投入政策提出了新的要求。具体来说,刘易斯转折对农业投入政策的影响体现在以下两个方面:首先,经济发展越过刘易斯转折点后,来自农业中的劳动力的工资开始迅速上涨,从而改变农业中最主要的生产要素(资本和劳动)的相对价格关系,并由此引发农业投入水平、机制和农业技术的变迁;其次,刘易斯转折点后,在没有政府投入政策干预的情况下,农业总产量将会产生波动。在食品安全具有硬性约束的条件下,维持农产品供给的稳定,需要加大政府投入,消除市场失灵可能产生的不利影响。下面,我们通过回顾一个简化的费-拉尼斯模型,观察刘易斯转折如何影响农业发展以及农业投入。

在图 1 中,我们用横纵坐标分别表示农业劳动力和农业总产出,图中 ORPT 为农业总产出曲线,其凸起的形状表示农业劳动力过剩导致

的劳动边际产量递减的性质。根据刘易斯的假设,在全部劳动者都务农,甚至在劳动力开始转移的情况下,在 LL_1 这个劳动力配置区间,劳动的边际产量都为零,劳动者的工资不是由边际劳动生产力决定,而是分享平均产量,即 OQ/OL。直到劳动力转移水平达到 L_1,即到达刘易斯转折点(图中 P)之前,转移到非农部门的劳动者继续分享平均产量。由于劳动的边际产量为零,劳动力转移的机会成本也为零,农业劳动力投入的减少并不会引起农业产出的下降,非农部门的工资水平也没有实质性的提高。

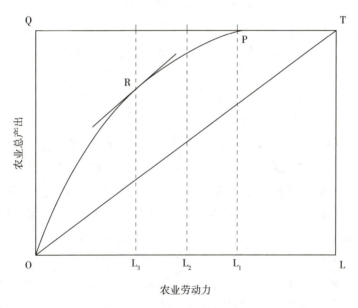

图1　刘易斯转折点与农业发展

资料来源:根据 Ranis and Fei(1961)绘制。

但是,一旦劳动力转移达到 L_1 的配置状况后,如果劳动力继续转移的话,农业中劳动的边际产出就成为正数了,按照定义,我们把 P 点看作经济发展到达刘易斯转折点。到达这个转折点之后,非农部门的实际工资开始上涨,并且根据需求收入弹性的幅度,工人对食品的需求也相应扩大。这时,继续转移农业劳动力,就会造成农业产出的减少,并导致一个逐渐增大的食品供求缺口。因此,该转折点也被称为"食品短缺点"。

由于直到农业劳动力转移达到 L_3 之前,农业劳动的边际产出始终小于平均产出,即在 R 点的右边,RPT 曲线的任何一点上,斜率皆小于 OT 的斜率,农业劳动力继续处于就业不足的状态,仍然有转移的要求。因此,虽然农业产出已经受到劳动力转移的影响,停止劳动力转移却并不是问题的解决办法。拉尼斯和费景汉理论的全部要义就在于,解决这个阶段农业问题的出路是提高其生产效率。

从刘易斯转折点出发,农业劳动力转移仍将继续,直到转移到 L_3 这一点上,R 所表示的农业劳动的边际产出等于平均产出,即 R 点的斜率与 OT 的斜率是平行的,农业和非农部门的工资由相同的劳动边际生产力决定,经济发展到达其商业化点或第二个刘易斯转折点。从越过第一个转折点到迎来第二个转折点期间,劳动力转移得以顺利进行的保障,则是不断提高农业生产率水平。提高农业生产率的途径包括技术进步及其成果的推广和应用,新的生产资料的使用,更高的投入水平,更高的劳动效率,规模经营等等。但是,农民作为理性的生产者和经营者,是否愿意进行更高的投入以提高农业生产效率,归根结底在于是否具有必要的激励,即要在相对收益的比较中决定。这就涉及农产品价格的相对水平,或者如拉尼斯和费景汉所讨论的贸易条件问题。

提高农业综合生产能力和生产效率,关键在于增加包括政府投入在内的对农业的投入,而增加投入的要害在于激励。在论证政府应该对农业进行充分投入时,广为接受的思维方式是把农业视为一个没有自生能力的弱势产业,类似的认识则是把农业看作是一个具有公共品生产性质的特殊产业。诚然,农业是一个基础性的、具有战略意义的产业。"无农不稳"、"民以食为天"是经过长期实践检验的政策理念,生动地揭示了农业对于国民经济和社会稳定的支撑作用。但是,无论从理论逻辑、政策实践,还是中外农业发展经验教训看,农业却不像有人认为的那样,是一个弱质产业,它也不是公共品部门,而是一个完全可以自生的经济部门:有投入就有回报,有较大的投入才有较大的回报。而对农业的投入既依靠生产者也有赖于政府。换句话说,政府对农业发展的投入,甚至是大规模的投入,并不需要以农业是弱势产业这个判断为前提。

在现代社会化生产活动中,任何产业都不是孤立地在小范围单位进行生产经营,农业也不例外。例如,科学研究、技术推广就是具有公共品性质的投入领域。此外,在直接耕作活动之外,有诸多涉农领域乃至经济活动,其中一些具有较强的外部性或公共品性质。例如,大型农用水利设施的建设,以及该设施到直接生产过程使用的传输过程的一部分,也是单家独户不能也不愿进行投资的领域。反过来,农业直接生产过程中的大部分经济活动,归根结底却只能依靠私人投入,需要调动生产者的积极性,越俎代庖则会抑制他们的投入激励。因此,私人投入与公共投入,则应该依据不同领域的公共品性质的程度进行界定。

准确判断中国农业发展的现状,对于认识农业投入,包括私人投资和政府投资的界定和积极性,具有特别重要的意义。不仅如此,在新的发展阶段上,政府具有强烈的反哺农业的意愿,在具备了更强的支持农业生产的财力和物力的条件下,应该采取何种形式支农惠农,也需要从准确把握当前中国农业究竟处在什么发展阶段入手。

三、刘易斯转折如何影响农业投入:要素相对价格效应

首先,伴随刘易斯转折点的到来,农业劳动力成本提高,改变了农业资源禀赋的结构特征。人们通常只看到非农产业特别是制造业中民工荒现象,却没有看到农业中的劳动力短缺现象。由于非农劳动供给时间的增加(表2),农业劳动时间的供给就会相应减少。根据农业部农村经济研究中心固定观察点资料的观察,从2003年以来,除了2008年劳动力市场受国际金融危机的冲击,非农劳动供给的时间出现间歇性下降意外,农村外出劳动力在外工作的天数基本处于不断增加的态势。2009年,平均每个劳动力外出工作近9个月的时间。这也就意味着,以前农村劳动力农闲外出、农忙返乡的季节性特征越来越不明显。在这种情形下,农业生产对劳动力的需求必然需要通过机械来替代。

表 2	农民工外出工作天数的变化情况		单位:天
年份	总体	男性	女性
2003	261	255	272
2004	263	258	276
2005	267	261	278
2006	268	263	277
2007	271	267	279
2008	266	262	273
2009	268	263	277

资料来源:蔡昉主编:《2010 中国人口与劳动问题报告》,社会科学文献出版社 2010 年版。

其实,有前者的发生必然导致后者的出现。突出表现为家庭劳动日工价的上涨。按 1998 年不变价衡量,年平均增长率从 1999 年的 9.6%提高到 2004 年的 13.0%,2008 年进一步上升为 17.6%。这个变化同时反映在雇工成本的提高上面。我们选取具有代表性的农业生产活动,按 1998 年不变农村居民消费价格衡量的雇工工价观察中国的刘易斯转折点到来的重要标志(非农产业工资上涨)及其推论(农业劳动力成本上升)。从图 2 中看到,不论是粮食作物、油料作物,还是规模养猪、蔬菜和棉花,其雇工工价无一例外地在不断提高。值得指出的是,制造业中普遍出现民工荒现象的 2004 年,是雇工工价上升的一个转折点。在 2004 年之前,雇工工价尽管在提高,但存在波动,而且提高的速度较慢。在此之后,雇工工价呈现稳步提高的趋势,而且提高的速度较 2004 年之前快得多。

其次,劳动力短缺以及劳动力成本的提高,诱导出农业投入结构的变化,或者说农业技术变化迅速转向劳动节约型。从农业机械总动力来看,改革开放 30 余年期间始终是以比较稳定的速度在增长。在基数增大的情况下,近年来并没有丝毫减慢的迹象。而更为显著的变化是,农用拖拉机及其配套农具的增长趋势和结构的变化,即大型农机具增长明显加快,反映出农业技术变化的节约劳动倾向。在 1978—1998 年的 20 年中,农用大中型拖拉机总动力年平均增长 2.0%,小型拖拉机总

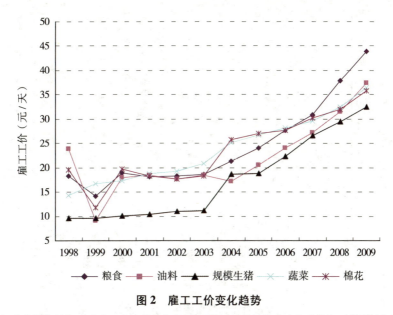

图2　雇工工价变化趋势

注:粮食是指稻谷、小麦和玉米三种粮食作物的平均;油料是指花生和油菜籽两种油料作物
　　的平均;蔬菜是指大中城市蔬菜。价格根据农村消费价格指数调整。
资料来源:根据《全国农产品成本收益资料汇编》历年数据计算而得。

动力年平均增长 11.3%;而在 1998—2008 年的 10 年中,大中型拖拉机
总动力年平均增长率提高到 12.2%,小型拖拉机动力增长率则降到
5.2%。拖拉机配套农具的增长消长也类似,大中型配套农具年平均增
长率从前 20 年的 0 提高到后 10 年的 13.7%,小型配套农具增长率从
12.1%降低到 6.9%。其结果是农业特别是粮食生产中投入的物质费
用与用工量之比大幅度提高(图3)。从中尤其可以看到 2004 年以后
的陡峭上升趋势。

　　再次,上述农业中生产要素的替代过程,是伴随着技术变化进行
的,即从土地节约型农业技术变化转向劳动节约型农业技术变化的过
程中,实现了资本对劳动的替代。这个技术变化同时也表现为农业全
要素生产率的大幅度提高。实际上,本世纪以来农业全要素生产率的
提高速度,堪与 20 世纪 70 年代末 80 年代初实行家庭承包制的改革效
应相媲美。经济增长理论和各国经济史都表明,无论是土地、劳动还是

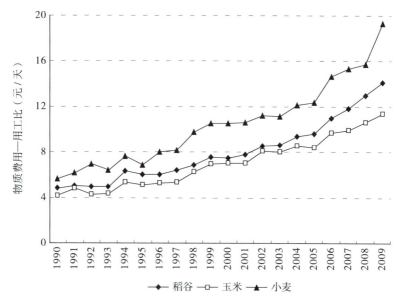

图3 主要粮食作物物质费用—用工投入比变化

资料来源:根据《全国农产品成本收益资料汇编》历年数据计算而得。

资本这些有形的生产要素,如果离开技术进步,既可以遇到资源稀缺的制约,也会遇到报酬递减的极限。而只有全要素生产率的提高,才意味着生产中投入的人力资本素质提高、技术进步贡献加大,从而报酬递增。因此,从全要素生产率的提高趋势我们可以得出结论:中国农业的生产方式正在发生根本性的变化,绝非"小农经济"的说法可以概括其全部性质的。

第三节 农业现代化及农业投入的特征

许多人在谈到中国农业的时候,常常不自觉地使用"分散的小农经济"这个用语。这个表述流行多年,其含义无非有二:第一,中国农业是以家庭为单位,经营规模狭小;第二,中国农业的生产方式仍然是传统型的。这种认识在理论上根深蒂固,在实践上则是以过时的经验为依据。因此,需要以深入的研究予以澄清。实际上,仅仅用家庭经营及其规模,并不足以确定农业生产方式的性质。舒尔茨早就论证过,并非在家庭经营的基础上就不能实现农业现代化。他指出,农业中生产要素具有"假不可分性",即在小块耕地上仍然可以通过社会化的机械耕作实现现代化,而非必然依赖耕种规模的扩大。具体观察中国农业的生产方式现状,由于劳动力短缺现象的逐渐出现,以及投入的持续增加,我们可以发现它已经发生了根本性的变化。

在家庭经营基础上和资源配置市场化的条件下,农民主要根据产品市场和生产要素市场的相对价格信号做出生产经营决策。我们先来看他们如何应对生产要素禀赋变化从而要素相对价格变化做出自身生产经营调整的。从经济理性出发,农民的技术选择、生产结构安排、投入数量、质量和结构的决定,都会根据变化了的生产要素稀缺程度和相对价格进行调整。因此,如果根据理论来做推论的话,我们可以预期,在劳动力出现短缺和劳动力成本上升的情况下,上述各种调整都会按照减少劳动投入的方式进行。① 我们可以在当前中国农业发展特征中看到这种正常反应。

如前所述,在过去的 20 余年里,由于诱致性技术变迁,农业投入的数量和水平都发生了明显的变化。主要体现为两个特征:其一,单位面积上的现代生产要素的投入数量大大增加,使农业逐步摆脱了由于土地经营规模制约的"小农特征";其二,农业投入结构由于劳动力成本的上升,发生了明显变化,资本替代劳动在中国农业发展的过程中得到了越来越明显的体现。以下我们将分析过去 20 余年农业要素需求及农业增长源泉的变化趋势。

一、农业投入总体水平的变化

过去的 20 年现代化的农业投入品的不断增加是中国农业发展的突出特点。2009 年,单位面积使用的化肥数量为 341 公斤/公顷,使用

---

① 速水和拉坦(Hayami and Ruttan, 1980)提出了诱致性农业技术变迁的假说,认为农业技术的选择和进步方向,最终是由生产要素相对稀缺性从而相对价格变动诱导产生的。

的大中型农用拖拉机 22 台/千公顷。在播种面积维持基本稳定的情形下,劳动投入指数在近几年有了明显的下降。表 3 给出了过去 20 多年里,农业产出和主要农业投入品指数的变化情况。

首先,我们观察劳动投入的变化趋势。由于农业投入数据来源于全面调查的上报数据,农业劳动投入的绝对水平存在高估的趋势。根据都阳、王美艳等研究者最新的估计,如果充分考虑农村劳动力就业的兼业特征,农业就业被高估了 55%。但如果我们观察以 1988 年为基期的劳动投入指数的变化趋势,那么对农业绝对投入水平的系统性偏差所产生的影响会减弱。换言之,我们以此数据为基础判断农业劳动投入的变化趋势是相对可靠的。通过农业劳动投入指数的变化,我们发现,在 2003 年以前农业劳动投入受宏观经济周期波动的影响比较明显。因为,一旦宏观经济面临低谷,非农就业机会不充分,农业就会发挥"蓄水池"的作用,吸收回流的劳动力。此时,农业劳动的投入增加。例如,1989 年至 1991 年的宏观经济治理整顿时期,经济增长速度放缓,农业的劳动投入指数则显著增加。随后的经济快速增长则伴随着农业劳动投入的不断下降。1997 年的亚洲金融危机及随后的国有经济改革,导致城市就业环境恶化,农业劳动投入呈上升趋势。然而,2003 年以后,即便遭受了更为严峻的国际金融危机的冲击,农业劳动投入也一直呈现出单边下降的趋势。到 2011 年,根据国家统计局公布的农业就业数据,农业劳动投入的水平为 1988 年的 83%。这意味着,刘易斯转折已经使中国农业投入发生了根本的、结构性的变化。

表3 农业产出与主要投入品指数:1988—2009 年						
年份	产出	播种面积	农机动力	灌溉	化肥	劳动
1988	100	100	100	100	100	100
1989	103.4	101.9	105.6	101.2	110.1	103.0
1990	113.2	103.0	108.0	106.8	121.0	120.7
1991	110.5	102.0	110.6	107.8	131.0	121.2
1992	112.3	100.4	114.0	109.5	136.8	120.0

年份	产出	播种面积	农机动力	灌溉	化肥	劳动
1993	115.8	100.4	119.7	109.8	147.2	116.8
1994	112.9	99.5	127.2	109.9	154.9	113.6
1995	118.4	99.9	135.9	111.1	167.8	110.2
1996	128.0	102.2	145.0	113.5	178.7	108.0
1997	125.4	102.5	158.1	115.5	185.9	108.0
1998	130.0	103.3	170.1	117.8	190.7	109.1
1999	129.0	102.8	184.4	119.8	192.6	110.9
2000	117.3	98.5	197.8	121.3	193.6	111.8
2001	114.9	96.3	207.6	122.2	198.6	112.9
2002	116.0	94.3	218.0	122.5	202.6	113.6
2003	109.3	90.3	227.2	121.7	206.0	112.3
2004	119.1	92.3	240.9	122.8	216.5	108.0
2005	122.8	94.7	257.4	124.0	222.6	103.7
2006	126.4	95.3	272.9	125.6	230.1	99.0
2007	127.3	95.9	288.2	127.4	238.5	95.3
2008	134.2	97.0	309.3	131.8	244.6	92.8
2009	134.7	99.0	329.2	133.5	252.4	89.6
2010	138.7	99.8	349.1	136.0	259.7	86.6
2011	144.9	100.4	367.8	139.0	266.4	82.5

资料来源:《中国统计年鉴2012》,中国统计出版社2012年版。

其次,由于农业中各种投入要素的相对价格发生了变化,农业投入结构在过去20余年里也发生了明显的改变,机械和化肥等替代劳动的现代生产要素投入显著增加。与1988年的水平相比,农机动力增长了2.29倍,化肥施用量增加了1.52倍。从投入产出的平均关系看,1998年机械动力指数和产出指数的比为1.31∶1,化肥投入指数和产出指数的比为1.47∶1;到2009年,上述两项比值分别2.30∶1和1.82∶1。

再次,从农业投入的来源看,过去20余年里私人投入的增长速度要远远快于公共投入的增长速度。在目前的农业经营体制下,化肥、农业机械等投入品主要依赖于农户的私人投入,而灌溉、农业科技等具有较强外部性的投入品,则依赖于公共投入。以灌溉为例,从1988年至2009年,有效灌溉面积增加了33.5%,大致和产出的增长速度相当,远远落后于化肥和机械等主要依赖私人投入的生产要素的增长速度。

农业投入的回报受报酬递减规律的制约,这也就意味着在土地面积保持不变的情况下,持续增加化肥等现代要素的投入,其边际收益将会下降。此时,增加其他要素的投入,则可能带来更高的边际回报。换言之,通过大幅度增加公共投入,发挥它们对现有要素的互补作用,可以提高农业要素的综合生产效率,从而刺激农业总产出的增长。特别是在经济发展经历了第一个刘易斯转折点(食品短缺点)后,农业劳动力的继续转移有可能造成农产品生产总量的波动。在私人部门的现代生产要素投入增长已经达到相当高的水平的情况下,政府公共投入的互补对私人要素投入的互补性,将对未来中国农业规避食品短缺点发挥越来越重要的作用。

二、农业投入需求的变化

在目前的农业经营体制下,农户作为最基本的农业生产与经营单位,也是生产要素投入决策的基本单位。农户对农业生产要素的需求受很多因素的影响。例如:农产品价格的上涨会引起对农业生产要素投入的增加;生产要素价格的下降,也会引起农业投入的增加;而当物质要素和劳动投入之间存在着替代关系的时候,劳动力成本的上升会改变资本和劳动之间的相对价格,并引起物质资本投入的增加。

然而,从长期来看,农业要素的投入需求取决于区域的比较优势。也就是说,越具有农业比较优势的地区,农户的农业投入积极性也会越高。因此,可以用反映区域农业发展比较优势的外生变量,来观察农业投入需求的变化趋势。有研究者曾经使用1985—1997年分省数据观察中国劳动力及其他农业投入品的需求变化情况。根据降雨量信息,及年降雨量、降雨量的平方、月度降雨量的变异系数,构造了反映区域间自然条件禀赋的变量。结果表明,在所观察的时期,自然条件优越的地区,主要的农业生产要素的投入随着时间的推移而减少(即天气和时间的交叉变量显著为负),从而得出中国农业投入的需求背离比较优势的结论。

但如果把数据扩展到 2008 年,并使用同样的估计方法来分析农业要素投入的变化情况,则会发现完全不同的结果(见表 4)。在该表所列的三项生产要素投入中,只有在劳动投入的方程中,天气和时间的交叉变量显著为负。然而,农业劳动投入的下降是经济发展的普遍规律,无关乎区域比较优势。我们看到,随着时间的变化,化肥需求方程中符号已经为正(尽管在统计上不显著),这意味着自然条件更加优越的地区,已经表现出增加化肥投入的倾向。在机械动力的方程中,该变量则不具有统计和经济显著性。但无论如何,如果将数据更新到 2008 年,就不再能观察到自然条件优越地区逐步减少农业要素投入的情况。这表明,中国农业作为一个产业的特征日益明显,有可能通过充分利用市场机制,刺激某些农业生产要素投入的增加。

表 4　劳动力及其他要素投入的决定:1988—2008 年

	劳动	化肥	机械动力
加入省份虚拟变量			
年份	0.0186(3.79)	0.0477(9.15)	0.066(12.24)
天气×时间	−0.028(−2.22)	0.0156(1.15)	−0.003(−0.23)
R^2	0.058	0.67	0.73
不加入省份虚拟变量			
年份	0.04(2.32)	0.069(3.93)	0.071(3.42)
天气×时间	−0.193(−0.38)	−0.623(−1.19)	0.709(1.15)
天气	−0.0851(−1.92)	−0.048(1.05)	−0.0195(−0.37)
R^2	0.044	0.34	0.33
观测样本数	629	628	628

三、农业增长的源泉

如果如前所述,中国农业发展已经具备了现代农业的特征,农业增长的主要源泉将来自于现代生产要素的投入。而观察农业生产要素投入是否有效的一个直接方法,是看这些领域的农业投资是否带来了产出的提高。粮食是中国农业生产中的最主要的产出品,也是农业增长最主要的组成部分。因此,我们通过粮食生产的投入产出关系变化,分析农业增长的源泉变化。通过构建农业生产函数,可以观察粮食生产的投入产出关系,并以此为基础,分析过去20年中国农业(粮食生产)增长的主要来源。我们假定粮食生产函数遵循典型的柯布–道格拉斯生产函数的形式。粮食产量及农业投入中的"灌溉系数"来源于历年的《中国统计年鉴》,其他的农业投入资料来源于《全国农产品成本收益资料汇编》①,"人力资本"变量根据历年的《中国人口统计年鉴》及《中国人口与就业统计年鉴》计算,降雨量资料与前文所描述的来源相同。据此,我们可以估算农业生产要素投入,已经影响农业生产的自然条件因素对过去20年粮食生产影响的数量关系。

估计结果见表5,该表报告了三列回归结果。被解释变量为单位面积粮食产量的对数。第一列是固定效应模型,即加入了各省的虚拟变量,而第二列为随机效应模型,第三列为没有加入降雨量等自然条件因素的固定效应模型。我们对第一列和第二列的估计值进行了Hausman检验,χ^2统计值拒绝了零假设,表明固定效应模型更适合于我们使用的数据。以下,我们主要以第一列的结果来解释农业投入和产出之间的关系。

5 粮食生产的决定因素:1988—2008 年			
	固定效应	随机效应	不包括天气变量
年份	−0.226(−7.88)	−0.017(−7.73)	−0.026(−9.49)
劳动(对数)	0.176(4.76)	0.160(4.68)	0.148(4.08)
人力资本(对数)	0.0542.64)	0.026(1.54)	0.047(2.28)

① 全国农产品成本调查始于1953年,目前已形成覆盖全国31个省、自治区、直辖市,312个地市,1553个调查县,60000多农调户组成的规模庞大的农产品成本调查网络。全国统一调查的品种包括68种主要农产品,调查主要内容是农产品生产过程中的各项物耗和资金支出、费用支出,以及劳动力成本和土地成本。

	固定效应	随机效应	不包括天气变量
灌溉（对数）	0.055(1.07)	0.0014(0.03)	0.084(1.72)
机械动力（对数）	0.270(9.99)	0.229(8.97)	0.268(9.84)
化肥（对数）	0.304(8.19)	0.322(8.97)	0.343(9.55)
降雨量	0.035(3.43)	0.037(3.58)	—
降雨量的平方	−0.0015(−2.81)	−0.0016(−2.94)	—
降雨量变异系数	0.025(1.07)	0.0229(0.97)	—
R^2			
组内	0.72	0.72	0.72
组间	0.38	0.38	0.37
总体	0.49	0.50	0.47
N	608	608	608
Hausman 检验值：$\chi^2(9)$	39.0***		

回归结果表明，过去20年中国农业产出的增长主要得益于以化肥和机械为主的物质资本投入的增加，产出相对于农业机械投入的弹性为0.27，相对于化肥投入的弹性为0.30。而这些投入品主要来自于私人投入。劳动投入的系数为0.18，表明劳动投入对产出的影响已经远远小于资本。

如果不控制"降雨量"等自然条件因素，"灌溉"变量在10%的水平上具有统计显著性。但在加入气候变量的回归结果中，"灌溉系数"（灌溉面积比播种面积）在第一列所呈现的结果中不显著。这意味着对于灌溉的投资，并没有实质性地改善灌溉条件不足地区的灌溉条件。因此，自然条件会对产出有明显的影响，农业"靠天吃饭"的特征仍然较为明显。这也意味着，未来通过进一步提高农业综合生产能力，在具有较强外部性的领域加强公共财政的投入，对于保持农业的稳定发展仍然具有重要的意义。"人力资本"的回归系数在5%的水平上显著，但回归系数的经济显著性不甚明显。当然，对农业中人力资本投入的度量是一个较为复杂的问题，有很多形式的人力资本投资对农业生产产生影响，但并不是平均受教育年限所能反映的。

为了进一步阐述农业的现代化特征以及分析农业增长的来源，我们基于上述生产函数的回归结果,利用增长账户分解的方法,观察各种生产要素投入在过去20年中对农业增长的贡献。一般来说,生产要素对于产出增长的贡献来源于两个部分:其一,是每个单位投入的变化所引起的产出水平的变化,由回归方程中的回归系数反映;其二,是投入品本身数量的变化,即回归方程中解释变量的变化。因此,我们以固定效应模型的估计结果作为分析基础,来分解农业产出增长的源泉,结果见表6。

	估计系数	解释变量的变化	对产出增长的贡献	
	(1)	(%,2)	(3)=(1)×(2)	(%)
劳动	0.176	−4.9	−0.9	−2.63
人力资本	0.054	34.8	1.9	5.56
灌溉	0.055	31.8	1.7	4.97
机械动力	0.270	209.3	56.5	165.6
化肥	0.304	144.6	44.0	128.7
时间趋势	−0.226	20.0	−4.5	−13.22
其他	—	—	−64.6	−188.98
产出增长	—	—	34.2	100

表6 农业增长的源泉

由于农业生产中劳动投入的数量有明显的下降,因此,尽管在生产函数中估计系数为正,但对农业增长的总体贡献处于下降的趋势,2008年和1988年相比,劳动投入下降了4.9%,导致农业增长下降0.9个百分点。

人力资本投资和灌溉投入具有外部性。虽然这两类投入在过去20年有一定程度的增长,但对产出的影响不如化肥、机械等投入品明显。两项投入共带来了3.6个百分点的产出增长,贡献率为10.5%。不过,从解释变量的变化看,这两项投入的增加幅度远远小于机械和化肥的增长。

显然,物质费用的增加是过去20年农业增长的主要源泉,也表明中国农业已经具有明显的现代农业特征。但我们也应当看到,相对于大量的物质费用投入而言,化肥、机械投入产出效率已经不高。机械动力增长了2.09倍,化肥的使用增加了1.45倍,表明农业靠粗放的投入型增长的趋势非常明显。在土地和劳动投入成为越来越强的硬性约束的条件下，未来农业的发展需要增加与这些物质费用投入具有互补性的农业投入，尤其是具有公共性的互补品，如提高灌溉的效率、增加农业科技的投入等。

第四节　完善农业发展的投入机制

早期的国际研究发现：贫困国家倾向于对农业采取"多取少予"的歧视性政策，主要手段包括直接征税、价格剪刀差和扭曲汇率等；而发达国家则倾向于采用贸易保护。价格支持、直接补贴等手段，对农业给予保护。这两个政策在方向上虽然大相径庭，其实，它们都是对市场机制的扭曲。中国在经济发展进入新阶段、农业生产方式发生根本性变化并加入 WTO 的条件下，脱离了依靠农业进行工业化积累的路径，同时也没有沿袭东亚国家和地区的农业保护主义老路，而是通过 WTO 所允许的方式进行农业补贴，逐渐转向"多予少取"的政策轨道。

这种政策倾向主要表现为中央政府逐年加大财政支持力度，扩大对农业的各种直接补贴和扶持，形成了整体成片扶持与分类瞄准补贴相结合的政策做法。这一系列政策措施卓有成效，对农业特别是粮食增产发挥了重要的作用。除了这种补贴的方式往往难以达到准确地瞄准对象群体的目的，从数量上也很难完全达到调动种粮积极性的效果之外，最重要的是，这种补贴不能是无止境的，也不能成为永久、常规、有效的激励信号。

在图 4 中，我们用纵轴表示粮食价格和补贴水平，用横轴代表时间和变化趋势。从纵轴来看，从原点 O 出发，我们设定 P_o 为粮食生产的合理盈利水平，P_b 为盈亏平衡水平，即一旦粮食价格低于该点，粮食生产就不再盈利。从横轴来看，随着时间的推移，如果粮食相对价格逐年降低，为了补偿粮食生产成本并保持生产者盈利，则需要提高补贴水平。图中从 O 点出发上扬的直线表示不断提高的补贴水平，从 P_o 点出发下滑的直线表示持续下降的粮食相对价格水平。在到达 T_e 点之前，粮食价格不足以保证种粮者获得合理盈利水平的部分，可以由补贴给予补偿。例如,在 a 点,粮价下降导致的激励缺口 cd 由补贴形成的 ab 予以补偿。但是,如果价格的降低和补贴的增加继续下去,到了 T_e 点之后,即粮食相对价格和补贴在 E 点相交之后,粮食生产的盈亏完全由补贴水平决定,并且只是通过补偿价格的下降保持盈亏平衡。例如,在 a' 点上,相对价格低于盈亏平衡水平的部分 b'c',则需要由补贴高于盈亏平衡水平的部分 c'd' 予以补偿。

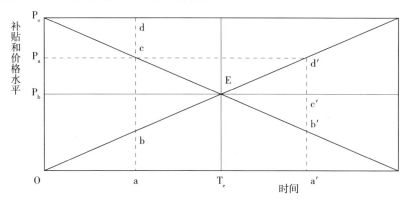

图4 粮食相对价格和补贴的激励效果

这时,对于生产者来说,仅仅领取补贴而不种植粮食,比种粮要更加合算。而如果不能有效地识别生产者是否种粮以及实际投入水平,则这种情形必然会发生,种粮补贴政策的初衷就走向了它的反面。值得指出的是,在缺乏识别机制的情况下,生产者不种粮、少种粮或粗放种粮的情况,并不是只在 T_e 点之后才发生,而是在价格与补贴呈现相反变化趋势时,就以各种表现形式发生了。因此,对于种植粮食的直接补贴政策的运用,不是越多越好,越久越好,而是有一定的适用空间和时间范围的。① 因此,农业要自生自立地持续发展,不能仅靠政策性支

---

① 根据一项在水稻种植地区对农民收入支持政策的效果评价研究(Heerink, et al., 2007),废除农业税提高农民收入的效果大于种粮直接补贴,但这些收入支持政策都没有完全实现鼓励粮食种植的初衷。在作者研究的江西省两个村庄,由于现金收入增加有利于购买非粮食生产所需的投入品,并且有助于农民生活需求拮据程度的缓解,这些政策措施的一个不利结果是粮食生产中劳动投入减少,粮食产量和销售量反而下降了。

持,归根结底离不开来自农产品价格的激励效果。而这种市场化的激励机制的形成和完善,则要通过改革才能实现。

首先,建立和完善农业生产的正常激励机制。按照农业的性质,把这个产业作为一个正常的产业进行投入,把农民作为理性的生产者给予激励,是其得以自生发展的关键。而实施粮食安全战略,归根结底在于形成有保障的生产激励机制。因此,对于农业的发展来说,继续实施对农业生产的补贴政策是必要条件,却不是充分条件。农产品价格是农业作为市场经济的一个组成部分所赖以发展的终极激励。农产品价格形成机制改革的关键在于,既能够建立一种传导机制,得以利用国内乃至国际市场价格变动的激励作用,让农民获得价格上涨的好处,又能够形成一个有效的屏障机制,过滤掉非理性的农产品价格涨落,不致伤害农民的种植积极性和影响消费者的基本生活。

瑞典经济学家林德贝克在分析中国经济体制改革的进程时,从产权制度、分权程度、市场化水平、激励机制、竞争性,以及开放程度等维度,对中国农业经济体制进行了评价。撇开其他方面不说,他对于农业中的激励机制的评价过于乐观了。虽然作为基本经营单位家庭来说,农业生产主要面对市场,需要依靠农产品价格来激励投入行为,但是,近年来过多的各种补贴,以及对农产品价格形成的干预措施,正在降低农业生产的经济激励机制。更重要的是,政策朝着补贴、保护的方向不断变化,会给农民更多地获得非市场激励的预期,反而不利于农业竞争力和自生能力的提高。因此,在界定清楚政府和农民投入边界的前提下,农业直接生产过程应该更多地利用市场激励,而非补贴性质的政策激励。

其次,构建农业支持体系和农业生产能力的提高机制。虽然农业生产方式发生了深刻的变化,但是,中国农业的基础尚不牢固,综合生产能力不强,还没有完成现代化的任务,大力度的支持与投入仍是当务之急。从经营活动的微观层面看,农业是一个正常的产业,而从粮食安全的宏观层面看,农业的确具有战略意义。着眼于未来,我们应该立足于把农业培养成为可以自生的产业,但是鉴于长期以来对于这个产业实行多取少予的历史,仍然需要继续给予反哺。实行城市支持农村、工业反哺农业的方针,应该在工农业均衡发展的政策理念基础上,形成一个稳定和持续的支农制度框架,使之成为与市场经济相衔接的农业发展机制中的有机组成部分。而在其中,政府对农业的投入是关键。

我们可以用图5解释农业中公共投入与私人投入的界定,以及界定不清乃至任何一方的投入不足所导致的问题。图中PN这条线表示随农业生产活动的外部性或公共品性质的减弱,政府投入的逐步减少。与此相对应,OM表示随着农业生产活动外部性的减弱从而私人产品性质的增强,农业生产者私人投入逐渐增加。如果界定恰当、激励合理的话,政府和私人生产者都按照适当的力度进行投入,形成理想的总投入水平OP,即私人投入水平Bb加政府投入水平Bg,总投入水平始终保持在PM水平上。如果在界定的政府投资领域投入不足的话,如政府投入曲线从PN下移到P′N′曲线上,与此同时,假设私人投入激励和行为不变,则会产生总的农业投入水平与理想水平OP的缺口gh或cd。在现实中,从农业水利设施到田间灌溉,从农业科研实验室到田间地头,以及其他基础设施使用中存在的所谓"最后一公里"现象,就是这个投入缺口的最为形象的反映。

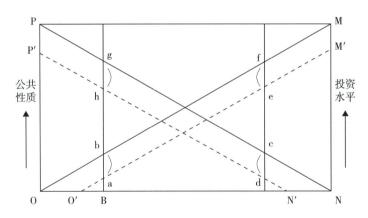

图5　依公共性质界定农业生产的投资主体

从另一个方面看,如果私人投入达不到界定的水平,即OM下移到O′M′,在假设政府投入行为不变的情况下,同样会形成农业总投入水平与理想水平的缺口ba或fe。进一步,如果政府和私人两个主体的投入水平都达不到界定的水平,即政府的投入曲线从 PN 下移到 P′N′,私人投入曲线从 OM 下移到 O′M′,则会在农业总投入水平与理想水平之间产生更大缺口,即 gh 与 ba 之和,或 fe 与 cd 之和。

上述在农业总投入水平与理想水平之间可能存在的缺口,即通常所说的农业投入不足现象,通常产生于四种可能的情况。第一,政府与私人投资范围界定不清晰,因而出现真空领域。第二,无论政府还是生产者,都可能面对投资激励不足的问题。第三,两个投入主体可能因各种原因,而面临投资财力的制约。第四,在政府和私人之间缺失一个中间投入主体,如农业合作组织或社区集体组织。但是,归根结底,政府投入与生产者投入之间,并非替代性选择,而是在清晰界定后的互补性资源配置,这种互补性、缺一不可的投入界定,是具有自生能力的经济活动和生产经营过程所具有的共同特征。

另一方面,农业总投入的理想水平毕竟是一种境界,总是受到前述四个方面因素的制约而不能随时随地达到完美状态。因此,有必要从分析这些制约因素出发,探讨增加农业投资的潜力。深入的研究应着眼于影响政府和农民农业投入的几个角度,特别是投入领域界定、投资激励和突破资源约束等方面进行研究。

第五节　农业发展新阶段的投入政策

既然中国农业今天的面貌,在很大程度上是与刘易斯转折点的来临相关的,因此,中国农业近期未来的走向也与这个转折点的变化特征密切相连。首先,人口转变仍然在继续,劳动年龄人口下降速度在加快,并预期在"十二五"期间开始减少。如果说,从中国整体来看,这个人口年龄结构变化的后果是加速的老龄化,而农村老龄化程度更为突出的话,对于农村来说,务农劳动力的老龄化则是不可避免的。其次,农村劳动力向城市的转移也在继续,并产生新的特点——户籍制度的加快改革,推动以农民工市民化为内涵的城市化,农村人口向城市的转移将具有永久化的趋势。经典理论告诉我们,从二元经济向现代经济的转换除了经历结束劳动力无限供给的第一个刘易斯转折点外,该转折点后的劳动力持续转移,将使农业部门和非农部门的劳动边际生产率逐步趋同。当二者相等时,经济发展到达了第二个刘易斯转折点,二元经济也随之完成了向现代经济的转化。目前,中国经济正面临着从第一个转折点向第二个转折点迈进的过程,农业投入政策也相应地需要因应这一时期的一般经济规律,具体来说,包括以下几个方面:

一、进一步理顺价格关系是保证农业正常投入机制的前提

农业投入的根本动力来自于农业作为一个产业的特性。因此,在市场机制为主导的前提下,通过投入与产出关系所形成的投资激励才是最基本和可持续的。这就要求农产品价格形成要能够及时地反映市场上供求关系和资源禀赋稀缺性的变化。从这个意义上说,理顺农产品价格虽然是在产出端做文章,但对保证正常的农产品投入机制起着基础性的作用。

长期以来,农产品价格形成机制的改革总是掣肘于生产者和消费者之间的利益关系,而难以真正深化。因此,对农产品价格波动的干预,在一定程度上扭曲了农产品市场的价格信号,其结果,不仅有可能造成农产品价格的进一步波动,也干扰了正常的农业投入。因此,面对市场供求关系引起的价格波动,政府应当主要在传播市场信息等领域发挥积极作用,而不能仅仅以平抑价格作为调控目标。

二、农业投入政策的着力方向要符合劳动节约型技术变迁的总体趋势

我们的分析已经表明,农业中劳动节约型技术变迁的特征越来越明显。顺应务农劳动力的永久性减少,特别是年轻劳动力的不足,诱致出进一步的农业机械化。提高农业机械利用效率,要求土地集中速度的加快。此外,在一些场合,外部投资者如大型农业公司可能更多地介入农业生产,进一步加速农业机械化和土地集中的过程。总体来说,中国农业的生产方式将越来越多地具有现代农业的特征。这需要更强有力的农业生产支持体系,包括更多的与农业机械使用相关的对农田水利基础设施的需求,从而对私人投资和政府投资都提出更大的需求。

因此,一些农业领域的制度改革,将影响到农业投入机制的形成和农业投入的效益。例如,在现有的农业经营制度下,出台鼓励土地机制的政策措施,扩大农业的经营规模,不仅条件已经成熟,而且将会成为促进农业投资、加速农业现代化的一个重要推动力。将外部投资者引入农业,也需要在政策上予以完善和支持。

三、更充分地发挥公共投资对稳定农业生产的积极作用

我们的经验分析表明,过去 20 余年农业增长主要依赖于私人投入,这也是农业基本经营制度改革带来的变化。如前所述,激发私人投资(包括农户和企业)的积极性,是农业投入的基础,也是农业投入持续性的保证,其前提是符合市场经济体制的农业经营制度以及具有竞争性的农产品价格形成体系。

然而,考虑到边际收益递减规律的影响,农业的持续发展越来越受制于具有外部性的农业投入品不足的制约。我们的经验分析结果表明,如灌溉(特别是所谓的"最后一公里"现象)等具有较强外部性的农业投入,尚未在农业产出的稳定、增长过程中发挥更大的作用。在这种情况下,政府增加公共投入将会与农业的私人投资起到互补的作用,对于增强新阶段中国农业的增长潜力可谓恰逢其时。

由此看来,在"十二五"及以后的经济发展阶段,公共财政对于农业不应以农业补贴(可能会产生价格信号扭曲)为主要的投入方向,而应加强对农业私人投入具有较强互补性的公共物品的直接投入。

四、应对食品短缺点效应的投入政策

在新的农业发展阶段,农业中劳动的边际生产率为正,这也就意味着农业劳动力的进一步转移有可能会造成农业总产量的损失,也就是经典理论所谓的越过食品短缺点所产生的效应。因此,从维持食品安全的角度看,政府应该在该阶段进一步完善农业投入政策,加大公共投入。其核心就是通过具有外部正效应的农业投入,来抵消市场失灵可能造成的农业总产出的损失。

由于这种投资具有外部性,因此,农户或私人机构很难成为投资主

体,公共投资的作用当仁不让。鉴于中国耕地和水资源稀缺的资源禀赋特点,农业生产能力的重要支撑仍将是提高单位面积产量水平的技术。对农业科技特别是具有长远增产潜力的农业科技突破的需求,以及有效的技术推广体系,对政府的农业投入比例提出了更高的要求。通过在这些领域投资的外部正效应,克服劳动力继续转移,对农业总产出可能造成的不利影响。

五、应对农业中的人力资本短缺

在前面两个变化趋势的基础上,农业的全要素生产率将继续提高,中国农业的国际竞争力也会进一步增强。国际经验表明,一个国家的农业竞争力,并非仅仅来自土地资源的相对丰裕程度,除了要发挥资源比较优势外,更来自于不断的技术进步和生产率的持续提高。只要从未来中国发展阶段的变化出发,顺应新的要求,形成有效的农业投入激励机制,中国农业的份额下降的过程中,不仅不会萎缩,还会变得更具竞争力。

这就需要在农业投入政策中,把人力资本投资放在更加突出的地位。由于向第二转折点迈进的过程中,劳动力的持续转移仍然具有选择性,即具有更高人力资本的劳动力更倾向于在非农部门就业(由于两个部门的劳动边际生产率仍然存在差异),因此,继续在农业中就业的劳动力的人力资本平均水平有可能继续下降。而另一方面,前述的农业现代化倾向对农业生产者的人力资本却提出了更高的要求。因此,在这一特定的发展阶段,农业投入中人力资本的投资尤其重要。

政府对农业的人力资本投入将集中于两个方面:一方面,要加大直接针对农业生产者的人力资本投入,如农业技术的培训和农业推广政策等;另一方面,通过加大农业科研等具有正外部性的公共投入,提高农业生产的技术水平,增强农业综合生产能力。

(蔡昉、都阳)

第三章　政府农业投入和
中国粮食安全

第一节　中国的农业发展与粮食经济

从 2004 年开始至今,在中央各项支农惠农政策扶持下,中国农业取得巨大发展。粮食连续 9 年增产,有效确保了国家粮食安全,农民收入持续增长,为促进国民经济的健康持续发展奠定了坚实基础。作为一个人口众多的发展中国家,2007—2008 年全球粮食危机爆发期间,中国不仅确保了粮食的安全供给,并且基本实现了粮食市场价格波动的稳定,取得了非常了不起的成就。

一、粮食发展成就

2012 年全国粮食总产量为 58957 万吨,比上年增产 1836 万吨,增长 3.2%。粮食生产实现了连续 9 年丰收。

从三大粮食品种看:2012 年全国玉米产量为 20812 万吨,增产 1534 万吨;稻谷产量 20429 万吨,小麦产量 12058 万吨。玉米产量超过稻谷产量 383 万吨,成为我国第一大粮食作物品种。

播种面积保持稳定,高产作物面积增加。2012 年,全国粮食播种面积 111267 千公顷,比 2011 年增加 694 千公顷,增长 0.6%。因播种面积增加增产粮食 358 万吨。

一是粮食生产能力不断增强。农业综合生产能力显著增强,农业技术装备有了长足发展。2009 年,全国农机总动力达到 8.74 亿千瓦,是 1978 年的 6.4 倍;农机作业水平持续提高,耕种收综合机械化水平达到45%,比1978年提高24.8个百分点,实现了农业发展由粗放生产向集约化水平不断提高的历史性跨越。

二是粮食生产基础设施改善。党中央、国务院高度重视农业和农村基础设施建设。2004年以来中央连续出台10个中央"一号文件",尽管每年主题各有不同,但均明确提出巩固和加强农业基础,不断加大扶持力度,稳定发展粮食生产,把加强农业和农村基础设施建设作为推进农村改革发展的重要举措。国家发展和改革委按照中央要求,积极调整投资结构,不断加大"三农"投入力度,支持农村基础设施建设。2009年至今,中央财政累计投入100亿元,在全国高标准实施了850个小型农田水利重点县建设,有效提高了项目区农田水利设施水平、抗御水旱灾害能力和农业综合生产能力。

三是粮食生产支持体系初步建立。公布实施《土地管理法》、《农村土地承包法》和《基本农田保护条例》,建立了最严格的耕地保护制度。取消农业"四税"(农业税、除烟叶外的农业特产税、牧业税和屠宰税),实行粮食直补、良种补贴、农机具购置补贴和农资综合直补等政策,初步建立了发展粮食生产专项补贴机制和对农民收入补贴机制。对稻谷、小麦实施最低收购价政策,完善了对种粮农民的保护机制,市场粮价基本稳定。调整国民收入分配结构,加大对农业投入倾斜力度,初步建立了稳定的农业和粮食生产投入增长机制。调整中央财政对粮食风险基金的补助比例,实施对产粮大县奖励政策,加大对粮食主产区的转移支付力度。

四是科技支撑能力明显进步。科学技术是第一生产力。中国粮食生产不断登上新台阶,科技进步功不可没。30多年来,中国农业科技发展迅速,技术瓶颈不断被突破,大大提高了资源利用率和土地产出率,农业科技贡献率由"七五"时期的27%提高到目前的51%。粮食生产发展的每一个阶段都伴随着突破性新品种的诞生和重大技术的推广应用。粮食丰产科技工程和配套项目的实施,培育了一大批优质高产高效粮食作物新品种,建成了一批粮食高产、超高产科技示范基地,形成了一批粮食高产优质高效生产技术模式,为中国粮食持续稳定增产提供了有力的科技支撑。2004年,中国正式启动"国家粮食丰产科技工程"重大项目,覆盖中国东北、华北和长江中下游三大平原 12 省的粮食主产区,以水稻、小麦、玉米三大粮食作物为主攻方向,至今累计建设丰产核心区、示范区和辐射区 6.83 亿亩,共计增产粮食 4008.68 万吨,每亩每年节本增效 100 元左右,增加经济效益 589.38 亿元,有效提升了中国粮食生产能力与科技创新水平,集成了一大批具有区域特色的三大粮食作物高产优质高效生态安全栽培技术。

五是粮食加工经营能力有所提升。粮食加工业是食品工业的重要基础产业,是农产品加工业的支柱产业,是粮食产业的重要组成部分。据有关统计,截至 2007 年,中国日加工能力在 100 吨以上的稻谷加工企业达到 1606 家,较 2002 年增加 1096 个;规模以上面粉加工企业年生产面粉达到 3480 万吨,方便面年产量 385 万吨,挂面年产量 250 万吨,饼干年产量 397 万吨。玉米的产业化过程中形成了长春大成、安徽丰原、河南天冠等多家大型深加工企业。马铃薯加工企业约 5000 家,其中规模化深加工企业近 140 家。

二、粮食安全评价指标

衡量一个国家或地区粮食的安全状况有一系列指标,包括粮食供求平衡状况、粮食产量波动、价格波动、人均粮食占有量、粮食储备水平、粮食贸易依存度和最低收入阶层的粮食安全保障、人均收入或人均热量的摄入量等。

联合国粮农组织给出的粮食安全衡量标准有三个:一是国家粮食的自给率必须达到 95% 以上;二是年人均粮食产量达 400 公斤以上;三是粮食储备应该达到本年度粮食消费的 18%,而 14% 是警戒线。

计算粮食自给率有 4 种方法:一是日本、韩国采用的以卡路里(热量单位)计算的粮食自给率,即侧重粮食的基础性营养价值,计算每个国民每天摄取的热量中国产粮食所提供的热量的比例;二是日本直至 1987 年所采用的按照生产额计算的粮食自给率,按照金额计算国民消费的粮食当中国产粮食所占的比例,这种计算的优点是能够更好地反映出虽然热量比较低、但对人体健康起到重要作用的蔬菜、水果等的自给率;但由于各种粮食价格波动存在差异,计算结果年际间会有较大起伏,因此,日本也已弃用;三是按照重量计算的自给率,即国内粮食生产量占国内生产量与进口量之和的比例;四是以谷物自给率代表粮食自给率,这是多数发达国家采用的方法。本研究采用谷物自给率和粮食人均占有量来衡量中国的粮食安全状况。

三、粮食安全发展阶段

(一)1949—1978 年:粮食供应不足,短缺为主

这一阶段中国粮食生产长期在低水平波动,居民的口粮消费尚未得到根本解决,粮食供给不能满足温饱需要。1949—1957 年,粮食总产由 11320 万吨增加到 19500 万吨,年均递增 6.4%,维持最基本生存的口粮有了初步保障。1958—1978 年,中国粮食生产发展缓慢,总产仅增加 11020 万吨,年均递增 5.3%。供给远不足需,人均粮食占有量基本维持在 250—310 公斤的低水平。

(二)1979—1995 年:供求总体平衡,基本解决温饱

这一阶段是中国传统计划经济向市场经济转轨的时期,粮食供给能力大幅度提高。1979—1984 年,粮食总产由 33211.5 万吨增加到 40730.5 万吨,年均递增 4.2%,人均粮食占有量平均为 353 公斤。1985—1995 年,粮食总产由 37910.8 万吨增至 46661.8 万吨,年均递增 2.1%。中国人均粮食占有量平均为 375 公斤。

(三)1996—1999 年:产需基本平衡,丰年有余

这一时期,国家加大了对粮食生产的政策扶持力度,出台了粮食保护价收购制度,实行粮食省长负责制,1994 年和 1996 年两次大幅度提高粮食收购价格,极大地调动了农民种粮积极性。1998 年粮食总产达到 51229.5 万吨,再创历史最好水平。1996—1999 年中国人均粮食占有量连续 4 年超过 800 斤,谷物自给率也大幅提高,从 1996 年的 97.8%提高到 1999 年的 100.9%。粮食人均占有量连续 4 年保持在 400 公斤以上,平均达到 407 公斤。

(四)2000—2003 年:产不抵消,库存下降

这一阶段,中国对农业和农村经济结构进行战略性调整,各地纷纷加大调整力度,调减粮食种植面积,加上这一时期粮食价格持续走低,

生产效益下降,农民种粮积极性受到影响。粮食播种面积由 1999 年的 17 亿亩下降到 14.9 亿亩,单产由每亩 300 公斤下降到 289 公斤,总产由 50840 万吨减少到 43070 万吨,出现了粮食种植面积、单产、总产同时下降的局面,是改革开放以来中国粮食生产滑坡最严重的时期。但这一时期,由于玉米的出口大量增加,年均出口 1000 万吨以上,谷物自给率也迅速提高,由 2000 年的 102.7% 提高到 2003 年的 105.5%。粮食人均占有量出现大幅下滑,并呈持续下降趋势,其中 2000 年比 1999 年降低了 9.4%,2003 年降到 334 公斤,仅相当于 1980 年的水平。这一时期,年平均粮食人均占有量仅 353 公斤。

(五)2004—2009 年:产量恢复,供求偏紧

2004 年,党中央对农业农村经济政策作出重大调整,明确了"统筹城乡"的基本方略,作出了"以工促农、以城带乡"的基本判断,制定了"多予少取放活"和"工业反哺农业、城市支持农村"的基本方针,采取有力的政策措施,促进粮食生产迅速恢复发展。据资料显示:中国粮食播种面积由 2003 年的 14.9 亿亩恢复到 2008 年的 16.35 亿亩,年均递增约 2400 万亩;亩产由 289 公斤增加到 330 公斤以上,创历史最好水平,年均增长 8.2 公斤;总产再次超过 50000 万吨,2009 年达到 53082.1 万吨,创历史新高,扭转了前一阶段持续下滑的局面。这一时期,谷物自给率较为稳定,除 2004 年中国小麦大量进口、谷物自给率下降至 98.7% 以外,其他年份谷物自给率均达到或超过 100%。粮食人均占有量也稳步提高,中国粮食生产进入一个新的稳定发展阶段。

四、政府农业投入的重要作用和粮食安全所面临的形势

进入新世纪以来,中国粮食生产所取得的巨大成就很大程度上应归功于中央政府的高度重视,粮食发展的政策支持体系逐渐建立,政府农业投入逐步增加,巩固了农业发展的基础,提高了粮食综合生产能力。具体来说,中国粮食发展的重要经验有:

(一)政府高度重视是促进粮食发展的推动力

中国人多地少,解决吃饭问题始终是农业发展的根本。在市场经济中,受比较效益的驱动和自然条件的制约,农业在三次产业中处于弱

势地位,粮食更是弱势中的弱势,这就决定了解决中国的粮食问题不能完全依靠市场机制,政府在保障粮食生产中具有不可替代的作用。特别是近年来,中央进一步明确了必须坚持立足国内实现粮食基本供给、确保国家粮食安全的方针,并连续发出 10 个"一号文件",对发展粮食生产做出了全面部署。党的十七届三中全会明确要求"粮食安全任何时候都不能放松,必须常抓不懈"。要"把发展粮食生产放在现代农业建设的首位",要求各地区都要明确和落实粮食发展目标。实践证明,行政推动作为发展粮食生产的重要手段,不仅十分必要,而且行之有效,已经成为稳定发展粮食生产的政策保障。

(二)强化投入是促进粮食发展的物质保障

由于政府层面的高度关注,近年来中国粮食发展的政策支持体系初具雏形,中央财政支持"三农"资金稳步快速增长。2004 年中央财政用于"三农"的资金 2626 亿元,2006 年时增加到 3397 亿元,占中央财政总支出增量的 21.4%。2007 年,中央财政进一步加大了支持粮食生产的政策力度,良种补贴、农机具购置补贴、粮食直补、农资综合直补四项补贴资金达 514 亿元,比上年增长 66%。2008 年中央财政四项补贴资金达 1028.6 亿元,比 2007 年翻了一番,是 2006 年的 3.32 倍。2009 年中央财政拟安排补贴资金 1230 亿元,比上年增加 200 亿元。

(三)依靠科技进步是促进粮食发展的关键

中国粮食生产的整体科研水平不断提高,科技支撑能力不断增强。技术进步对粮食生产的发展功不可没。新品种培育进程加速,生产用种每更换 1 次的时间由 9—10 年缩短到 6—7 年,中国农作物良种覆盖率从 1949 年的 0.06% 提高到目前的 95% 以上,促进粮食亩产从 1949 年的 69 公斤提高到目前的 330 公斤。另外,中国在加强推广良种的同时,还做到配套"良法"的推广与应用,如启动科技入户工程、推进科学施肥、优化肥料结构、建设高标准粮田等。尤其自 2002 年起,中国实行良种补贴政策以鼓励优势农产品基地建设,取得了可喜成绩,不仅达到了提高粮食单产的目的,更推广了一系列与良种配套的科技管理方法与技术,使中国粮食生产的整体科技水平有很大提高。

(四)强化服务指导是促进粮食发展的有效手段

只有充分发挥政府的公共服务和指导功能,才能实现粮食生产稳步发展。近年来,各级政府和农业部门在规划引导、技术推广服务等方面发挥了重要作用,为粮食生产发展提供了有力保障。一是强化技术推广服务。各级农业部门积极组织专家开展技术指导,加强农民科技培训,通过实施科技入户工程等项目,进行科技示范,推广优良品种和新技术,不断提高农民科技应用能力。二是突出抓好重点区域。近年来,国家根据各地资源禀赋、技术条件等实际情况,明确了区域粮食生产发展重点,如东北主抓水稻、玉米、大豆生产,黄淮海地区突出抓好治盐治碱种小麦,长江流域抓好水稻"单改双",西南华南主要抓好扩大间套复种,充分挖掘生产潜力,对粮食生产持续恢复发展起到了积极作用。

第二节　粮食安全与中国政府农业投入

据 FAO 资料显示,发展中国家对农业生产的投入不足,可能对其粮食安全造成严重的负面影响,尤其是饥饿发生率最高和饥饿程度最深的国家,如果今后不能增加农业投资,这些国家的大多数穷人就无法实行技术变革和提高劳动生产率。农业投资的增加可以推动资本对劳动力的替代,以及全要素生产率的稳步提高。同样重要的还有农业投资的结构,它可能影响到农民收入水平和收入分配效果。除了强调农业投入额和投入结构调整外,改善农村投资环境及适当利用外资也成为今后发展中国家促进农业投入的关键。

中国财政农业投入是政府支持农业发展的重要组成部分,对于增强农业的基础地位,提高农业生产者的收入水平,提升农业国际竞争力,稳定和发展农村经济具有极其重要的作用。

一、政府农业投入的发展情况

在中国,政府农业投入指中央财政支农投入,即国家财政通过分配和再分配手段促进解决"三农"问题一系列政策的总和。财政支农政策的制定实施受社会经济发展阶段、政治经济制度、国家财力和不同时期农业农村发展目标任务影响,带有鲜明的时代特征。经过多年的演变、调整,一个适应社会主义市场经济体制和农业农村发展形势的,以支持粮食生产、促进农民增收、加强生态建设、推进农村改革、加快农村教育卫生文化发展等政策为主要内容的财政支持"三农"政策框架体系已经显现。

特别是 2003 年以后,中国财政支持"三农"政策开始实现战略性转变,党中央在提出"统筹城乡发展"解决"三农"问题的基础上,进一步提出全面、协调、可持续的科学发展观,并要求全党把解决"三农"问题作为一切工作的重中之重。财政支农方面,除了已有的政策继续执行并加大力度外,提出并开始实施公共财政覆盖农村政策,新增教育、卫生、文化支出主要用于农村,同时在基本建设投资包括国债资金方面加大了对农村公共基础设施建设的投入。此外,还对农民实施直接补贴,改变了财政支农方式,并改革农业税制,逐步取消农业税。

财政支持"三农"政策包括两大类。一类是支出政策,主要方式是投资、补助、补贴等。中央财政现有直接支持"三农"资金 15 大类,包括基本建设投资(国债资金)、农业科学事业费、科技三项费用、支援农村生产支出、农业综合开发支出、农林水气等部门事业费、支援不发达地区支出、水利建设基金、农业税灾歉减免补助、农村税费改革转移支付、农产品政策性补贴支出、农村中小学教育支出、农村卫生支出、农村救济支出、农业生产资料价格补贴。这一口径是目前中央财政支持"三农"支出最大的口径,基本涵盖了中央财政支持"三农"的各个方面。1998—2003 年,中央财政直接用于"三农"的支出累计 9350 多亿元;另一类是税收政策,主要方式是轻税、减免、退税等。国家财政对农业农村一直实行轻税和税收优惠政策。自 1958 年全国人大颁布《中华人民共和国农业税条例》以来,农业税一直实行增产不增税,农村税费改革试点以前的 1999 年,农业税的实际税率只有 2.5%,农村税费改革试点以后,农民的整体负担大幅度下降,2004 年中央又出台了取消农业特产税和农业税减免试点。与此同时,国家财政对特定地区和特定群体实行社会减免政策,对受灾地区和农民实行灾歉减免政策。在农产品加工增值税和出口退税上,国家财政对农产品加工增值税实行进项抵扣政策,对农产品及加工品出口实行优先退税政策。此外,国家财政还通过清理、取消各种不合理收费,减轻农民的额外负担;通过利用外资支持农业农村发展。

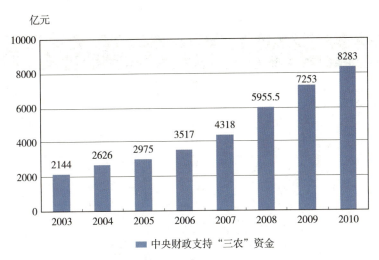

图 1　中央财政支持"三农"资金

注:中央财政在 2010 年初预算安排"三农"支出 8183 亿元,之后追加超过 100 亿元。

据资料显示,1998—2003 年期间中央财政直接用于"三农"的支出累计 9350 多亿元,平均每年不足 1600 亿元。然而,自 2004 年起,中央财政支持"三农"资金出现迅速增长,由 2626 亿元迅速增加到 2010 年的 8283 亿元,平均每年增加投入 877 亿元,年均增长率超过 20%。2010 年中央财政安排对农民的四项补贴支出 1334.9 亿元,安排支持农村教育、卫生等社会事业发展方面支出 3108.5 亿元,支农力度进一步加大。

二、政府农业投入对食物供给能力的影响

食物供给能力是保障食物安全的根本,特别是对于一个人口众多的发展中国家,国内食物供给能力对食物安全起着决定性作用,通过国内生产、进出口贸易以及可能食物援助等方式提供。政府农业投入主

73

要是影响到国内食物的生产能力,包括农业科技、基础设施、农田水利、机械装备、农民培训等方面投资所带来的影响。

主要考核指标:粮食和畜禽产品总产量、粮食单产水平、人均粮食占有量。

(一)粮食产量

表1 粮食及主要粮食作物产量(万吨)				
全国粮食产量				
年份	粮食	稻谷	小麦	玉米
1978	30476.5	13693.0	5384.0	5594.5
1980	32055.5	13990.5	5520.5	6260.0
1985	37910.8	16856.9	8580.5	6382.6
1990	44624.3	18933.1	9822.9	9681.9
1991	43529.3	18381.3	9595.3	9877.3
1992	44265.8	18622.2	10158.7	9538.3
1993	45648.8	17751.4	10639.0	10270.4
1994	44510.1	17593.3	9929.7	9927.5
1995	46661.8	18522.6	10220.7	11198.6
1996	50453.5	19510.3	11056.9	12747.1
1997	49417.1	20073.5	12328.9	10430.9
1998	51229.5	19871.3	10972.6	13295.4
1999	50838.6	19848.7	11388.0	12808.6
2000	46217.5	18790.8	9963.6	10600.0
2001	45263.7	17758.0	9387.3	11408.8
2002	45705.8	17453.9	9029.0	12130.8
2003	43069.5	16065.6	8648.8	11583.0
2004	46946.9	17908.8	9195.2	13028.7
2005	48402.2	18058.8	9744.5	13936.5
2006	49747.9	18257.2	10446.7	14548.2
2007	50160.3	18603.4	10929.8	15230
2008	52870.9	19189.6	11246.4	16591.4
2009	53082.1	19510.3	11511.5	16397.4

资料来源:《中国统计年鉴2010》,中国统计出版社2010年版。

　　经过多年的努力,中国粮食总产量随着经济社会发展和综合国力的增强不断提高,尤其是在 1979—1998 年期间全国粮食产量先后登上 35000、40000、45000、50000 万吨四个台阶,从根本上扭转了中国粮食长期短缺局面,实现了粮食供求基本平衡,丰年有余。然而,世纪之交,由于粮食供大于求以及一些地方在农业结构调整中放松粮食生产等原因,粮食播种面积大幅调减,农民种粮积极性受到挫伤,加上严重自然灾害的影响,粮食生产连续减产,粮食供求关系再度趋紧。2004 年以来,在国家各项政策扶持下,中国粮食生产出现恢复性增长,实现了连续 6 年增产,2009 年粮食产量达到 53082.1 万吨。

表 2　粮食及主要作物单产变动(公斤/亩)

年份	粮食	稻谷	小麦	玉米
1978	168.49	265.21	123.00	186.85
1979	185.65	282.92	142.45	198.80
1980	182.29	275.31	127.59	207.76
1981	188.49	288.24	140.46	203.19
1982	208.29	325.75	163.28	217.73
1983	226.38	339.74	186.78	241.55
1984	240.55	358.17	197.94	264.02
1985	232.20	350.42	195.78	240.48
1986	235.29	355.84	202.68	247.01
1987	242.50	361.19	203.18	263.29
1988	238.57	352.45	197.86	261.87
1989	242.15	367.23	202.87	258.53
1990	262.19	381.74	212.94	301.60
1991	258.38	376.01	206.70	305.22
1992	266.92	386.87	222.08	302.17
1993	275.38	389.85	234.59	330.86
1994	270.88	388.74	228.42	312.90
1995	282.64	401.65	236.10	327.79

年份	粮食	稻谷	小麦	玉米
1996	298.85	414.15	248.94	346.88
1997	291.77	421.28	273.45	292.48
1998	300.14	424.40	245.67	351.19
1999	299.51	422.98	263.11	329.64
2000	284.08	418.10	249.22	306.50
2001	284.46	410.89	253.75	313.23
2002	293.30	412.61	251.76	328.30
2003	288.83	404.04	262.12	320.84
2004	308.03	420.71	283.46	341.34
2005	309.44	417.35	285.02	352.49
2006	314.71	414.50	300.66	356.57
2007	314.40	418.60	306.20	355.07
2008	316.53	428.87	307.20	344.47
2009	330.07	437.53	317.47	370.40

资料来源:《中国统计年鉴2010》,中国统计出版社2010年版。

从各地区粮食生产情况来看,2009年粮食产量超过3000万吨的省区有河南、山东、黑龙江、安徽、四川和江苏等6省,2000万—3000万吨之间的有河北、吉林、江西、湖北、湖南等5省,1000万—2000万吨之间的有内蒙古、辽宁、广西、广东、重庆、云南、贵州、陕西和新疆等9省,低于1000万吨的有北京、天津、山西、上海、浙江、福建、海南、甘肃、宁夏、西藏和青海等11省(市、区)。在2004年《关于促进农民增加收入若干政策的意见》中,国家按照粮食播种面积、粮食产量和提供的商品粮数量等标准确定了辽宁、黑龙江、吉林、河北、内蒙古、山东、江苏、安徽、江西、河南、湖北、湖南、四川等13个省区为中国的粮食主产区,2009年13个省区粮食产量占全国粮食总产量的比重达74.8%。随着粮食主产区功能的日益强化,中国粮食生产正逐渐向具有比较优势的粮食主产区集中。

(二)粮食单产增长

多年来,中国粮食总产不断增加主要是粮食单产提高的结果。

1978—2009 年中国粮食单产水平总体呈上升趋势,从 168. 49 公斤/亩提高到 330. 07 公斤/亩,增长了 95. 9%。与粮食生产发展阶段基本一致,粮食单产也呈现阶段性变动的趋势,1978—1998 年增长显著,1999—2003 年单产水平有所回落,而 2003 年以后,单产水平恢复很快,从 288. 83 公斤/亩提高到 330. 07 公斤/亩,增幅为 14. 3%。分品种来看,2009 年三大主要粮食作物稻谷、小麦和玉米的单产分别为437. 53 公斤/亩、317. 47 公斤/亩、370. 4 公斤/亩,比 1978 年分别增长64. 98%、158. 1%、98. 23%,单产水平增长显著。三大作物单产的提高促使粮食总体单产水平的增长,而粮食单产的提高是推动中国粮食总产提高的主导因素。

中国各地区粮食单产水平差异很大,2009 年粮食单产水平最高的是浙江,达到 449. 46 公斤/亩,最低的为山西,仅 228. 19 公斤/亩。二者相差 221. 27 公斤/亩。从三大主要粮食作物来看,主产区的粮食单产水平明显高于产销平衡区和主销区。

(三)畜产品生产能力

近 20 年来,中国畜牧业发展很快,畜牧业的发展不仅为社会提供了大量的畜产品,而且极大地促进了中国农业和农村经济的发展,日益成为大农业中仅次于种植业的第二大产业,成为振兴农业和农村经济的重要支柱产业。同时,畜产品也已逐渐成为人们的食物必需品。改革开放以来,中国畜牧业发展经历了两个重要的发展时期:第一阶段为1978—1996 年,期间中国畜牧业发展极为迅速,畜牧业产值占农林牧渔总产值的比重由 1978 年的 15. 0%增长到 1996 年的 26. 9%,主要畜产品产量持续稳定增长,1996 年肉类产量达到 4584 万吨,比 1980 年增长 2. 8 倍,禽蛋产量 1965. 2 万吨,增长 6. 7 倍,牛奶产量 629. 4 万吨,增长 4. 5 倍;第二阶段为 1996 年至今,中国畜牧业发展进入了一个新的发展阶段,即主要畜产品供求基本实现平衡,并出现了结构性、地区性的相对过剩,提高畜产品质量、优化和调整畜牧业产业结构、提高经营主体的经济效益和畜牧产业的社会效益、改善畜牧业生态环境已经成为新时期中国畜牧业发展的主要目标。2009 年时肉类产量达到7649. 7 万吨,比 1996 年增长 66. 9%,禽蛋产量 2742. 5 万吨,增长

39.6%,牛奶产量 3518.84 万吨,增长 4.6 倍。

三、政府农业投入对食物可获得性的影响

食物的可获得性是食物安全的重要组成部分,在保障食物供给能力的基础上,提高城乡居民的收入水平,提高市场便利化程度,将有助于城乡居民拥有足够的资源条件来获得满足营养需求的适当食物。所谓的资源条件主要包括一个国家的政治、经济、社会、法律等方面的状况。在中国,食物的可获得性主要是指收入水平的提高,以及食物获取的交通和市场等条件。政府农业投入可能的影响主要包括农村基础设施的改善、农贸市场的建设以及由于公共投资带来的收入水平的提高。

(一)农民收入水平

农民在中国的食物安全中扮演重要的角色。农民收入提高是减少食物不安全的重要途径。中国农民的收入主要来源于农业劳动和其他就业的工资性收入。农民对农业劳动收入依赖性较强,决定了其收入水平较低,而且具有明显的季节性。从非农就业获得的收入将有助于改善农民的收入状况,提高农民的食物生产和购买能力,从而改善农民的食物安全状况。

随着一系列增加农民收入政策措施的落实,1996—2009 年中国农民的收入有了大幅度的提高。农民人均纯收入由 1996 年的 1926.07 元增加到 2009 年的 5153.17 元(名义收入)。但 1997—2000 年是中国农民人均纯收入增幅持续下降的阶段,增幅从 1997 年的 6.0%(消除价格水平影响后)下降到 2000 年的 2.0%。2001—2003 年中国农民的人均纯收入开始恢复性增长。2004 年以后,中国政府进一步加强了对农民和农业的支持,实施了一系列支持农村劳动力转移和促进农民增收的措施,农民收入实现了稳步快速增长,连续 6 年增幅超过了 7.0%。

(二)食物消费支出

随着经济的发展,农民收入的增长和生活水平的提高,中国农村居民的食物消费支出绝对值呈现不断增长的趋势。扣除价格影响因素,1996—2000 年农民食物消费支出出现一定程度的减少,由 1996 年的 885.5 元减少到 2000 年的 820.5 元。部分原因是收入增速减缓和粮

食自我生产丰产。2001年以后,农民的食物消费支出恢复性增长,2004年首次超过了1000元。

农村居民恩格尔系数持续下降,从1996年的56.3%下降到2009年的41.0%,这表明中国农村平均生活水平已由温饱水平进入小康水平。虽然农村居民的恩格尔系数不断降低,但用于食物的绝对支出保持了稳定增长,价格调整后的食物支出与农民人均纯收入变动趋势基本一致,因此中国农村居民的食物购买能力正逐步增强。

(三)交通运输

交通运输是食物安全的重要决定因素之一。农村公路是中国广大农村地区最主要甚至是唯一的运输方式,已成为农村经济社会发展的助力器。农村公路等基础设施可以加强农民与外界的交流,扩大农产品销售范围,对提高农民收入具有重要意义。这里用通汽车村比重来反映中国各地区农村交通的发达程度、农产品流通状况和农民获得各种食物的便利程度。

自2008年下半年以来,中国交通运输业落实中央应对国际金融危机、促进经济增长的一揽子计划,基础设施建设明显加快,"十一五"时期成为新中国成立以来,交通发展最快、发展质量最好、服务水平提升最显著的时期。2006—2009年期间,全社会投入农村公路建设资金7528亿元,其中,中央政府投入农村公路建设补助资金1661亿元。截至2009年底,中国农村公路通车总里程已达到336.9万公里,有99.6%的乡(镇)、95.77%的建制村通了公路,有92.46%的乡(镇)、77.6%的建制村通了沥青(水泥)路。

近年来中国农村公路建设的经验表明,农村公路的改善对提高中国食物安全的诸多方面都有积极影响。农村公路改变了交通落后面貌,促进了农民增收,拓宽了农产品信息交流渠道,也增加了市场流通的农产品种类,提高了农民食物消费的多样性。

四、政府农业投入对食物利用条件的影响

食物利用条件指食物食用的客观物质条件,包括安全的饮用水、健全的卫生保健、合理的饮食观念等保证人体正常生理需求的方方面面。

反映了确保食物安全的非食物投入要求。

(一)健康服务——乡镇卫生院和乡村医生、卫生员

获得健康服务对食物安全也有重要的影响,由于疾病(如腹泻)会影响人的营养吸收,从而造成营养不良,也会影响劳动者获取食物的能力。因此,农村医疗水平在某种程度上可反映一个地区居民抵御食物不安全的能力。长期以来,中国政府高度关注农村卫生状况,通过加大医疗基础设施建设投入、农村医疗人员培训等措施着力提高农村医疗卫生服务水平,改善广大农民群众的健康状况。这里用乡镇卫生院个数和每千农业人口乡村医生和卫生员数来反映农村医疗水平。

1.乡镇卫生院个数

中国的乡镇卫生院承担着乡村公共卫生管理工作,是农村疾病控制的中心,是农村初级卫生保健的核心,是农村社区卫生服务的指导中心。2009年中国乡镇卫生院总数为38475个,每万乡村人口所拥有的乡镇卫生院个数为0.54个。

2.每千农业人口乡村医生和卫生员数

从总体上来看,1996—2007年中国每千农业人口乡村医生和卫生员数呈缓慢下降态势,从1996年每千农业人口拥有1.46人降到了2007年的1.2人。其中,2001—2004年间减少较快,2004年每千农业人口乡村医生和卫生员数较2000年的1.4人减少了30.6%。2004年以后随着国家对农村各项建设投入力度加大,每千农业人口所拥有的乡村医生和卫生员数开始缓慢回升。

(二)饮水状况——农村自来水普及率

食物安全不仅是指要保障食物供给的数量与质量,还要保证基本卫生状况。农村地区的恶劣卫生环境,加之贫困和疾病将对农村家庭的健康、营养和食物安全产生巨大的影响。衡量农村卫生环境的好坏关键是看农村是否有必需的卫生设施以及饮水安全,因此,选择农村自来水普及率来衡量农村的饮水卫生状况。

农村自来水普及率指农村饮用自来水人口数占农村人口总数的百分比。从总体上来看,1996年以来,中国农村自来水普及率呈稳步上升趋势,从1996年的45%上升到了2007年的62.7%,上升幅度为

39.3%。而按照国家卫生事业发展"十一五"规划纲要,到 2010 年,全国农村自来水普及率要达到 75%。

(三)卫生状况——农村卫生厕所普及率

通常来讲,农村厕所符合卫生标准对保障农村食物安全起到十分重要的保障作用。因此,用农村卫生厕所普及率来表示卫生状况。

20 世纪 90 年代以来,中国农村卫生厕所普及率有了大幅提高。1996—2007 年,全国农村卫生厕所普及率从 1996 年的 20.9%上升到了 2007 年的 57.0%。而按照国家卫生事业发展"十一五"规划纲要,到 2010 年,农村卫生厕所普及率要达到 65%。

从各地区情况来看,2007 年有 11 个省区的农村卫生厕所普及率超过了全国平均水平,上海的农村卫生厕所普及率已达到 95.8%,处于全国领先水平;在低于全国平均水平的省份中,青海和新疆仅为7.1%和 9.3%。

五、政府农业投入对食物稳定性的影响

食物安全意味着所有人在任何时候都能得到足够的食物,经得住可能来自各方面的突然冲击,如自然灾害、经济危机或季节性的食物不安全等。因此,食物供给的稳定性包含了食物供给能力和食物可获得性。

食物供给的脆弱性用自然灾害对农作物的损失和市场价格波动状况衡量。从粮食减产幅度比较大的年份看,自然灾害是粮食减产的主要因素之一。自然灾害不仅使当年粮食减产,而且对灾后几年的粮食生产都会造成影响,相应地,食物供给的数量就会减少,即自然灾害越严重,食物供给就越脆弱。

(一)自然灾害的种类及数量

中国是世界上农业自然灾害频发、受灾面广、灾害损失最为严重的国家之一。由于每年各种自然灾害的频繁发生,中国粮食及农作物生产遭受了惨重的损失。中国农业生产方面的自然灾害种类多、强度大。目前,主要遭受的自然灾害有干旱、洪涝、干热风、台风、雹灾、低温冻害、早霜等。

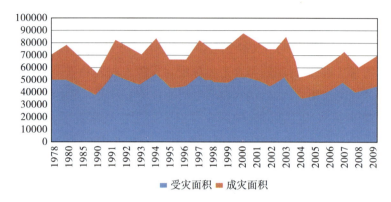

图 2 1978—2009 年中国农作物受灾面积和成灾面积

数据来源:《中国统计年鉴 2010》,中国统计出版社 2010 年版。

从 1996—2009 年的平均水平看,中国农作物受灾面积①和成灾面积②分别占播种面积的 31.0% 和 17.0%。这期间,1997 年、2000 年和 2003 年受灾比较严重,这三年的受灾面积分别占播种面积的 34.7%、35.1% 和 35.8%。2004 年遭受自然灾害较轻,受灾面积和成灾面积分别占播种面积的 24.2% 和 10.6%,都是 1985 年以来的最低值。但从 2005 年起,受灾面积不断增加,已超过年均受灾面积。

在诸多灾害中,对农业生产影响最大的是干旱和洪涝,从 1996—2009 年的平均水平看,这两种灾害造成的农作物受灾和成灾面积分别占农作物总受灾和成灾面积的 78% 和 81%,其中旱灾是危害农业生产最严重的灾害,造成的受灾面积占总受灾面积的 50% 以上,其次是洪涝灾害,造成的受灾面积占总受灾面积的 25% 左右。1996—2009 年中国农作物年均受灾面积 47923.3 千公顷,成灾面积 26284.6 千公顷。其中:旱灾年均受灾面积为 25627.8 千公顷,年均成灾面积为 14389.5 千公顷;水灾年均受灾面积为 11877.8 千公顷,年均成灾面积为

① 受灾面积:指年内因遭受旱灾、水灾、风雹灾、霜冻、病虫害及其他自然灾害,使农作物较正常年景产量减产一成以上的农作物播种面积。受灾面积不得重复计算,在同一块土地上如先后遭受几种或几次灾害,只按受害最大最重的一次计算受灾面积。

② 成灾面积:指在遭受上述自然灾害的受灾面积中,农作物实际收获量较常年产量减少 3 成以上的播种面积。

6892.9 千公顷。

(二)生产价格波动

农业生产不仅面临着自然灾害的严重影响,还面临着巨大的市场风险。尤其在中国农业保险市场和农村信贷市场均不完善的情况下,市场价格的波动对农民的收入和食物安全的影响很大。由于农产品生产价格指数可以准确及时地反映农产品价格及其变动情况,研究表明,农产品安全指数与农产品生产价格波动指数呈显著的正相关关系。因此,选用主要农产品生产价格指数来反映农产品价格的波动情况。近年来,农产品价格指数波动幅度较大。不同品种的波动趋势基本一致,渔业产品和畜牧业产品波动幅度稍大于种植业产品。

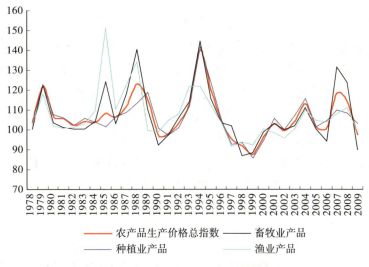

图3　1978—2009 年中国农产品生产价格指数

数据来源:《中国统计年鉴 2010》,中国统计出版社 2010 年版。

农产品价格的涨跌直接影响着农民收入,长期以来,中国政府及时根据农产品生产价格指数不断提高粮食收购最低保护价,加大农业补贴,通过粮食直补、良种补贴、农机具购置补贴和农资综合直补等政策来稳定增加农民收入。

(三)冲击影响

在 2010 年对陕西、云南和贵州 3 省 6 个县、114 个村和 1368 个农户调研中,对农户问及在过去一年中受到影响的最重要 3 个冲击(包括干旱、洪灾等自然灾害,也包括食品和燃油价格高等经济困难)。6 个县的农户认为干旱、家庭成员患重病或遭遇意外和高农业投入成本是 3 个最重要的冲击。

各种自然灾害影响着 6 个县的农户。陕西省是一个干旱地区,具有极端的气候特征——冬天很冷,夏天很热并干燥多风。陕西的农户常年遭遇干旱,并没有把干旱列为最严重的冲击。而在地势特别陡峭的贵州和云南山区(降雨期为 6—8 月,部分村庄种植水稻),2010 年春天却遭遇了严重的旱灾。

云南武定 87% 的农户和会泽 89% 的农户都认为干旱是 2010 年经历的 3 个主要冲击之一,他们的生产生活受到了影响。这两个县超过 2/3 的农户都认为干旱是最严重的冲击。

在贵州,干旱也是最主要的冲击,特别是盘县有 86% 的农户都认为干旱影响了他们的食物生产和食物购买能力,而在地理位置比较靠北的正安就没有这么多的农户受到干旱的影响(66%)。

过去一年,比较干旱的陕西似乎很少受到干旱冲击,镇安和洛南仅有 5% 和 13% 的农户认为干旱是最严重的冲击。由于常年干旱,当地的农民主要通过种植节水作物比如玉米来适应特殊的生态条件。这两个县均有 23% 的农户认为家庭成员患病是最严重冲击。洪灾影响了镇安 33% 的农户,洪灾成为该县最严重的冲击。而洛南农户最严重的冲击是高农业投入成本,影响了 33% 的农户。

表3　受各种冲击影响的农户比例(%)						
	镇安	洛南	武定	会泽	盘县	正安
干旱	20.9	28.8	87.0	88.9	85.9	66.2
洪灾	33.2	12.5	5.4	2.8	8.2	29.3
冰雹	1.5	10.3	10.3	11.1	6.4	0.0
霜冻	24.5	24.5	4.5	10.6	15.5	1.4
极端高温	8.7	11.4	8.1	7.9	5.0	2.3
干热风	13.3	10.3	4.9	9.3	27.3	13.5

	镇安	洛南	武定	会泽	盘县	正安
泥石流或滑坡	7.7	2.7	0.9	0.9	3.6	10.8
作物病虫害	4.1	5.4	13.0	12.0	2.3	5.4
畜禽疫病	11.7	2.7	8.5	20.4	7.7	9.5
缺乏或丧失就业机会	18.4	15.2	17.5	19.4	10.5	23.4
火灾	0.5	0.5	1.8	0.9	0.5	0.0
高农业投入成本	21.4	33.2	34.1	29.6	16.8	14.9
地震	0.0	0.5	4.0	0.9	0.0	0.5
家庭成员收入减少	7.1	9.2	11.2	11.6	10.5	9.0
家庭成员患重病或遭遇意外	25.5	27.2	24.2	21.8	28.6	34.7
有工作能力的家庭成员去世	1.0	0.5	0.0	0.5	0.9	0.5
其他家庭成员去世	0.0	1.6	0.9	0.5	0.5	0.9
高食品和燃油价格	24.0	22.8	19.3	16.2	15.9	12.6
作物遭野生动物破坏	7.1	1.1	0.4	1.4	0.0	6.8
其他	0.0	0.0	0.0	0.5	0.0	0.5

六、贫困地区政府投入需求及食物安全状况

为了解中国贫困地区居民食物安全及财政支农投入状况,项目组于 2010 年 8—9 月份先后对陕西、云南和贵州 3 省的 6 个贫困县(陕西镇安县和洛南县,云南武定县和会泽县,贵州盘县和正安县)进行了实地调查,历时 51 天。样本户的选择采用随机抽样的方法,为突出代表性和结果的准确性,每个县以人口为基准随机抽取 19 个村,到村后再根据花名册随机抽取 12 个农户进行调查,调查方法主要依据调查问卷进行面对面访谈。每个村还有一份村级调查问卷,主要通过召开村级座谈会来进行,与会者包括至少两名村干部,村民代表 4—8 名(至少 1 位是妇女代表)和调查员。

(一)近 10 年来政府农业投入项目建设情况

调研发现,近 10 年来各贫困县都有相关政府农业投入项目建设,主要涉及农业补贴、基础设施建设、社会事业和生活条件改善等。依据调研结果,财政农业投入项目排在前 9 位的依次是:农业各项补贴(12.20%)、修路/修桥(12.11%)、生活用水改善(8.87%)、电力和照

明设施(8.22%)、修建学校(8.09%)、植树造林/退耕还林(7.46%)、修建诊所/卫生室(7.22%)、广播电视/有线电视(5.10%)和沼气/炊事设施(5.09%)。以上9个项目的选择比重占有回应农户的3/4,被认为是当地财政农业投入的主要项目。还有约1/4的农户选择了电话线路改造、农业技术服务与培训、小型农田水利、文化活动场所、小流域治理、环境整治、防洪工程、农村信息服务站、修建梯田、贸易市场、农产品加工设施、机井、土壤改良、节水灌溉设施等项目建设。

图 4　近 10 年来调研地区财政农业投入项目建设情况

自 2004 年以来,中国先后出台一系列扶持农业发展的政策措施,尤其是农业"四项补贴"投入水平不断提高,对稳定农业生产起到了极其重要的作用。调研结果显示,农业各项补贴基本落到实处,广大贫困地区农民从中受益,普遍反映良好,有 97.7% 的农户对该项政策表示满意甚至很满意,为所列建设项目中满意度最高。

从家庭投入来看,修路修桥项目建设主要依靠政府资金投入,表示自家有资金投入的农户比重仅占 6.6%,但有 34.3% 的农户表示有劳动投入,还有 25.8% 的农户表示没有任何投入。

对于生活用水改造项目建设,有 58.2% 的农户表示既投入了资金,又投入了劳动,仅有 14.9% 的农户表示自家没有任何投入。调研发现,由于改水工程项目任务艰巨,中央财政资金投入有限,很多地区倡导主体投入多元化,许多受益农户也成为投资投劳的主体。

　　通过对其他项目投入主体的分析表明,财政资金投入是当地基础设施建设和服务投入的主体,尤其是修路/修桥、电力设施改造、修建学校、修建诊所等。贫困地区农民收入水平普遍较低,很难成为基础设施建设项目的投入主体,但是由于项目任务艰巨,财政支农资金有限,涉及农民切身利益的生活用水改造、广播电视等项目投入大都有农户参与。

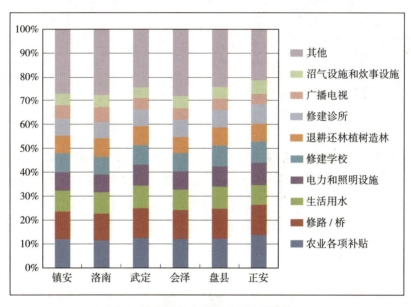

图5　近年来样本县财政项目投入情况

　　分地区来看,6县基础设施建设项目基本相同,排名前10位的相差不大。农业各项补贴、修路/修桥、生活用水、修建学校、电力和照明设施、退耕还林、修建诊所、广播电视、沼气建设等是近10年来各贫困县的重点建设项目。

表4　近10年来项目建设在各县中的排名情况						
	镇安	洛南	武定	会泽	盘县	正安
农业各项补贴	1	1	2	2	2	1
修路/桥	2	2	1	1	1	2

续表

	镇安	洛南	武定	会泽	盘县	正安
生活用水	3	3	3	3	3	5
电力和照明设施	5	5	4	5	5	3
修建学校	4	6	5	4	4	4
退耕还林植树造林	6	4	6	7	6	7
修建诊所	7	7	7	6	7	6
广播电视	8	8	8	10	10	9
沼气设施和炊事设施	10	10	10	8	9	8
其他	9	9	9	9	8	10

(二)贫困县食物安全状况

结合 WFP 关于食物安全分析的多年经验,所得到的结果显示,6个贫困县大都满足食物安全的标准,仅有 15.3%的农户处于食物不安全状态。其中,洛南县、正安县和镇安县食物不安全比重相对较高,武定县、会泽县和盘县食物安全比重均超过 90%,食物安全状况较好。

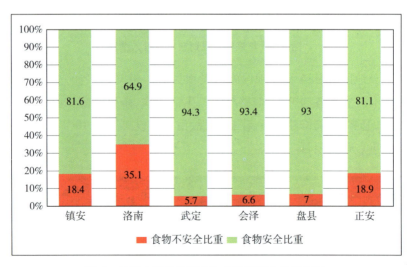

图6　各样本县食物安全和食物不安全比重(%)

食物不安全的原因分析：一是自然灾害严重，粮食生产脆弱性较大。调研发现，干旱、暴雨、泥石流、风灾等多重自然灾害严重影响了贫困县的粮食生产，陕西洛南县和镇安县遭遇风灾，云贵两省先后遭遇干旱、暴雨等多重自然灾害，部分地区粮食减产已成定局。二是土地贫瘠，自然条件恶劣。所调查的 6 个贫困县多处于山区，土地贫瘠，有些村庄玉米亩产不足 100 公斤，远低于全国平均水平。山区少平原，田地多在崎岖不平的山上，每家地块较多，且面积较小，耕种非常不方便，若遇暴雨极易发生泥石流、山体滑坡。恶劣的自然条件使当地农作物种植面临较大的自然风险。三是农民收入来源单一，食物获得能力受限。四是基础设施条件较差，食物供给缺乏保障。五是公共事业发展滞后，食物利用能力存在不足。六是儿童营养摄入不足。七是贫富差距极其严重。

第三节　中国食物安全发展趋势分析

一、供给方面

改革开放 30 多年来，中国粮食生产实现了历史性跨越，取得了举世瞩目的伟大成就。在播种面积由 18 亿亩减少到 15.97 亿亩的情况下，粮食单产水平迅速提高，亩产先后跨越了 200 公斤和 300 公斤大关，总产量由 6000 亿斤相继登上了 7000 亿斤、8000 亿斤、9000 亿斤和 10000 亿斤的台阶，并跃居世界第一位，成功地解决了占世界 1/5 人口的吃饭问题，为世界粮食安全作出了重大贡献。"十一五"以来，中国城镇化、工业化和农业现代化、国际化进程显著加快，粮食供给与需求呈现新的形势，面临新的挑战。

（一）粮食连续 6 年增产，但供求紧平衡状况未根本改变。从 2004 年起，中国粮食连续 6 年增产，国内粮食产量下滑的格局得到根本转变。2007—2009 年，中国粮食产量达 5.016 亿吨、5.287 亿吨和 5.308 亿吨。中国粮食消费总量估计约 5.07 亿—5.14 亿吨，中国粮食自给率保持在 95% 以上，粮食供求依然处于紧平衡状态。受人口增长、养殖业和加工业快速发展的影响，粮食需求总量一直呈稳定增长态势。

总体来看,消费量的增长量大于产量的增长量,产需缺口有所扩大。因此,粮食供求偏紧、适当进口,仍将是相当长时期的总体格局。

(二)城镇化、工业化进程加快,饲料用粮与工业用粮需求快速增长。随着中国城镇化、工业化进程加快,人们生活水平不断提高,现代养殖业中以粮食为主的饲料需求持续上升,导致饲料用量稳步增长,年均增长3%左右。受粮食加工业能力快速增长拉动,工业用粮快速增长。"九五"期间工业用粮年均增长3.5%,"十五"期间年均增长5%。特别是2006年和2007年,工业用粮分别达到1364亿斤和1451亿斤,年度增加84亿斤。2007年比2005年增长了17%。同时,城镇化、工业化对粮食生产的压力不断提高。据统计:1997—2004年,非农产业比重每增加1个百分点,减少143.7亿立方米农业用水;城市化率每增加1个百分点,每公顷粮食减产70.6公斤(折合4.7公斤/亩)。

(三)粮食生产成本不断上升,粮食增产与增收不同步。近几年,国家加大了农业补贴力度,全面推进农村税费改革,种粮效益明显提高,但由于化肥、农药、农机等农用生产资料价格不断上涨,劳动成本不断提高,粮食的比较效益仍然属于最低的。2003—2008年,粮食每亩实际收益(含补贴)从212元提高到483元。尽管扶持粮食生产的政策不断加强,但总体上看,政策对种粮农民的激励作用在逐年下降,农民种粮积极性不高,长江流域双季稻主产区出现了"双改单"现象。粮食生产政策在促产业发展和实现农民增收上的协调性日益重要,政策矛盾长期存在。

(四)气候变化对粮食生产的影响加大,稳定粮食增产的难度提高。近年来,中国极端天气气候明显增多,加大了农业防灾减灾、灾后恢复生产的难度。2004年以来,中国粮食播种面积的平均成灾率为20.6%,粮食生产因自然灾害年均损失达1000亿斤以上,其中因旱灾的损失占60%左右,洪涝灾害损失25%左右。气候变暖还明显增加了病虫害发生频度、重度和防治难度,导致中国粮食生产的自然风险加大,产量波动增大,并且短时期内难以消除。

(五)全球粮食价格上涨,粮食国际贸易的风险加大。自中国加入世界贸易组织后,粮食已成为国内与国际互动性较强的产品,当国内粮食预期减产时,会刺激国际粮食价格上涨。据美国大粮商嘉吉公司推算,中国每进口 100 万吨小麦,国际粮价将上涨 5%。近年来,中国粮食呈净进口格局,2004—2007 年 4 年累计净进口 1960 亿斤,平均每年净进口 500 亿斤,略低于这 4 年粮食的增产量。中国粮食进口产生了明显的"大国效应"。同样,国际市场对国内粮价变动的影响作用也在增大。2007 年 10 月以来国内粮价的上涨,相当程度上是对国际粮价大幅上涨的反应。此外,由于石油价格的上涨,刺激了以玉米为原料的乙醇工业发展。国际玉米利用已主要不是作为养殖业的饲料,而是工业生产原料。如 2006 年美国用于生产燃料乙醇的玉米占玉米消费总量的 22%,2010 年达到 60%,这对国内养殖业发展和粮食安全产生着重大影响。

(六)外资开始进入粮食流通领域,粮食市场的投机性与风险性提高。从 2008 年开始,WTO 关于外资企业进入中国粮食流通领域的过渡期结束。这意味着外资可以在国内从事粮食收购、销售、存储、运输、加工、贸易等经营活动。近年来,跨国粮商不再主要以合资参股的形式介入粮食加工领域,开始进入中国粮食收储、流通领域,以及种子、化肥等粮食生产领域。同时,开始建立自己的加工企业和仓储基地,并购国内大型粮食企业。外资大举进入国内粮食市场,一方面会加剧粮食流通领域的竞争,另一方面可能会主导国内粮食流通格局,低价收购粮食,囤积后高价出售或通过出口从中获利。如果外资垄断整个粮食产业链,控制国内粮食定价权,将对中国的粮食安全造成严重威胁。

二、需求方面

总体来看,随着社会经济的不断发展,人口的持续增长,中国粮食消费需求将继续刚性增加,消费结构逐渐升级,口粮消费将减少,饲料粮需求增加,工业用粮的增长趋于平缓。

(一)粮食消费需求总量刚性增加

"九五"以来,中国粮食需求总量总体上呈现平稳增加的态势。2005 年,中国粮食消费需求总量由 1995 年的 45280 万吨增加到 49440 万吨,年均增加 416 万吨。近年来,由于粮食加工业发展加快,中国粮食需求的增幅有所扩大,2006 年的粮食消费增量超过 1000 万吨。由于"十五"期间中国年均粮食消费的增长速率为 0.7%,按年均 0.8% 的增长速度测算,2015 年中国粮食需求总量将达到 52500 万吨以上。

(二)城乡居民口粮需求量下降

自 20 世纪 90 年代中期以来,中国城乡居民的口粮消费总量不断减少。从中国城乡居民的人均口粮消费情况来看,农村家庭居民的人均年粮食消费量自 2001 年起呈快速下降的趋势,由 2000 年的 250.2 公斤下降到 2007 年为 199.5 公斤,年均减少 3.2%。城市居民人均粮食消费量自 1996 年起转为平稳下降,人年均购买量由 1995 年的 97 公斤下降到 2007 年的 77.6 公斤,年均减少 1.8%。随着经济社会的不断发展,城乡居民饮食与营养结构的不断优化改善,未来中国城乡居民的人均口粮消费将会继续下降,并且下降幅度有可能加大。另根据蓝海涛等预测,到 2010 年和 2020 年,中国人口总数将分别达到 13.45 亿人和 14.07 亿人,人口增速较以前明显放慢。因此,"十二五"期间中国口粮消费会进一步减少。

(三)饲料粮仍是粮食需求增长的主体

近年来,中国粮食消费的增长主要表现为饲料粮的增加。2000—2005 年间,中国饲料粮的增量占粮食消费总增量的 89.1%。由于收入的不断增加,推动着城乡居民对动物性食品的需求日益增加。目前,中国城乡居民动物性食品消费差距还很大,农村居民的消费水平还有很大的提高空间。与此同时,中国动物性食品的总体消费水平与欧美等发达国家相差甚远,2007 年的消费水平仅占欧盟和美国的 69.9% 和 46.5%。因此,中国对动物性食品的需求将保持刚性增长态势,这极大地刺激了对饲料粮的需求,将是今后一段时期拉动中国粮食需求增长的主要动力。

(四)工业用粮需求仍将迅速扩张

随着中国粮食加工业的加快发展,工业用粮的需求进一步扩大,工业化消费比重日趋增长。1995—2005 年的 10 年间饲料粮消费总量年均增速为 3.5%。其中,以粮食特别是玉米为原料生产生物能源成为工业用粮消费的重要增长点。2006 年,中国利用玉米生产的燃料乙醇

144万吨,按1:3.3计算,大约消耗玉米475万吨,约占当年国内玉米产量的3.3%。此外,中国玉米深加工能力已经形成,2006年底达到了7000万吨。2004—2006年玉米深加工消耗的玉米年均增长29.5%,远高于玉米产量7.9%的增速。因此,随着科技进步和粮食加工技术的不断革新,其他相关行业对原料用粮的消费也会增加,这将会进一步促进中国工业用粮消费的快速增长。

第四节 确保粮食安全的政府农业投入政策建议

应对国内外粮食安全新形势,增加政府农业投入,提高中国粮食综合生产能力,稳定粮食生产将是今后时期中国确保粮食安全的一项重要战略任务。为实现粮食的发展任务,确保国家粮食安全,积极应对新形势,必须切实贯彻科学发展观,着力构建粮食稳产发展的长效机制,为粮食稳定发展提供全面保障。

一、加强扶持和引导,为粮食稳定发展提供政策保障

在现有的支农惠农政策体系基础上,继续加大对农业的政策扶持和农田基础设施等投入,及时总结、借鉴国内外成功经验,构建并完善适应中国特色粮食稳定发展的政策体系。

(一)加大对农业的财政投入,建立支农投入确保粮食生产的长效机制。面临着全球粮食安全新形势,必须加大对农业的财政投入,建立稳定粮食生产的长效机制:一方面充分发挥政府的协调带动作用,继续在政策方面实现对农业的高度关注;另一方面必须及时总结经验,构建完善的支农体系确保粮食生产的稳定发展。

(二)建立粮食生产专项基金,完善国家粮食生产分级责任制。建立完善的支农政策体系,还必须强化各地区粮食的功能,确保不同区域粮食的潜力。因此,要明确分区粮食发展目标、措施和责任,按区域粮食供需平衡需要和商品粮供给责任,确定分区粮食播种面积,建立有效的监督检查和责任机制。鼓励主销区和主产区建立稳定的产需联结丰缺互补关系,在销区土地出让金中提取一定比例,集中建立粮食生产专

项基金,在产区建设高标准粮田。

二、支持研发和培训,为粮食稳定发展提供科技支撑

为了满足日益增长的粮食需求,科技进步是今后确保粮食安全的唯一出路。因此,必须采取有力措施,从根本上提高粮食科研创新能力、储备能力、转化能力和农民应用科技能力,从而提高农业科技对粮食生产的贡献率,克服各种不利因素对粮食生产的负面影响,切实提高粮食增产的科技支撑能力。政府农业投入应主要通过鼓励新品种的培育、加大农技推广和加强农民培训等方面入手提高中国农业生产的整体科技水平,确保粮食安全。

(一)培育作物新品种。增加政府农业投入,鼓励广大科研机构和私人企业进行新品种培育相关研究,推动生物科技的进步,培育粮食作物新品种。一方面提高作物单产水平;另一方面提高品种的环境适应性。

(二)健全基层农技推广体系。继续深化基层农技推广机构改革,按照生产特点及公益性职能的需要,科学设置国家在基层的农技推广机构,优化推广队伍,理顺管理体制,确保经费供给。采取有效措施,支持科研单位、大专院校、农民专业合作组织和龙头企业等,开展多种形式的农技推广服务,逐步建立起以政府公益性推广机构为主导的多元化农技推广服务体系。

(三)加强农民科技培训。加大对农民科技培训的投入力度,扩大农民科技培训工程的实施规模。要结合产业、结合农时、结合技术推广,按照主导品种、主推技术和主体培训的思路,采取多种形式开展科技培训,增强农户对气候异常的认识及应对能力。同时结合农村劳动力老龄化和妇幼化的趋势,适应培训对象和培训需求,深入到田间地头"手把手""面对面"的培训,提高针对性和有效性。

三、强化农业资源保护,为粮食稳定发展提供资源条件

农业发展离不开对农业资源的保护,今后应加大对农业资源的保护力度,从种质资源的角度确保粮食安全。

（一）切实加强耕地资源保护。采取最严格的耕地保护措施，确保全国耕地保有量不低于 18 亿亩，基本农田保有量不低于 15.6 亿亩，其中水田面积保持在 4.75 亿亩左右。严格控制非农建设占用耕地，加强对非建设性占用耕地的管理，切实遏制耕地过快减少的势头。不断优化耕地利用结构，合理调整土地利用布局，加大土地整理复垦，提高土地集约利用水平。继续实施沃土工程、测土配方施肥工程。改进耕作方式，发展保护性耕作。

（二）加强水资源有效利用。合理开发、高效利用、优化配置、全面节约、有效保护和科学管理水资源，加大水资源工程建设力度，提高农业供水保证率，严格控制地下水开采。加强水资源管理，加快灌区水管体制改革，对农业用水实行总量控制和定额管理，提高水资源利用效率和效益。严格控制面源污染，引导农户科学使用化肥、农药和农膜，大力推广使用有机肥料、生物肥料、生物农药、可降解农膜，减少对耕地和水资源的污染，切实扭转耕地质量和水环境恶化趋势，保护和改善粮食产地环境。

（三）提高水肥综合利用效率。根据不同区域耕地的特点，大力开展农田基本建设，提升农田的地力等级，在"三北"干旱、半干旱地区和季节性干旱严重的南方丘陵山区，重点是进行土地整理、田间道路、沟渠和窖池等小型田间设施配套建设。在长江中下游平原、四川盆地和东南沿海重点进行田间灌排设施的完善，重点解决农田"最后 1 公里"的排灌问题。同时，大力推广应用生物覆盖、秸秆还田和水肥一体化灌溉等节水农业技术，提高水肥资源综合利用率，提升耕地综合生产能力。

四、加强基础设施建设，为粮食稳定发展提供条件保障

加快农田基础设施建设，加大粮食生产的物质技术投入，大力发展农业机械化，是提高粮食综合生产能力的重要举措。

（一）增强高标准基本农田建设。以主产区和平衡区粮食主产县建设为重点，加强基础设施，培育基础地力，加强质量监控及其配套技术集成普及和应用。东北地区、长江中下游区、黄淮海区要按照拾遗补

缺的原则,搞好干支毛斗渠、井、窖、池等小型水利、田间道路、土地整理等建设,推广蓄水保墒旱作技术,营造土壤水库。其他地区的平原地区重点进行田块整理、田间灌排设施等标准化建设,稻田区重点实施治潜排水工程。通过上述建设完善农田基础设施,改善耕地质量与生态条件,增强农田防灾减灾和技术承载能力。

(二)推进现代农机装备的普及。扩大现有国家财政大中型农机具购置补贴投入,通过采取补助投资方式,调动农民购机积极性,增加粮田作业大型动力机械,配备深耕深松、秸秆还田、免耕施肥精量播种、专用联合收获机、谷物烘干机、节水灌溉等新式农机装备,改变农机装备水平低和结构失衡现状,支持和发挥良种、耕地、化肥等核心要素的生产潜能,增强粮食生产的技术集成与标准化生产能力。加强农机社会化服务体系建设,提高农机服务标准化、专业化服务能力,为提高粮食综合生产能力提供重要装备支撑。

(三)扩大优质专用良种育繁基地。建设一批良种选育和配套技术集成创新基地,完善和建设一批良种选育和技术创新中心,开展新品种选育、品种区试验及综合配套技术的开发试验与集成应用研究;完善提高一批粮食作物改良中心、分中心,扩建改造原原种扩繁设施,建设一批专业化大型良种繁育基地,形成功能完备的良种繁育体系;建设一批新品种推广示范基地,扩大良种推广力度。

(四)强化病虫害防控能力。以强化不同区域的病虫害综合防控技术装备和防控网络建设为重点,完善提升重大有害生物预警与控制分中心、区域站建设,形成以部级中心为核心、省级中心为骨干、区域站为主体的功能齐全、高效运转、快速反应、覆盖全国的农作物病虫害预警与控制网络。

(聂凤英)

第四章 未来十年中国农业发展及对国际经验的分析

中国已经进入现代农业发展的初级阶段。分析中国农业发展的成就以及存在的问题,剖析和借鉴其他国家的经验与教训,研究加大政府农业投入规模,完善农业投入管理体制机制的有关问题,对于中国农业和农村经济的发展将具有特别重大的意义。

第一节 中国农业的现在和未来十年面临的挑战

中国农业、农村工作成就很大,但存在的问题也十分严峻。中国农业发展主要有四大难题:农村人口老龄化和青壮年劳动力流失;农业用地本来就不足,还在不断减少,直接威胁着国家的粮食安全;淡水资源短缺;自然灾害频繁。

从总体上看,中国城乡收入差距还在扩大,农业投入仍显不足,农田水利设施脆弱,农业科技支撑和社会化服务能力较弱,统筹城乡发展还存在不少障碍,农村公共事业发展滞后。

第一是粮食问题。中国人口超过 13 亿,对粮食的需求不断增加,各种大宗农产品发展不均衡,往往出现结构性的短缺;粮食主产区的农民收入还不高。

第二是农业用地不断减少。人多地少是中国最大的国情,讨论农村土地制度问题,不能脱离具体国情,不能脱离发展阶段。

第三是城镇化与新农村建设问题。

一、农业人口老龄化,农村青壮年劳动力减少

根据最新的第六次全国人口普查数据(2011 年 5 月 21 日),中国大陆总人口为 13.4 亿人,其中 0—14 岁少年儿童占 16.60%,15—59 岁中青年人口比例高达 70.14%,60 岁及以上老年人口达到 13.26%。人力资源和社会保障部副部长胡晓义 2011 年 2 月 24 日表示,中国 2030 年前后将进入人口老龄化高峰。他说,2010 年中国超过 60 岁的老年人为 1.74 亿,占总人口的 12.8%。中国是世界上唯一老年人口超过 1 亿的国家。

中国人口的老龄化突出的特点是:老年人口规模巨大、老龄化发展迅速、地区发展不平衡、城乡倒置显著、女性老年人口数量多于男性、老龄化超前等。专家认为,2030 年到 2050 年是中国人口老龄化最严峻的时期,人口老龄化和高龄化将日益突出,中国将面临人口老龄化和人口总量过多的双重压力。

近年来,随着农村劳动力大量向城镇和工业部门转移,农业从业人员逐年减少,农业用工季节性短缺和结构性素质下降现象逐步显现。目前,中国很多农村从事农业生产的劳动力主要是老人和妇女,再加上年轻一代农村劳动力务农兴趣不高,这将进一步加剧农业劳动力结构性短缺的矛盾。同时,由于外出人员增加以及物价上涨等因素,雇工的工价快速上升。农业生产的人工成本增长,在很大程度上压缩了农产品的利润空间,农业生产凸显了劳动力的结构失衡。

二、农业用地不断减少、保住 18 亿亩耕地"红线"的难度很大

中国现在有 13.4 亿人口、人均耕地 1.34 亩。按照中国目前平均粮食亩产 320 公斤计算,如果不发生严重的自然灾害,人均粮食产量可以达到 430 公斤左右。所以国家认定 18 亿亩耕地为中国农业生产的"红线"。

确定 18 亿亩耕地为"红线",目的是为了唤醒国人保护耕地的意识,也是根据中国目前人口增长速度和未来农业产量增长情况进行预测制定的。应该说,中国 18 亿亩耕地"红线"是生命线而非紧箍咒。有报道称,中国耕地面积连续 12 年下降,2008 年中国耕地面积比 1996

年净减少 1.2526 亿亩,年均减少 1044 万亩,非农占地成为罪魁祸首。仅仅在 1997 年到 2010 年,非农建设就占用耕地 2746.5 万亩——相当于半个海南省! 温铁军等估计:中国自 1996 年以来的 12 年间被征占的耕地有 2 亿多亩,而农业主产品的进口量按照中国的土地产出率折抵的耕地面积是 3 亿—4 亿亩。有人感叹:"现实尴尬是,谁最愿意保护耕地? 中央。谁最不愿意保护耕地? 农民。"

国家把 18 亿亩耕地作为"红线"不许突破的原因还在于:中国不但耕地在不断减少,部分耕地的质量还在不断下降;在农业科技还没有实现重大突破的情况下,提高粮食产量的难度越来越大。要保证中国人的吃饭问题,就必须"捍卫"一定数量和质量较好的土地。

研究表明,每年人均粮食 370 公斤,是一个明显的界限,达到这个水平,才能够基本满足食品消费需要。如果 18 亿亩耕地"红线"保不住,要弥补粮食缺口就只能进口。据报道,每年全球粮食交易量仅为 2 亿多吨,而中国的粮食需求为 5 亿吨。一旦中国缺粮,国际粮价必将随之飞涨,从而引发世界性粮食危机。

到第十个五年计划末期,中国耕地存量已经降至 18.27 亿亩,而且还在以每年 1240 亩的速度减少。原国家发展改革委主任张平在向全国人大常委会报告粮食安全工作情况时说,中国宜耕耕地后备资源匮乏,可开垦成耕地的不足 7000 万亩。在全世界人口超过 5000 万的 26 个国家中,中国人均耕地面积仅比孟加拉国和日本略多一点,排在倒数第三位。

国家重视"坚持最严格的耕地保护制度",提出要坚决守住 18 亿亩耕地"红线"。这就要求各地政府切实加强基本农田保护,划定粮食生产区域并予以永久固定;完善耕地保护监督和惩罚机制,加强土地督察和执法监察,坚决遏制土地违规违法行为;加强草原等其他农用土地的保护与建设。但是,受城市化、工业化和自然灾害影响,中国的耕地大量流失……目前中国 37% 的耕地在退化,人均可使用耕地面积仅为世界平均水平的 40%。

中国宜耕耕地后备资源匮乏,可开垦成耕地的不足 6990 万亩。尽管实行最严格的耕地保护制度,但受农业结构调整、生态退耕、自然灾害损毁、非农建设占用等因素影响,耕地数量仍在逐年减少。中国人均的耕地、林地、草地面积仅相当于世界平均水平的40%、14%、33%。实际上,中国人均耕地面积仅为1.34亩,约为世界平均水平的40%。耕地质量总体偏差,中、低产田约占67%,且水土流失、土地沙化、土壤退化、"三废"污染等问题都很严重。正如中国工程院院士罗锡文警告的:中国重金属污染土地已超过3亿亩,占了中国耕地的1/6,每年有1200万吨粮食被重金属污染,经济损失达200亿元。

近年来,国土资源系统每年筹集资金近1000亿元,开展农村土地整治,全国新增耕地4200多万亩,为中国粮食连年增产和保障粮食安全发挥了重要作用。"十二五"期间将新建4亿亩旱涝保收的高标准基本农田,补充耕地2400万亩,加强500个高标准基本农田整治重点县建设,改造提高116个基本农田保护示范区,助力粮食增产和农民增收。

三、淡水资源短缺,降水分布不够理想

联合国报告称,水资源紧缺令全球面临粮食危机。中国是淡水资源十分短缺的国家,人均用水量仅为世界平均水平的四分之一,且淡水资源的时空分布很不均衡。中国水资源主要分布在秦岭—淮河以南,在现有的18.26亿亩耕地中,尚有9.8亿亩为无灌溉条件的干旱地。新建的工厂、快速增长的城镇、未净化的污水导致的污染以及浪费等使问题进一步恶化。长江流域及以北地区耕地占全国的65%,淡水资源只占全国的19%。降水的分布也不很理想,主要集中在夏季,与春耕和秋冬种期间用水的矛盾突出;淮河以北地区耕地面积约占全国的39%,人口占35%,而淡水资源仅占全国的7.7%;北方部分地区已出现地下水严重超采。全国总缺水量约800亿立方米。北方水资源量只占12.7%,耕地占全国的63.7%,粮食产量约占全国的52.3%。中国粮食产量的重心在不断北移,水资源区域供需失衡将更加明显。华北小麦主产区1400万公顷中约有516万公顷受到影响。超过1/3的麦田缺水——面积达640万公顷。2008年11月24日英国《卫报》网站警告:如果水土流失继续以现有的速度发展下去,中国西南部近1亿人将在

35 年内丧失土地……每年有大约 45 亿吨的土壤流失,仅过去 10 年造成的损失估计就达 2000 亿元人民币。近年因缺水造成的粮食损失估计达到 1 亿吨。中国农业用水的效率也比较低,综合经济产出比美国低 10% 到 25%,只有以色列的 1/7 到 1/10。总体来看,国家的水利投资虽保住了大江大河的安全,却没能形成有效的粮食生产力。

四、自然灾害频繁,农业生产经常受到干旱威胁

除了上述的三大问题,自然灾害对中国粮食生产的影响十分显著,也必须引起有关方面人士的关注。这是因为中国自然灾害发生的频率有越来越高的倾向,发生的范围越来越大,造成的经济损失也越来越严重。随着工业化进程中环境污染的加剧,以及人口剧增对自然资源的过度开发,农业自然灾害有了新的特点:大灾次数增加,受灾面积和受灾强度加大,灾害发生的周期缩短。其中,干旱和洪涝灾害对粮食生产的影响最大、影响区域最广,是发生最频繁的自然灾害,成为中国农业稳定和粮食安全的主要制约因素。2004—2008 年,中国粮食作物年均自然灾害受灾面积达 4410 万公顷,其中成灾面积 2370 万公顷,绝收面积 640 万公顷。据测算,因自然灾害造成的粮食损失,2004 年为 3050 万吨,2005 年为 3450 万吨,2006 年为 4470 万吨,2007 年达到 5395 万吨。

国家一直重视发展粮食生产,严格保护耕地、保护淡水等与粮食生产有关的资源。重点体现在以下四方面:

(一)稳定和完善土地承包经营。建立健全土地承包经营权流转市场,按照依法、自愿、有偿的原则,引导土地承包经营权流转,发展多种形式的适度规模经营。加快发展种粮的农民专业合作社,促进粮食生产专业化分工和产业化经营。

(二)改善农业耕作制度。鼓励北方地区发展保护性耕作,南方地区加大冬闲田开发力度。加快推进粮食作物生产全程机械化,配套推广深松、免耕播种、秸秆还田、稻草旋埋、化肥深施等技术。力争到 2020 年,主要作物耕、种、收综合机械化水平达到 65%,比 2009 年提高约 16 个百分点。

（三）强化淡水资源保护与管理。按照粮食生产必须与水资源承载能力相适应的原则,坚持走节水增产的道路,统筹水资源配置,严格实行灌溉用水总量控制和定额管理,提高农业用水效率。北方地区优化井渠结合的灌溉模式,西北地区发展旱作节水农业。抓好水土保持和生态建设,搞好重点区域水土保持建设和小流域综合治理,加大农业面源污染防治力度,加强地下水保护。中央加强了以农村水利为重点的基础设施建设。仅在 2008 年的第四季度,中央扩大内需的新增投资中,就有 680 亿元用于水利建设。水利部门重点安排农村饮水安全、病险水库除险加固等工程,日均投资额达到 1.5 亿元。这样的高强度投资在中国水利建设史上是空前的。

（四）重视推广优良品种和高产栽培技术。加强规模化、标准化、专业化良种繁育基地建设,大力选育推广高产、广适的优良品种。继续实施粮食丰产科技工程,深入开展粮食高产创建活动,启动粮食增产增收创新能力专项。加强技术培训和指导,引导农民进行全过程规范化、标准化种植。到 2020 年,力争商品化供种水平由目前的 80% 提高到 85%,良种覆盖率稳定在 95% 以上。

国家还加强防灾减灾体系建设。完善防洪、除涝、抗旱工程体系建设和管理,提高防灾减灾能力。加强农业有害生物预警与控制站建设,推进联防联控和专业化统防统治,提高有害生物应急防控和扑灭能力。完善农业气象监测站网,加强农业灾害性天气预报预警与评估,提高农业气象灾害监测和防御能力。合理开发利用非粮食物资源。大力发展木本粮油产业和节粮型畜牧业,积极发展水产养殖业和远洋渔业,增加食物供给。

五、中国农业与农村发展的主要问题

中国农业农村工作的成就虽然显著,但存在的问题仍然非常尖锐,农业农村发展的基础仍不牢固,促进农业农村发展的长效机制仍不健全,推进农业现代化、加快社会主义新农村建设任重道远。

（一）城乡收入差距仍在扩大。农民收入虽连续 7 年较快增长,但城乡居民收入差距扩大的势头仍未得到遏制。

（二）农田水利设施脆弱。这些年，农田水利建设有所加强，但投入强度明显不足，建设进度依然滞后。

（三）农业投入力度仍待加强。这些年来，政府对农业农村的投入增长较快，但总体看，依然存在渠道不多、数量不稳、口径太宽、缺乏保障等问题，特别是与农业生产直接相关、能够直接形成生产能力的投入力度不够，农村金融服务不到位的问题依然突出。

（四）农业科技支撑和社会化服务能力较弱。中国农业科技创新能力不强，关键领域、核心技术缺乏重大突破，农业科技成果转化利用率较低，特别是种业发展面临竞争力弱、研发能力不强的严峻挑战。农业社会化服务体系仍很薄弱，难以适应发展现代农业的需要。

（五）统筹城乡发展还存在不少障碍。近年来，各地统筹城乡发展积极性很高，进行了许多探索，取得了一些成效，但如何解决城乡资源要素合理配置等深层次问题，各方面认识还不统一，不少地方做法也不尽规范。

（六）农村公共事业发展依然滞后。城乡公共资源分配不均衡、基础设施建设不协调、基本公共服务不均等的问题还比较突出。

第二节　中国政府农业投入政策的演变

中国政府农业投入政策是国家强农惠农政策的重要内容，也是促进农村社会经济协调发展的重要保障。新中国成立以来，中央及地方政府一直重视对农业的投入，通过积极筹措资金和加大投资力度等方式，确保了政府财政对农业投入的增长，对推进农业现代化进程发挥了重要作用。但在不同时期，受国民经济发展战略变动和国民经济结构调整等方面因素的影响，中国政府农业投入政策的变化是很大的，现简述如下：

一、中国政府农业投入政策的发展历程

政府农业政策的制定和实施受社会经济发展阶段、政治经济制度、国家财力状况和不同时期农业农村发展目标任务的影响，带有鲜明的

时代特征。自 1949 年新中国成立以来,中国政府农业投入政策的发展可以划分为以下 5 个阶段:

(一)农业投入政策的初始阶段(1949—1958 年)

这一时期,农业是国民经济的主导产业。当时国家财力比较薄弱,为了稳固新生政权,国家逐步对农产品实行统购统销,将农业的剩余转移到工业,以推进工业化的进程,支持城市建设。财政对农业的支持投入重点放在农业基本建设和农林水气象事业等方面,安排少量的资金支持恢复农业生产,其资金来源主要由国家财政预算内安排,以地方财政投入和农民投工投劳为主,中央财政投入为辅。由于财政收支渠道较少,财政支农的资金来源渠道和投向都比较单一,从农业上取得的财政收入要远远大于财政对农业的投入。

(二)农业投入减弱时期(1959—1978 年)

在这一阶段,社会主义改造完成,国民经济与社会处于调整、变化过程中,经济增长速度起伏较大,社会发展严重滞后。国家实行高度集中的计划经济体制,相应地财政实行高度集中的统收统支的管理体制,财政收入增长缓慢。国家财政对农业的资金投入一直保持在较低的水平上。农业发展主要依赖人民公社体制下的共同劳动和集中分配制度,其特征是低投入、低产出、低效率和低积累,但农业仍然是国民经济与社会发展的稳定器。国家在没有大幅度增加对农业投入的前提下,还不断通过统购统销、实物缴纳农业税等方式取得农业的剩余。据计算,从新中国成立到 1978 年,国家从农业中汲取的积累大约在 6000 亿到 8000 亿元。农业为中国的工业化作出了巨大的贡献。总体来看,支出增长缓慢、波动幅度大是这一阶段政府财政对农业投入的最主要特征。"自力更生为主,国家支援为辅"形成了农业农村的事务主要依靠农民自己的历史观念。

(三)农业投入的结构性调节阶段(1979—1993 年)

改革开放,农村实行家庭承包经营责任制极大地调动了广大农民的积极性,解放了被长久桎梏的生产力。同时,为了改变工农业交换不平等的状况,增加农民收入,国家的农业资金分配政策及财政支农政策相应地进行了重大调整。这一时期大幅度地提高了农产品收购价格,财政高度集中的统收统支管理体制被财政包干体制所替代,国家财政用于农业的投入也大幅度增加,国民收入分配中不利于农业的发展方式有所改观,农村出现了 20 多年来少有的大好形势。

从 1982 年起至 1986 年,中央连续出台了五个关于农村工作的"一号文件",促进了农村改革,废除人民公社,实行家庭联产承包责任制,突破计划经济模式,初步构筑起适应发展社会主义市场经济要求的农村新经济体制。文件强调了调动农民积极性和保护农民的利益,指出:调动广大农民的积极性是制定农村政策的主要出发点,保障农民的物质利益,尊重农民的民主权利。解放和发展农村生产力,发展农村商品经济,促进农业现代化,使农村繁荣富裕起来。

为了进一步加大对农业的投入,增强发展后劲,这一时期实施了多项财政支农措施。这一时期也是现行财政支农政策的形成时期,主要内容是:

1.实施了农业综合开发,开辟财政支持农业的新资金渠道。国家财政开征了耕地占用税,并以此为主要来源建立了农业发展基金,实施了大规模的以土地治理为主要内容、以增加农产品产出为目标的农业综合开发。

2.调整收购政策,确保粮食等农产品供给。1987 年、1988 年、1989 年中央连续三年有计划地调高了粮食和部分食用植物油收购价格;1989 年、1990 年两次调高棉花收购价格;1987 年、1990 年国家又两次提高烟叶收购价格。这一时期,国家还采取了调减粮食定购指标、恢复粮食集贸市场、开展粮食议购议销、取消粮油统购、实行合同定购和按比例加价政策、提高粮油统销价格等一系列措施,推进农产品的市场化改革。然而,由于比例价低于以前超购加价,因而不具有经济利益上的吸引力,政策始终没有得到贯彻落实。

3.实行农业生产资料补贴政策。为支持农业生产,减轻农民负担,国家对化肥、农药、农用塑料薄膜、小农具、农机、柴油,以及农业用电等农业生产资料按优惠价供应,致使这些产品的生产长期处于微利、保本或亏损状态,企业亏损由国家补贴,1978—1993 年累计补贴额为 607.3 亿元。这些资金从形式上看是补给了企业,但实际是农民受益。

4.建立地方财政支农激励和约束机制。随着财政体制的改革,中国财政体制也由传统体制下财政高度集中统一的统收统支管理体制相继改为财政包干等体制,逐步明确了中央财政和地方财政在农业农村方面的事权划分和支出重点,在20世纪80年代初就将农业基础设施建设的小型农田水利资金包干给地方,农村教育、卫生等支出责任也主要由地方财政承担。同时,为调动地方财政支农的积极性,中央财政的相关农业专款大多都要求地方进行资金配套,这对于扩大地方的农业投入具有一定的刺激作用。

5.继续实行轻税政策。为了调动农民的生产积极性,在农业税征收上坚持采取"稳定负担、增产不增税"的政策,把增产的好处留给农民。1979—1982年期间还采取起征点办法;1983年后又实行对贫困山区照顾等政策。农业税税负进一步降低,由1978年的4.4%降为1993年的2.4%。

6.《农业法》的制定与实施。1993年7月2日第八届全国人民代表大会常务委员会第二次会议通过的《中华人民共和国农业法》规定:"国家逐步提高农业投入的总体水平。中央和县级以上地方财政每年对农业总投入的增长幅度应当高于其财政经常性收入的增长幅度。"这为中国政府财政对农业投入提供了法律保障。

但是,这一时期财政支农政策也有重大失误,农业基本建设投资长时期锐减,这是导致中国改革时期农业生产发展较快、而农业后劲不足和农业基础脆弱的一个重要原因。

(四)农业投入逐渐强化的阶段(1994—2002年)

这一阶段是中国确立社会主义市场经济体制改革目标并付诸实施的重要历史阶段。财政改革有三大举措:一是1994年进行了以分税制为核心的财政管理体制改革;二是从1998年起,实施积极的财政政策;三是从2000年起实现了财政支出改革、税费改革,形成了公共财政的框架。这些改革推动了与社会主义市场经济相适应的现代财税制度逐步形成。也在这一时期,财政支农投入逐步增加,在继续支持农业基础设施建设、农业科技进步、农业抗灾救灾、农村扶贫开发的同时,加大了对生态建设的支持,加大了对农村改革特别是农村税费改革的支持。

具体表现在:

1.大幅度增加基本建设投入,改善农业生产基础设施。安排国债投资用于改善农村生产生活条件,如节水灌溉、人畜用水、乡村道路、农村沼气、农村水电、草场围栏等(一般被称为农村"六小工程")。2002年,中央财政出台了良种补贴制度,不断完善补贴品种,扩大补贴范围,在对粮、棉、油等主要农作物实行良种补贴的同时,还出台了生猪和奶牛良种补贴政策。

2.完善财政支农机制和方式。自20世纪90年代中期开始,在财政扶贫领域和农业综合开发领域,引入了世界银行的项目管理办法,如报账制、绩效考评制等,效果非常明显。从1999年开始,农业部被列为部门预算首批改革试点部门,然后又逐步扩展到所有中央部门并在全国普遍推开。

3.支持推进农村税费改革。中央决定从2000年起进行农村税费改革,实行了"三取消、两调整、一改革"政策。改革率先在安徽全省试点,到2002年试点范围扩大到全国20个省,其他11个省也继续在部分县(市)试点。为了促进和支持农村税费改革,弥补基层财政因降低农业税而减少的财政收入,中央和地方设立了专项转移支付,其中2000年为19.7亿元,2001年为99.35亿元,2002年为334.63亿元,从而确保了改革的顺利推进和基层的平稳运转。

但是,从宏观视野观察,城乡二元社会经济结构及城乡二元财税体制依然没有动摇,反而呈扩大趋势。此外,中国的粮食产量在经历了1996—1998年连续3年的每年10000亿斤峰值之后,2000—2002年却连续3年跌到每年9000亿斤左右的低谷。这对今后调整财政支农的政策是一个教训。

(五)农业投入政策的加速阶段(2003—2010年)

对中国农业发展来说,2003年是具有里程碑意义的一年,党中央提出了"统筹城乡发展"的方略,把"三农"问题作为全党工作的重中之重,中国财政支农政策开始实现战略性转变。更多的财政资金投向"三农"和扶贫开发领域。据统计,中央财政用于"三农"的支出从2003年的2144.2亿元增加到2010年的8579.7亿元,年均增长

21.9%。2004 年以来,中央连续出台了 7 个指导"三农"发展的"一号文件",实施了以"四减免"和"四补贴"为主要内容的支农惠农政策,中央对农业投入的力度进一步加大,财政支农工作的指导思想也发生了根本性转变,农民与政府的"取"和"予"的关系发生了根本性的改变。2005 年中央财政用于"三农"的支出达 2975 亿元,比 2004 年增加 349 亿元;2006 年资金预算"三农"的支出增加到 3397 亿元,比上年增加 422 亿元。从政策层面上,把财政支农的重点由原来的以促进农业生产为目标,转向以促进农业农村的全面发展为目标;把整合财政支农资金、发展现代农业、统筹城乡发展作为财政支农新的着力点。具体来说有以下五个方面:

1.全面取消农业税,增加了农民的收入。改革农业税制,取消农业特产税,进行农业税减免试点,直至从 2006 年 1 月起全面取消农业税(每年 1250 亿元)。农业支持政策致使农业增效十分显著。统计表明,在 2003 年到 2006 年期间,农业的净利润(元/亩)都有大幅度上升。其中:稻谷从 74.8 元上升到 2002.37 元;玉米从 61.71 元增加到 144.76 元;小麦更是从 −36.37 元增加到了 117.69 元。

2.财政支农力度显著加大。财政支持"三农"资金总量快速增加,主要用于农业农村基础设施建设、生产发展、社会事业发展、防灾减灾等方面。地方各级财政也大幅度增加了支农投入,是中国改革开放以来对"三农"投入增加最多、增长最快的时期之一,政府农业投入总量也有较快增加。

3.财政支农支出结构不断改善。加强了对农业农村基础设施建设、农业科技进步、农业抗灾救灾、农村扶贫开发和生态建设等支持。

4.建立对农民的直接补贴制度。2004 年,中央财政设立农机购置补贴专项资金,支持农民和农机服务组织购置农业机械,提高机械化生产水平。同时,国家财政调整了粮食风险基金使用结构,对种粮农民实行直接补贴,包括粮食直接补贴、良种补贴。2006 年,针对部分农业生产资料涨价过快的问题,又对农民实施农资综合直补。2007 年,新设对棉花的补贴、农机购置补贴、农业生产资料增支综合直补、产粮大县奖励资金。同年,对水稻、小麦等重要农作物保险保费补贴试点也开始实施。此外,这一阶段还出台了其他一些补助政策,如退耕还林补贴、能繁母猪和后备奶牛饲养补贴、义务教育"两免一补"、新型合作医疗补助等。

5.逐步将农村事业发展纳入公共财政的保障范围。包括把农村教育、卫生、文化等社会事业纳入财政支持范围,国债资金加大对农村公共基础设施建设的投入等。这一阶段,中国新时期的农业财政政策日趋完善,带有鲜明的时代特征,主要可以概括为:投入领域由过去注重农业生产环节为主转向现在的农业生产、农村社会事业发展并重,不断扩大公共财政覆盖农村的范围;彻底取消农业税,加大"三农"投入,国家与农民的分配关系已由"多予、少取、放活"转变为"基本不取、多予与放活并重";不断出台和强化农业各项投入政策措施,中国已初步建立了"以工补农、以城带乡"的反哺农业的投入机制。总之,以支持粮食生产、促进农民增收、加强生态建设、推进农村改革、加快农村教育卫生文化发展等政策为主要内容的财政支持"三农"政策框架体系已经显现。

二、中国政府财政支持"三农"政策的主要内容

(一)财政支持"三农"政策的主要种类

中国财政支持"三农"政策主要包括两大类:一类是支出政策,主要方式是投资、补助、补贴等;另一类是税收政策,主要方式是轻税、减免、退税等。

1.支出方面。中央财政现有直接支持"三农"资金 15 大类,包括基本建设投资(国债资金)、农业科学事业费、科技三项费用、支援农村生产支出、农业综合开发支出、农林水气等部门事业费、支援不发达地区支出、水利建设基金、农业税灾歉减免补助、农村税费改革转移支付、农产品政策性补贴支出、农村中小学教育支出、农村卫生支出、农村救济支出、农业生产资料价格补贴。这是目前中央财政支持"三农"支出最大的口径,基本涵盖了中央财政支持"三农"的各个方面。1998—2003年,中央财政直接用于"三农"的支出累计 9350 多亿元。

2.税收方面。国家财政对农业农村一直实行轻税和税收优惠政

策。自 1958 年全国人大颁布《中华人民共和国农业税条例》以来,农业税一直实行增产不增税。农村税费改革试点以前的 1999 年,农业税的实际税率只有 2.5%。农村税费改革试点以后,农民的整体负担大幅度下降。2004 年,中央又出台了取消农业特产税和农业税减免试点。与此同时,国家财政对特定地区和特定群体实行社会减免政策,对受灾地区和农民实行灾歉减免政策。在农产品加工增值税和出口退税上,国家财政对农产品加工增值税实行进项抵扣政策,对农产品及加工品出口实行优先退税政策。2006 年 1 月 1 日,《中华人民共和国农业税条例》废止。从此,农民告别缴纳了 2600 多年的"皇粮国税"。中国还相继取消了牧业税、生猪屠宰税和农林特产税,全面实行种粮农民直接补贴、良种补贴、农机具购置补贴和农资综合补贴等,逐步建立和完善农村社会保障体系,推进农村饮水、电力、道路、沼气等基础设施建设和农村危房改造。

此外,国家财政还通过清理、取消各种不合理收费,减轻农民的额外负担;通过利用外资支持农业农村发展。

(二)财政支持"三农"政策具体内容

1.支持农业农村基础设施建设。主要是大江大河的治理、中小型基本农田水利设施建设、农业科研基础设施建设、大宗农产品商品基地建设、乡村道路建设、农村电网改造、人畜饮水设施改善等,用于这方面的财政支农资金包括农业基本建设投资(含国债投资)、农业综合开发、小型农田水利建设支出、农村小型公益设施建设资金、扶贫资金等。

2.支持农业科技进步。主要是农业科研、科技成果转化、农业科技推广应用和农民科技培训等。用于这方面的财政支农资金包括农业科研支出、科技三项费用(新产品试制费、中间试验费和重大科研项目补助费)、农业科技推广支出、农业科技成果转化资金、农民科技培训资金、财政扶贫资金等。

3.支持粮食生产和农业结构调整。主要是支持粮食等大宗农作物生产发展、农业结构调整、农业产业化经营和农村劳动力转移就业等。用于这方面的财政支农资金包括良种补贴、农业产业化资金、农民就业技能培训资金、支持农民专业合作组织资金、农产品政策补贴资金等。

4.支持生态建设。主要是支持生态恶化的重点地区改善生态环境,为国民经济和社会可持续发展奠定基础。用于这方面的财政支农资金包括退耕还林资金、天然林保护资金、森林生态效益补偿资金、草原生态治理资金、水土保持资金等。

5.支持抗灾救灾。主要是支持抗御洪涝灾害、动植物病虫害和其他一些自然灾害,帮助受灾地区和群众恢复生活生产。用于这方面的财政支农资金包括特大防汛抗旱资金、动植物病虫害防治资金、森林草原防火资金、农村救济费、农业税灾歉减免补助资金、蓄滞洪运用补偿资金等。

6.支持扶贫开发。主要是支持贫困地区改善生产生活条件,促进贫困地区社会经济发展。用于这方面的资金包括财政扶贫资金、国债资金(以工代赈)等。

7.支持农村社会事业发展。主要是支持发展农村教育、卫生、文化等事业,促进农村社会经济协调发展。财政用于这方面的资金包括教育支出、医疗卫生支出、文化支出等。

8.支持农村改革。主要是支持农村深化改革,促进理顺农村经济关系,加快农村市场经济体制建设。财政用于这方面的资金包括农村税费改革转移支付、农产品政策补贴等。

(三)财政支农三项政策的评价

2003 年以来,"三农"问题真正成为全党和全国所有工作的重中之重。特别是粮食问题、农民收入问题、农村社会发展等问题又是焦点中之焦点。按照中央的要求和部署,国家财政加大了对这几方面的政策支持力度。

1.支持粮食生产的政策。支持粮食生产曾是财政支农政策的重中之重,很长一段时间内财政支农资金绝大部分是集中用于粮食生产的。随着 20 世纪 90 年代后期粮食供求关系的变化,财政支持粮食生产的力度变弱。2003 年,在连续减产的情况下,粮食总产量降低到近几年的最低点,粮食问题再度引起重视,财政支持粮食生产的政策力度骤然加强。当时财政支持粮食生产政策主要有:降低农业税税率和在黑龙江省、吉林省进行免征农业税试点,对种粮农民实行直接补贴,对粮食生产特别是水稻生产实行良种补贴,农业基本建设投资和农业综合开发资金向粮食主产区集中,对一部分粮食主产区实行大型农业机械购置补贴,土地出让金集中一部分用于农业土地开发、农业生产资料价格补贴等。与财政有关的粮食生产政策还有优质粮产业振兴工程、粮食的最低收购价和粮食流通体制改革。这些政策的实施有力地促进了粮食生产,提高种粮农民的收入见效快,短期效果明显。种粮农民积极性高,夏粮增产已经说明这一点。

但从目前这些政策的实施预期看,除直补政策和基本建设资金、农业综合开发资金集中使用外,其他均为普惠性的措施,如果今后继续保持现有的力度,种粮农民的积极性是否还能继续保持仍将是一个问题。同时,这些政策措施的出台实施,也带来一些新的情况:一是外出打工的农民返乡种粮。二是一些原来农业结构调整的土地再度种粮。这些问题的出现对于经济结构和农业结构调整来说都具有反调节的倾向,不利于粮食生产经营的规模化,不利于粮食生产长效机制的形成。三是粮食生产的科技支持政策没有实质性措施。尽管有政策上的要求,但没有明确固定的支持资金。

2.促进农民增收的政策。农民增收无论对社会经济发展、有效解决"三农"问题,还是保证粮食稳定生产都是一个核心的问题。近年来,国家财政在"多予"、"少取"、"放活"等方面都采取了一系列促进农民增收政策,包括:农民就业技能培训、支持农业产业化发展、支持农民成立专业合作组织、各种支持粮食生产的政策、农村税费改革、取消农业特产税、降低农业税率或免征农业税的政策、清理各种不合理收费,以及为进城农民工务工创造良好环境等政策措施。这些政策对于促进农民增收发挥了非常大的作用。现在的问题是,除了进一步完善环境措施和农民就业技能培训政策外,其他的一些政策措施力度小、力量分散,而且没有抓住农民增收的另一个主要方向:农民的自主创业。

3.支持农村社会发展的政策。党的十六大提出"统筹城乡发展"和2003年年初召开的中央农村工作会议提出"新增教育、卫生、文化支出主要用于农村"的政策,一定程度上改变了过去财政资源分配主要偏向城市的格局。但现在的问题是,尽管这两年中央财政用于农村的教育、卫生、文化等方面的支出增长幅度很大，但由于"体制问题"和原来的基础薄弱，这一政策落实得并不理想，省级财政同样没有很好地落实。目前，县乡财政普遍困难，以县为主的教育体制在中西部地区更是难以为继。

三、《中国农村扶贫开发纲要(2011—2020 年)》出台前中国政府农业投入政策的基本经验

回顾过去，通过运用政府农业投入政策，中国农业发展得到了重要的财力支持，同时也较好地促进了农村社会经济协调发展。总结建国以来特别是改革开放以来 30 多年政府农业投入政策的经验，可归纳为以下五个"必须"：

一是必须将农业放在国民经济的基础地位，切实有效地完善政府投入、财政支持、保护农业的政策措施

当今的任何社会和国家，特别是在中国这样一个人口众多、农业和农民都占有较大比重的发展中国家，农业在国民经济中的基础地位始终不能动摇。这是一条必须遵循的客观经济规律。实践充分证明，鉴于农业具有的基础性、战略性、弱质性的特征，强化农业基础必须完善政府农业投入的财政政策，从宏观战略高度及农业基础仍然薄弱的现状出发，中国今后仍应不断改革、完善、强化政府农业投入政策。

二是必须适应经济发展阶段变化的要求，调整和改变国民收入分配格局，不断增加农民收入

改革开放以来，特别是进入 20 世纪 90 年代以来，中国经济保持持续快速增长，社会经济结构发生了很大的变化，经济发展阶段由工业化前期向工业化中期过渡。根据国际经验，在这个阶段，随着工业化的快速推进，工农关系将发生转折性变化，经济发展也将进入工业反哺农业阶段。中国的工农分配关系自改革开放以来已经开始发生变化，改变了建国后长期实行的农业为工业提供原始积累、政府投入主要用于工业的做法，逐步理顺了国家与农民"取"和"予"的关系。特别是党的十六大以来，中央更加高度重视解决"三农"问题，明确和坚持了"多予、

少取、放活"的方针,逐步建立了"以工补农"和"以城带乡"的反哺农业机制,通过推进农村税费改革和加大国家"三农"投入,调整和改变了国家与农民的国民收入分配格局,这就为中国"三农"的稳定健康发展奠定了重要基础。

三是必须坚持体制创新,更好地发挥政府农业投入政策的作用

改革开放以来,特别是近 10 多年,各级财政部门在建立完善支农体制机制方面进行了积极的探索,如防灾减灾的应急机制、支持"三农"工作的联系会议机制、"公办公助"的引导机制、生态效益补偿机制、积极探索支农资金整合、试行将农业专项资金使用的决策权下移等,对于建立统一、规范、有效的政府农业投入政策机制和管理运行体制,对于加强政府农业投入工作起了积极的作用。今后一段时期,必须坚持改革创新,逐步完善政府农业投入政策机制和管理运行机制,确保政府农业投入资金的安全有效运行,充分发挥政府农业投入政策的重要作用。

四是必须建立规范的农业投入管理运行机制

首先,政府积极推进农业投入资金的整合。由于管理体制和机构职能配置等原因,支农资金使用管理分散,使用效率不高,在一定程度上影响了投入增加的政策效应。因此,加强支农资金的整合非常必要和迫切。要坚持以县为主推进支农资金整合工作,鼓励和允许各地积极探索多级次、多形式的支农资金整合的有效途径。以发展规划引导支农资金整合,积极打造支农资金整合平台。通过项目的实施带动支农资金的集中使用。

其次,政府应创新农业投入的机制,注重发挥农业财政支持政策的导向功能。一方面,要改变国家支持的方式,通过以奖代补、以物抵资、先建后补等形式,形成在国家投入的带动下,农民自己投工、投资改善农业生产条件的机制。另一方面要充分发动群众,真正发挥农民的主体作用。

再次,政府应规范和加强农业投入资金的管理。建立以需求为导向的农业投入供给决策机制。逐步实现投入供给决策程序由"自上而下"向"自下而上"转变。为此,首先要加强对农业生产基础条件的需

求调查,充分反映农民的需求重点,建立投入供给优先序。其次要研究制定政府农业投入的资金使用绩效评价方法,根据评估结果实施激励约束并重的考核机制。其三要建立严格规范的政府农业投入资金监督检查机制。把支农资金使用管理的检查作为监督的重点,并自觉接受审计等社会各方面的监督,提高支农资金使用的规范性、安全性和有效性。

最后,政府应调整农业投入的支出结构,优化农业投入环境。强化农业基础性投入,比如改变中小型农业基础设施主要依靠农民群众投资投劳的办法,逐步把县以下的中小型基础设施建设纳入各级政府基本建设投资的范围。同时,为社会投资主体增加农业投入创造良好的外部环境。在税收、补贴、贴息等方面对农业投资给予优惠和奖励,吸引社会资金投向农业;改变财政投入方式,减少政府直接办项目,加大对农民和社会办项目的补助。通过税收优惠等政策措施鼓励农业利润用于农业再投资等。

五是政府必须建立与 WTO 框架相适应的法律体系与农业支持政策

在支持农业发展的财政投入方面,目前中国仅有《农业法》中有相关规定:"国家逐步提高农业投入的总体水平。中央和县级以上地方财政每年对农业总投入的增长幅度应当高于其财政经常性收入的增长幅度。"而这一规定,一方面使用的财政经常性收入是个原则性的概念,没有公开的统计口径相对应;另一方面,公开的农业总投入的统计口径不准确,不能反映财政投入真正用于支持农业生产发展方面的情况。这就造成了长期以来中国主要运用财政支农支出占财政总支出的比重及财政支农支出占农业增加值的比重两个指标来分析财政支农支出总量或规模。因此,在符合中国国情的情况下,按照 WTO 框架要求,不断完善中国政府农业支持的政策体系,并制定政府农业投入方面的相关法律法规,明确政府农业投入的支持方向和重点,确保实现政府农业投入的快速增长,实现政府农业投入政策的顺利实施,实现现代农业的又好又快发展。

四、支农加速阶段:《中国农村扶贫开发纲要(2011—2020年)》发布

2011年12月2日,中共中央、国务院印发了《中国农村扶贫开发纲要(2011—2020年)》(以下简称《纲要》),这是一个鼓舞人心的纲要。该《纲要》有"序言"、"目标任务"、"对象范围"、"专项扶贫"、"行业扶贫"、"社会扶贫"、"国际合作"、"政策保障"、"组织领导"等九大部分。根据该《纲要》,到2020年,中国将稳定实现扶贫对象不愁吃、不愁穿,保障其义务教育、基本医疗和住房。贫困地区农民人均纯收入增长幅度高于全国平均水平,基本公共服务主要领域指标接近全国平均水平,扭转发展差距扩大趋势。

这个《纲要》是今后一个时期中国扶贫开发工作的纲领性文件。制定实施《纲要》,是中国统筹城乡区域发展、保障和改善民生、缩小发展差距、促进全体人民共享改革发展成果的重大举措,对于确保国家长治久安、实现全面建成小康社会奋斗目标、构建社会主义和谐社会具有重大意义。到2015年,贫困地区基本农田和农田水利设施将有较大改善,保障人均基本口粮田。到2020年,农田基础设施建设水平将明显提高。到2015年,农村最低生活保障制度、五保供养制度和临时救助制度进一步完善,实现新型农村社会养老保险制度全覆盖。

以人们最关心的教育和医疗卫生为例:

教育:到2015年,贫困地区学前三年教育毛入园率有较大提高;农村义务教育"两免一补"(对农村义务教育阶段贫困家庭学生免书本费、免杂费、补助寄宿生生活费)巩固提高九年义务教育水平;高中阶段教育毛入学率达到80%;保持普通高中和中等职业学校招生规模大体相当;提高农村实用技术和劳动力转移培训水平;扫除青壮年文盲。到2020年,基本普及学前教育,义务教育水平进一步提高,普及高中阶段教育,加快发展远程继续教育和社区教育。

医疗卫生:到2015年,贫困地区县、乡、村三级医疗卫生服务网基本健全,县级医院的能力和水平明显提高,每个乡镇有1所政府举办的卫生院,每个行政村有卫生室;新型农村合作医疗参合率稳定在90%以上,门诊统筹全覆盖基本实现;逐步提高儿童重大疾病的保障水平,

重大传染病和地方病得到有效控制；每个乡镇卫生院有 1 名全科医生。到 2020 年,贫困地区群众获得公共卫生和基本医疗服务更加均等。

第三节　中国政府的支农政策及今后的目标

一、提高粮食综合生产能力,力争到 2020 年达到 1.1 万亿斤

各级财政部门认真贯彻落实党中央、国务院关于加强"三农"工作的各项举措,不断加大投入力度。2003 年以来,中国连续 4 年粮食增产、农民增收,农业和农村经济得到了长足发展。社会各界普遍认为,这一时期是中央出台支农惠农政策最多、内容最实、落实最快、农民受益最多的时期。2003—2007 年,中央财政用于"三农"的资金达 1.5 万多亿元,地方各级财政也不断加大对"三农"的投入力度。

中国全面实施《全国新增 1000 亿斤粮食生产能力规划(2009—2020 年)》,以产粮大县为重点,加快改善农业基础条件,充分挖掘增产潜力,努力增加商品粮调出量,力争到 2020 年粮食综合生产能力达到 1.1 万亿斤以上。推进农业的现代化,加强粮食安全的保障能力,使中国的粮食综合生产能力稳定在 5 亿吨以上。从 2000 年开始,中国谷物单产就已经稳定地达到每公顷 5000 千克的水平,并且还在逐步增长(见表 1),这为中国实现 1.1 万亿斤的目标打好了坚实的基础。

表 1　中国若干年的粮食产量

年	粮食(百万吨)	年	谷物单产(公斤/公顷)
1979	30476.5	1991	4206
1985	37910.8	1995	4659
1990	44624.3	1998	4953
1995	46661.8	2000	4753
2000	46217.5	2005	5225
2005	48402.2	2007	5320
2010	54647.7	2010	5524

资料来源:《中国统计年鉴 2011》,中国统计出版社 2011 年版。

国家将推广优良品种和高产栽培技术。加强规模化、标准化、专业化良种繁育基地建设,大力选育推广高产、广适的优良品种。继续实施粮食丰产科技工程,深入开展粮食高产创建活动,启动粮食增产增收创新能力专项。加强技术培训和指导,引导农民进行全过程规范化、标准化种植。到2020年,力争商品化供种水平由目前的80%提高到85%,良种覆盖率稳定在95%以上。

同时,鼓励北方地区发展保护性耕作,南方地区加大冬闲田开发力度。加快推进粮食作物生产全程机械化,配套推广深松、免耕播种、秸秆还田、稻草旋埋、化肥深施等技术。力争到2020年,主要作物耕种收综合机械化水平达到65%,比2009年提高约16个百分点。

二、实行强农惠农政策

2009年,财政部门认真贯彻落实国家强农惠农政策,积极调整优化支出结构,"三农"投入规模创历史新高。对涉农金融机构开展金融支农业务实施补贴和奖励政策,支持农业银行发展面向农户的小额信贷业务,增强金融服务"三农"的能力。中央财政预算安排"三农"支出达7161.4亿元,比上年增加1205.9亿元,地方财政也不断加大投入,为夯实农业基础、促进农村经济社会发展和农民持续增收发挥了重要作用。农村生产生活条件进一步改善,农业生产稳定发展,农民就业形势有所好转,农民收入持续增加,农村社会事业全面发展,已成为经济社会发展中的亮点。

中央财政安排粮食直补、农资综合补贴、良种补贴、农机具购置补贴等四项补贴比上年增长19.4%。补贴范围覆盖到全国所有农牧业县;农作物良种补贴154.8亿元,增长25.4%,水稻、小麦、玉米、棉花良种补贴在全国实现全覆盖,大豆良种补贴实行东北地区全覆盖。落实畜禽良种补贴政策。支持较大幅度提高粮食最低收购价。国土资源部会同财政部支持吉林、宁夏、黑龙江等省区实施了土地开发整理重大工程,建设规模1719万亩,总投资208.2亿元,新增耕地683万亩,累计改造中低产田2660多万亩,新增粮食生产能力32.73亿公斤。

扩大公共财政覆盖范围,加快发展农村社会事业。中央财政安排用于农村社会事业发展方面的支出 2693.2 亿元。提前一年实现农村义务教育经费保障机制改革各项政策目标,全国近 1.5 亿个义务教育阶段的学生全部享受免除学杂费和教科书费的政策,中西部地区农村义务教育阶段约 1120 万名家庭经济困难寄宿生获得生活费补助。推进新型农村合作医疗制度平稳运行,进一步完善城乡医疗救助制度,建立健全城乡基本公共卫生服务经费保障机制。

三、发展现代农业,提高农业综合生产能力

支持发展现代农业,提高农业综合生产能力。中央财政安排用于农业生产方面的支出 2642.2 亿元。增加重点小型病险水库加固投入,启动重点小流域综合治理项目建设。扩大专项资金规模和扶持范围,推动现代农业生产发展。加大对小型农田水利建设的支持力度,启动小型农田水利重点县建设。增加农业综合开发投入,加强中低产田和中型灌区节水配套改造,实施高标准农田建设示范工程。测土配方施肥补贴范围扩大到所有的农业县(市、区、旗、场),支持开展粮棉油高产创建示范。完善生猪、奶业、发展扶持措施,先后两次延长原料奶收购贷款贴息政策。积极支持农民培训工作和农民专业合作组织发展。提高农业保险保费补贴比例,扩大补贴范围。继续实施天然林保护工程,扩大中央财政森林生态效益补偿基金补偿范围,巩固退耕还林成果,推进草原生态重点工程建设。增加农村环境污染治理投入,改善农村生活环境。进一步加大扶贫开发投入力度。大力支持农业生产救灾、农作物病虫害防控、动物防疫和防汛抗旱。

支持对失业返乡农民工进行实用技能培训,对城镇失业人员包括在城镇继续找工作的失业农民工开展就业技能培训,对农村应届初、高中毕业生未能继续升学的人员开展劳动预备制培训。

在全国 10% 左右的县(市、区、旗)开展新型农村社会养老保险试点,加大农村低保投入力度。进一步扩大农村危房改造试点范围,扎实推进少数民族游牧民定居工程。继续加强广播电视村村通、文化信息资源共享、农家书屋、农民体育健身工程等重点文化项目建设。实施家电下乡、汽车摩托车下乡以及汽车家电"以旧换新"政策,不断完善相

关操作办法,提高财政补贴使用效益。

推进改革创新,增强农业农村发展活力。支持18个省份全面推开集体林权制度改革。稳步推进首批14个试点省份清理、化解农村义务教育"普九"债务工作。选择3个省(市)开展其他公益性乡村债务清理、化解试点,扩大村级公益事业建设一事一议财政奖补试点。加大支农资金整合力度,拓宽支农投入渠道。对涉农金融机构开展金融支农业务实施补贴和奖励政策,支持农业银行发展面向农户的小额信贷业务,增强金融服务"三农"的能力。

四、财政支农的新进展

中国粮食总产量已经居世界第一位,粮食产量连续4年稳定在10000亿斤(5亿吨)以上,人均占有量387公斤,达到世界平均水平;2010年中国粮食总产接近10928亿斤(5.5亿吨),比上年增长2.9%,再创历史新高,实现半个世纪以来连续七年增产。人均占有肉类、水产品、禽蛋、水果和蔬菜产量分别达到41公斤、21公斤、14公斤、35公斤和198公斤,超过世界平均水平。

2010年的"一号文件"按照总量持续增加、比例稳步提高的要求,强调不断增加"三农"投入。提出财政用于"三农"要"稳步提高比例",这为解决"三农"问题带来了新的希望。2010年全国财政用于"三农"的支出实际为8579亿元,占财政总支出的9.78%,而农业和农村经济对全国GDP的贡献达到40%。

2011年,中央财政"三农"支出在上年大幅增加的基础上继续增加,达到了10408.6亿元,增长21.3%。地方财政也相应加大了"三农"投入。

"十一五"期间,中央财政安排"三农"投入近3万亿元,是"十五"时期的2.6倍,年均增长23.6%,投入规模和年均增幅均创新高。"十二五"时期是财政支农的重要攻坚期。5年间,各级财政部门落实强农惠农政策有力有效,财政支农投入进一步加大,农业补贴政策不断强化和完善,现代农业建设加快推进。重点确保实现"两个稳步提高"和"三个着力加大",即:稳步提高对农民的补贴水平,稳步提高粮食等主要农产品收购价格;着力加大对农业基础设施的支持力度,着力加大对农业科技和农业服务体系的支持力度,着力加大对农村公共福利体系建设的支持力度。

"十二五"时期将不断完善现有财政支农政策框架,重点确保实现稳步提高对农民的补贴水平,并稳步提高粮食等主要农产品收购价格。要保持财政支农政策的稳定性和连续性,着力加大对农业基础设施、农业科技和农业服务体系,以及对农村公共福利体系建设的支持力度。

但是,就全国总情况来看,农业基础仍然薄弱,农村发展依然滞后,农民增收仍然困难,城乡差别依然很大。总之,"三农"问题作为中央的"重中之重"仍然有待进一步落实。这需要下大决心大力调整国民收入分配结构,大幅度提高财政用于"三农"支出的比重。

五、"七区二十三带"构筑中国农业战略新格局

在"十二五"期间,中国将通过提高农业综合生产能力、抗风险能力和市场竞争能力,推进农业生产经营专业化、标准化、规模化、集约化,力争通过 5 年的努力,使现代农业和新农村建设取得阶段性明显进展。

中国"十二五"现代农业发展规划提出,加快构建以东北平原、黄淮海平原、长江流域、汾渭平原、河套灌区、华南和甘肃新疆等农产品主产区为主体,其他农业地区为重要组成的"七区二十三带"农业战略格局,涉及水稻、小麦、玉米、棉花、大豆、油菜、甘蔗、畜产和水产等农产品。优化农业生产力布局,是根据资源条件配置农业生产要素的重要措施,是实施全国主体功能区战略的客观要求。加快建设现代农业,提升农业综合生产能力,提高土地产出率、资源利用率、劳动生产率,必须进一步优化农业生产力布局。

21 世纪以来,中国先后实施了两轮优势农产品区域布局规划,农产品区域化布局、专业化生产、产业化经营水平不断提高,优势区、主产区在农业农村经济发展中的重要地位和作用更加突出,但与实现农业现代化的要求相比,农业生产力布局还不够清晰,主导产业还不够突出,支持政策还有待强化。作为"十二五"时期建设现代农业的重大举

措,今后中国将重点加强以下六个区域的建设:

(一)粮食主产区建设。主要包括新增千亿斤粮食生产能力规划确定的 800 个粮食生产大县(农场),核心是 13 个主产省(自治区)、21 个产粮过百亿斤的市、70 个过 20 亿斤的县(市、区、旗)和 270 个在 10 亿斤至 20 亿斤之间的县(市、区、旗)。"十二五"时期,突出基础设施建设,优化品种结构,大力发展产地初加工和精深加工,提高综合生产能力。

(二)特色农产品优势区建设。主要包括棉花、油菜、甘蔗、天然橡胶、苹果、柑橘、马铃薯、生猪、奶牛、肉牛、肉羊、出口水产品等 12 种大宗农产品的 44 个优势区,以及西部地区特色农业区。"十二五"时期,推动规模化种养、标准化生产、产业化经营、品牌化销售,强化质量安全监管,提高资源利用率和加工转化率。

(三)大城市郊区农业区建设。主要包括直辖市、省会城市和计划单列市郊区。"十二五"时期,加强"菜园子"和肉蛋奶、水产品生产基地建设,增强"菜篮子"产品供给能力;发展现代都市农业,拓展农业多种功能。

(四)东部沿海农业区建设。主要包括珠三角、长三角、环渤海、海峡西岸经济区等东部沿海发达地区。"十二五"时期,稳定发展粮食生产,加快发展高效农业,提高农业效益。

(五)农垦经济区建设。主要包括新疆生产建设兵团和黑龙江农垦、广东农垦等 19 个大型集团化垦区和其他大型国有农场。"十二五"时期,将其建设成为国家商品粮和棉花、天然橡胶供给重点保障区,主要农产品加工和良种繁育基地。

(六)草原生态经济区建设。主要包括北方和青藏高原草原地区,核心是 264 个牧区半牧区县(市、旗)。"十二五"时期,加强生态环境保护和建设,建立生态补偿机制,促进草畜平衡,发展生态畜牧业。

为此,"十二五"时期,国家将围绕现代农业重点建设任务,以最急需、最关键、最薄弱的环节和领域为重点,与规划纲要相衔接,组织实施一批重大工程,重点包括旱涝保收高标准农田建设工程、新一轮"菜篮子"建设工程、现代种业工程、渔政渔港工程、新型农民培养工程、农业

资源环境保护工程、农业公共服务设施建设工程、现代农业示范区建设
工程等。

2011 年,是中国的扶贫开发事业承上启下的重要一年,《中国农村
扶贫开发纲要(2001—2010 年)》确定的目标和任务全面完成,扶贫开
发从以解决温饱为主要任务的阶段转入巩固温饱成果、加快脱贫致富、
改善生态环境、提高发展能力、缩小发展差距的新阶段。随着《纲要》
的颁布实施,中国扶贫开发站上了再出发的新起点。

第四节　农业支持政策的国际经验

由于农业的特点,以及在国民经济中的基础地位,世界上大多数国
家都对农业采取了支持与保护措施,发达国家和一些发展中国家也不
例外。

下文回顾美国、日本和法国这些发达国家农业投入的历史,以及巴
西、韩国、印度等后起之秀农业投入的成就和现状。无论是发达国家还
是发展中国家,它们农业投入的历史经验或教训,对中国来说都是一面
镜子,都有一定的参考价值。

一、美国的政府农业投入政策分析

美国农业支持政策起源于 20 世纪 30 年代,主要目标是增加和稳
定农民收入、保障农业健康发展。经过几十年的发展,随着美国经济实
力的增强,对农业的投资不断扩大,体系日渐完善,确保美国农民的收
入不低于城市居民的平均收入水平。2002 年,美国新农业法颁布,对
农业支持政策的主要措施有:目标价格与反周期支付、生产灵活性合同
与直接支付、支持价格与贷款差额支付、保护土地补贴、农作物保险和
灾害援助、信贷支持,以及涉及科研、推广、教育、基础设施和促进农村
发展等多方面的农业投入。

美国对农业的投入之所以稳定而可靠,主要一个原因就是,美国
的农业投入是以法制化作为保证的,它不受时间和外界其他因素的
干扰和影响。美国的农业投入法制化对中国今后的财政支农有重要

的参考价值。

二、日本的政府农业投入政策分析

日本农业保护政策自成体系，通过各种渠道对农业进行全方位的保护，具有自身的特点和内容。日本实行农产品生产和价格补贴、农田水利建设补贴、农业现代化设备补贴、农业贷款利息补贴等制度增加国家对农业的投入。二战后，日本经济进入高速增长，政府实行"以工养农"政策，农业整体上已不再是财政收入的主要来源，而是财政支出的重要方面。为保护本国农业，对进口农产品实行高关税政策。实施保护农地制度，稳定耕地面积。为从根本上保护农业，根据地少山多国情，实行先水利化，继良种化、化学化，后机械化的独特现代化道路。在政府鼓励下，建立了多种形式的农民互助合作性的"农业协同组合"（简称"农协"），有力地保护了农业的发展和农民利益。为保护农业，除保护农业的根本大法《农业基本法》外，已经形成了保护农业的完整法律体系。

三、欧盟的农业投入政策分析

在欧盟的政治、经济一体化不断发展的过程中，农业不断发展，其农业领域的政策，即共同农业政策（CAP）所起的诸多作用举足轻重。在市场与价格政策方面，CAP除了引入保证限制数量制度、生产者共同责任进口税制度、生产配额制度外，还实施了限制介入收购（对农产品的期限和品质），以及控制农产品价格（1984年以后）的政策。同时强调减少生产过剩和农业所具有环保的功能，CAP从"市场政策型"向重视环境保护的地区农村政策转型。为了既适应WTO规则的要求又不削弱对农业的支持，2003年6月，欧盟确定农业补贴与环境保护完全相互挂钩，形成了以环境保护为核心的农业补贴政策体系，农业补贴的环境保护功能改造最终完成。

欧盟注重保护生态环境，提高农产品质量，增强农业发展潜力，同时培育农民的环保意识和农产品质量意识，把环保理念贯穿于农业生产中，做到环保生产和清洁经营，减少环境污染，提高农产品质量。随着生态系统的恢复,增加了对气候的调节能力,农业发展的外部环境得到优化,进而提高农业生产能力。

四、法国的政府农业投入政策分析

法国是欧盟中农业最发达的国家之一。自 20 世纪 60 年代初开始执行欧盟共同农业政策,从价格支持政策转向生产者收入政策,同时强化结构政策,加强对农村发展和农业生态保护的支持力度。1998—2007 年,法国对农业的公共支持力度不断增强,法国农业公共支持(不包括地方政府支出和对渔业的支持)资金累计达 1622.30 亿欧元,相当于同期农业增加值的 55%。对农业的公共支持涉及农牧业活动和乡村区域整治、林业、农业教育和研究与发展、农业的一般服务等四个领域。其中给予最多的是农牧业活动和乡村区域整治,1998—2007 年期间,法国在这一领域投入累计达到 1258.82 亿欧元,占法国农业公共支出资金总额的 77.6%。

目前法国正在实施 2007—2013 年农村发展国家公共支持规划。该规划期法国通过欧洲农村发展基金用于支持农村发展的资金总额达到 120 亿欧元以上,重点支持乡村空间管理和环境保护(占支持总额的 56%),按法国现有农村人口计算,仅此一项平均每一农村人口即可获得 920 欧元的农村发展支持资金,这还不包括由欧洲地区发展基金和欧洲社会基金等为农村发展提供的支持资金。

法国政府农业投入政策有以下特点:增加农业公共支持资金总量,调整资金使用方向。在增加农业公共支持的财政支出总量的同时,将资金比较集中地用于对增加产出、降低生产成本和改善农业生态环境等具有重要作用及意义的相关方面。改进农业公共支持方式,拓宽支持的领域范围。扩大农业直补的领域及范围,提高补贴幅度。建立农业发展专项基金。加大农村和农业生态环境保护的公共支持力度。

五、巴西的政府农业投入政策分析

为提高农产品的竞争能力,维护农业经营者的利益,巴西政府采取了一系列行之有效的农业扶持措施。以法律形式规定,农业信贷的重点是鼓励扩大农业生产,帮助中小企业增加农产品出口。农业保险由中央银行独家经营,分备耕、种植、管理、销售四个阶段的投保和"全额保险"、"分段保险"两个险种,保险范围以生产成本为上限。实行农产品最低保护价格。加大农业基础设施建设,大力研发、推广农业新技术,推动农业生产结构升级,强化农业合作社作用。

六、韩国的政府农业投入政策分析

20世纪70年代,韩国政府将"工农业均衡发展"、"农水产经济的开发"放在经济发展三大目标之首,并发起了著名的"新村运动"。鼓励一家公司企业自愿与一个农村建立交流关系,对其进行"一帮一"的支援,即所谓的"一社一村",较好地解决了产业化进程中农村社会人口减少、社会空洞化等现象。

从对生产者支持的角度,1968年开始对大米等农产品种植农户实行购销倒挂的补贴政策;从1999年开始韩国政府对执行"环境友好型"农业生产的农户给予直接支付补贴,补偿农户因减少化肥和农药使用导致作物减产带来收入损失,还制定了农民提前退休直接支付政策。对农业一般服务支持的政策包括了农业科研投入、技术推广和农业教育体系、农产品安全检验、病虫害控制、改善农业基础设施、农产品流通体制建设等几方面。

第五节　主要结论和政策建议

一、农业保护政策是中国相当长历史时期内的根本战略

中国人口的大多数在农村。农业是中国国民经济发展的基础。农民是中国革命和建设的基本依靠力量。没有农业现代化,没有农民支持,就不能实现国家的粮食安全,中国就无法跻身世界强国之林,也不会有长治久安。因此,保护农业,提高农民生活水平,帮助他们走上富裕之路,在发展中消除城乡、工农差距,是中国在相当长历史时期内发展战略的必然选择。决不能以牺牲农业为代价推动工业的发展,更不容许以"市场经济"为借口行坑农、害农之事。

二、农业保护政策的中心是保证中国粮食的基本自给和稳定供应

粮食是每个国家,尤其是大国安全的战略因素。日本人多、地少,因而一直将粮食作为农业保护政策的中心。中国的人口是日本的10倍多,粮食的基本自给和稳定供应更具有重要意义。世界上没有哪一个国家能稳定供应中国13亿人口的粮食需要。即使能够供应,世界粮价也必然随之飞涨;中国即使有能力用大量的外汇支付粮食的进口,也不可能是长远之计。归根结底,中国的粮食问题只能主要靠自己解决。那种依靠"国际分工","利用比较优势",寄希望于国际市场解决中国粮食问题的观点或理论,是不现实的。为此,中国政府必须继续实行农业保护政策,将资源配置向粮食生产倾斜,争取把粮食自给率稳定在90%以上。

三、保护农业应审时度势,但过度保护也有弊端

日本保护农业的政策总体上取得了成功,但某些方面的保护过度,产生了不少弊端。日本政府过于偏重价格保护,而且提高农产品价格过快,以致在较短时间内农民收入超过城市居民,形成城乡收入倒挂。将保护与市场对立起来,使许多农产品,尤其是大米游离于国际市场之外,削弱了日本的国际竞争能力。

日本政府不能审时度势地利用保护政策,推动农产品参与国际市场竞争。其结果是在加重政府财政负担的同时,保护了小农经济、保护落后。更不好的是,由于长期的过度保护,日本农民对政府形成了依赖思想。他们的要求得到满足,就支持政府,得不到满足,则反对政府。

中国在相当长历史时期内必须继续保护农业和农民,但这种保护必须是积极的,特别是要在保护中改造小农经济,着重提高农业劳动生产率,培育和促进他们增强参与国际市场竞争的能力。

四、保护农业必须形成完整的法律体系,实行"以法护农"

日本的重要经验是通过经济立法,将农业保护政策的目标和措施制度化、法律化,使其成为保护农业的重要手段。这既有利于提高全体

国民关于保护农业重要性的认识,也使农民的利益得到法律保证,并在保护农业过程中形成社会凝聚力。因此,中国有必要将保护农业作为基本国策纳入宪法,在此基础上制定保护农业的各种法规、条例等,以形成比较完整的农业保护法律体系。这方面的经验和做法很值得中国借鉴。

五、保护中国农业要有新思路、新对策

改变重工商、轻农业的思想,同时要变"以农养工"为"以工养农",把农业放在优先的地位。目前的重点应是帮助农民消除贫困,走小康之路。

目前中国的耕地面积在急剧减少。为此我们必须采取以下措施:

(一)保护农地,稳定耕地面积。应严格控制工业、住房、交通等用地,使耕地的占用减少到最低限度,以稳定粮食生产和其他农产品生产。

(二)适度扩大经营规模,加快农业现代化步伐。提高农业劳动生产率,从根本上保护农业,提高农产品的国际竞争力,逐步消除工农之间和城乡之间的差距。尤其要增加对农业科学研究的投资,提高农业科研成果转化率,推广先进而行之有效的农业技术,大力发展高产、优质、高效农业。

(三)建立以粮食为中心的农产品保护价格体系。实行以国际市场价格和国内市场供求关系为基础的农产品价格政策,不断消除工农业产品间的价格"剪刀差",保证农民收入的增加。

(四)继续增加国家对农业的投入。农业是需要大量投入的部门。目前一些发达国家的农业资本有机构成都高于工业。与这些国家相比,中国的差距很大。中国应继续增加投入或给予必要的补贴,从而增强农业抗御自然灾害的能力。

(五)深化农产品流通体制改革。在农产品收购方面理顺国家与农民的关系,在保护农业的同时使农产品逐渐走向市场。为保证农产品价格市场化顺利进行,有必要建立粮食和其他农产品的储备基金和风险基金,在此基础上完善国家对粮食和其他农产品生产的有效调控

和管理,形成粮食及其他农产品全国统一市场,逐渐与国际市场接轨。

(六)提高农民的科技文化素质,改善农业生产条件,调动农民的生产积极性。

(厉为民、崔永伟、詹慧龙)

第五章 政府农业投入对农民粮食生产效率和收入的影响

"三农"问题是关系中国改革开放和现代化建设全局的重大问题。"三农"问题的核心是农民问题,农民问题的核心又是农民收入问题。探求从增加农民收入入手来解决"三农"问题,不仅关系到农业和农村的发展和稳定,更关系到全面建成小康社会战略目标的实现。

中国农村改革 30 多年的一条重要经验,就是由亿万农民创造并形成的适应社会主义市场经济体制、符合农业生产特点的农村基本经营制度,这就是以家庭承包经营为基础、统分结合的双层经营制度。农村基本经营制度是党的农村政策的基石,必须毫不动摇地坚持。在这种制度下,形成了中国农民的生产经营活动以农户为单位,每一农户经营着有限的土地。而近年来对中国农户的生产经营和收入状况的研究一直是国内农经界研究的热点。我们在分析了中国农民收入和粮食生产变化情况的基础上,分析中国政府农业投入对农民收入和农户粮食生产效率的影响,提出未来一段时期制定中国政府农业投入的政策建议。

从各国发展来看,当前世界上几乎所有市场经济国家的农业大都受到了政府的保护,最主要的保护手段是各国通过各种形式的收入补贴支持农业生产和增加农民的收入。补贴包括直接补贴和间接补贴。对生产费用、信贷补贴等直接补贴和价格支持,对农业基础设施建设补贴等鼓励农业生产。新中国成立特别是改革开放以来,中国政府一直重视对农业的投入,这些投入对推进农业现代化发展发挥了重要作用。

这里重点关注和研究中国政府财政农业支出与农民收入变化的关系。接下来先分析改革开放以来农民收入的变化,然后分析农业收入仍是农民收入的主要来源,进而研究财政支农投入对农民收入的影响,最后是政策建议。

第一节　农民收入的变化

改革开放以来,中国农民收入水平有了很大提高。1978 年到 2011 年,农民人均纯收入由 133.6 元增加到 6977 元,增长了 50 多倍,年均增长 12.7%。回顾农民收入的增长,表现出阶段性、区域性等特征。

一、农民收入增长的阶段性特征

改革开放以来,中国农民人均纯收入在总体上快速增长的过程中呈现出明显的阶段性特征,增长速度年际间差异很大,时快时慢。1978—2011 年间农民人均纯收入名义增长最快的年份是 1994 年,达到了 32.48%,最慢的是 2000 年,仅有 1.95%,农民人均纯收入实际增长最快的年份是 1982 年,为 21.34%,最低的年份是 1989 年,为 -1.60%。按照人均纯收入名义增长和实际增长速度的变化,结合考虑农民增收来源的差异,把农民收入增长划分成六个阶段,20 世纪 80 年代前半期、90 年代前半期和最近几年是农民收入增长较快的阶段,而其他阶段由于发展环境的变化,农民收入增长相对较慢。

(一)第一阶段:1978—1984 年为快速增长阶段。由于实行了家庭联产承包责任制,大力发展多种经营,再加上国家大幅度提高农副产品收购价格,农民人均纯收入快速增长,年均增长 17.7%(扣除物价影响仍达 15.9%)。农业收入快速增长支撑农民增收,是这一阶段的主要特征。

(二)第二阶段:1985—1988 年为增速减缓阶段。随着中国经济体制改革的深化,工农业产业调整,多种经营和乡镇企业发展构成了这一阶段农民收入增长的主要来源。这一阶段农民人均纯收入名义增长率仍相对较高,但与第一阶段相比,实际增长率已经下降到 10% 以下,只有 4.9%。这一阶段是中国改革开放后首次提出调整农业结构,使农民收入多元化来增加收入。

(三)第三阶段:1989—1991 年增长处于徘徊停滞状态。农民人均纯收入名义增长速度很慢,并且发生了较为严重的通货膨胀,实际增长只有 0.7%。1989 年农民人均纯收入名义增长 10.38%,但实际增长为−1.6%。

(四)第四阶段:1992—1996 年为恢复性增长阶段。这一阶段农民人均纯收入年均名义增长加速,达到 25.2%,实际增长达到 5.6%,农民收入增长源多元化十分明显。农民收入增长主要靠农产品特别是粮食的两次提价,同时农业投入增加对农民收入增长作出了重要贡献。

(五)第五阶段:1997—2003 年农民收入低速增长。这一阶段农民人均纯收入年均实际增长低于 5%,2000 年只有 2.1%,这一阶段农民来自农业的收入停滞不前。尽管农产品总量增加,但价格处于低位,农民出售农产品收入减少,同时受亚洲金融危机和市场需求不旺的影响,非农收入减少。

(六)第六阶段:2004—2011 年为农民收入快速增长阶段。随着中国经济的较快增长,国家采取了一系列支农惠农政策,农民人均纯收入扭转了长期低速增长的状况。

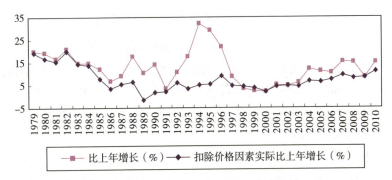

图 1　1978—2010 年农民人均纯收入增长情况

数据来源:《中国农村统计年鉴 2010》,中国统计出版社 2010 年版。

二、农民收入的区域差异性特征

中国区域间发展不平衡,农民收入水平及其增长差异悬殊,区域性差异明显。

2009 年,东部地区农民人均纯收入为 7532 元,高出中部地区 2645 多元,大约为西部地区的 2 倍多。2000 年以来,不同区域农民收入水平的相对差距出现一定的稳定性,但绝对差距继续扩大。2000—2009 年间,东部地区农民人均纯收入与中部地区农民人均纯收入的比基本保持在 1.6 左右,与西部地区农民人均纯收入的比基本保持在 2.1 左右。但是,2000 年到 2009 年,东中部地区农民人均纯收入的绝对差距由 1341 元多加大到 2645 元,东西部地区农民人均纯收入的绝对差距由 1841 元多加大到 3878 元。

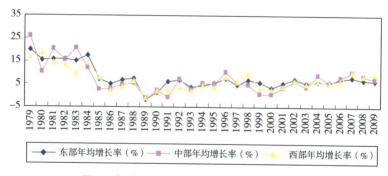

图 2 东、中、西部地区农民人均纯收入的增长

中国农民人均收入水平形成的区域差异是长期积累的结果。以 1978 年为基期,分别计算东、中、西部农民人均纯收入年均增长率,可以发现东部地区农民人均纯收入增长率整体高于中部和西部地区,1978—2009 年间,东、中、西部地区农民人均纯收入年均实际增长率分别为 7.69%、7.24% 和 7.01%。

中国农村居民人均纯收入由四部分构成:工资性收入、家庭经营纯收入、财产性收入和转移性收入,其中家庭经营性收入仍然是农民收入的主要来源,2009 年占农民人均纯收入的比重为 49%。

农民收入的区域间差异并没有因我国经济发展而缩小,这种区域性特征,与地区经济发展中特定的产业结构直接相关。东部地区农民

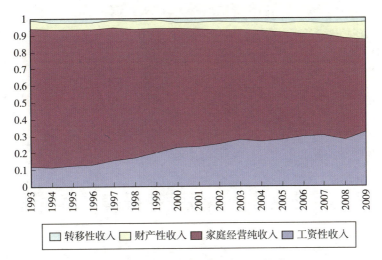

图 3　西部地区农村居民纯收入构成

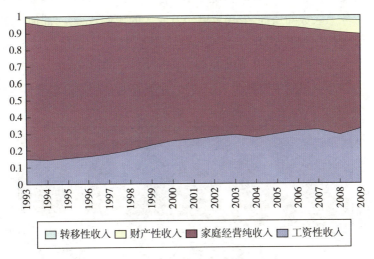

图 4　中部地区农村居民纯收入构成

收入增长相对较快的一个重要原因,在于工资性收入大幅度增长以及工资性收入占人均纯收入的比重明显高于中西部地区。1993 年农村居民工资性收入所占比例中部和西部地区分别为 12% 和 15%,相差不大,2009 年分别增长到了 32% 和 33%,而东部地区在 1993 年工资性收

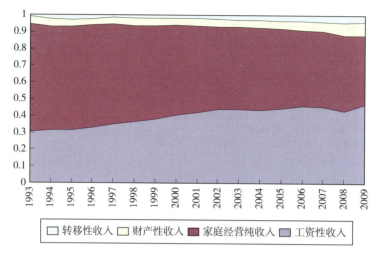

图5 东部地区农村居民纯收入构成

入所占比例已达 30%,2009 年这一比例上升到了 47%。近年来随着农民外出务工人数的增加,农民家庭经营收入的比例减少,西部地区家庭经营收入的比例从 1993 年的 82%减少到了 55%,中部地区从 82%减少到了 56%,东部地区从 64%已经降到了 41%。但总体上中西部地区农民从外部获得的工资性收入还较少,主要还是依赖家庭经营性收入。

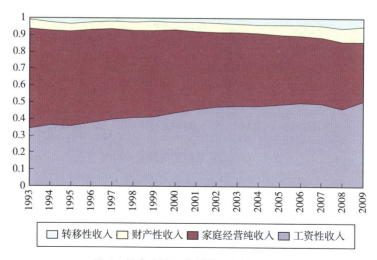

图6 粮食主销区农村居民纯收入构成

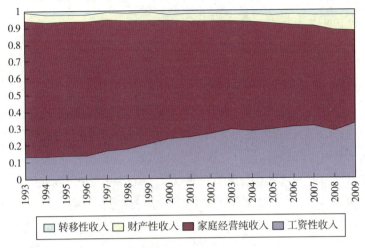

图 7 粮食平衡区农村居民纯收入构成

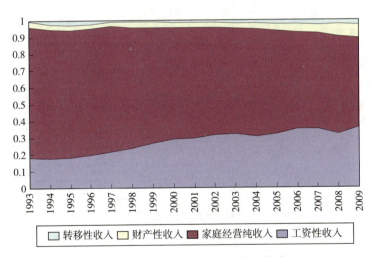

图 8 粮食主产区农村居民纯收入构成

按粮食产销区划分,发展变化情况基本相同。在粮食主销区,农民工资性收入比例由 1993 年的 34% 上升到了 50%,家庭经营纯收入则由 59% 降低到 36%;在粮食平衡区,农民工资性收入比例由 1993 年的 13% 上升到了 33%,家庭经营纯收入则由 81% 降低到 55%;在粮食主产区,农民工资性收入比例由 1993 年的 18% 上升到了 36%,家庭经营纯收入则由78%降低到53%。总体上,在粮食主产区和平衡区,农民家庭经营仍是农民取得收入的主要来源。

第二节 农业收入仍是农民收入的重要组成部分

从产业收入角度来看,农业收入在中国农民家庭纯收入中仍占重要地位,尤其是在农区更加突出。尽管农业收入总体上对农民收入增长的贡献有下降趋势,但农业收入对农民收入增长仍有部分决定作用。主要由种植业和畜牧业构成的农业收入一直是中国农民收入的主要来源。1978年,农民家庭经营收入中,第一产业占到了94.4%,第三产业占5.6%。2009年,第一产业占到了78.7%,第二产业为6.5%,第三产业为14.8%。虽然第一产业所占比重有所下降,但农业收入在农民家庭经营纯收入中的比重仍然很大,仍是农民收入的重要组成部分。

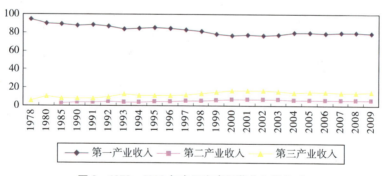

图9 1978—2009年农民家庭经营收入的构成

第三节 中国粮食生产发展的总体分析

世界各国都高度关注粮食安全问题。中国是人口大国,粮食生产与消费量极大,实现粮食供求基本平衡、保证自身粮食安全,既是国家经济社会稳定发展的基本要求,也是对世界粮食安全的重大贡献。1978年以来,中国农村进行了一系列改革,使粮食产量快速增长,实现了从粮食短缺到总量基本平衡、丰年有余的历史性跨越。2004 年后，中央又连续出台了以增加农民收入、提高农业综合生产能力、推进新农村建设、发展现代农业和加强农业基础建设等为主题的 10 个"一号文件"，而粮食安全始终是其中的重要内容。

一、中国粮食生产发展的总量与结构变化

改革开放以来尤其是近年来，中国粮食生产取得巨大成就，有力地支持了国民经济平稳较快发展。通过实行以家庭联产承包责任制为主的经营体制改革以及提高粮食收购价格等重大政策措施，增强了粮食综合生产能力，使过去在农业基础设施、科技、投入等方面积累的能量得以集中释放，保证了中国粮食综合生产能力不断提高。

（一）总量变化的阶段性特征

改革开放以来，中国粮食播种面积基本上是在波动中下降，由 1978 年的 180881 万亩下降到 2009 年的 163479 万亩。粮食总产量则在波动中增加，由 1978 年的 30477 万吨，先后登上了 35000、40000 和 45000 万吨三个台阶，1996 年总产量超过 50000 万吨，1998 年和 1999 年又连续突破 50000 万吨，其中 1998 年的 51230 万吨为之前历史最高水平。在出现几年波动后，2004 及以后几年，在政策驱动、市场拉动和工作推动的综合作用下，粮食生产出现了重要转机，总产量出现恢复性增长。总体上，中国粮食生产呈现出以下阶段性特征：

1. 1978—1984 年，粮食产量快速增长。1978 年后农村实行家庭联产承包与双重经营的经济体制改革，大幅度提高粮食及农副产品收购价格，极大地调动了农民的生产积极性，粮食生产快速发展。1981—1984 年中国粮食连续增产，到 1984 年产量突破 40000 万吨，创历史最高纪录。这一阶段粮食播种面积下降，全国粮食总播种面积减少了 6.4%，粮食产量增长主要是由于单产提高所致，而经济制度的全面变革是单产提高的主要原因。

2. 1985—1993 年，粮食产量增长缓慢。这一阶段，由于农业生产资料价格大幅度上涨、粮食生产连年丰收、国家对粮食进出口的调节措施，造成全国性粮食供大于求的局面。卖粮难也抑制了农民的生产积

极性,粮食生产受到了影响,产量增长速度放缓。与1985年相比,1993年全国粮食总产量增长了20.4%,粮食播种面积略有增长,增长了1.5%。

3. 1994—1998年,粮食产量相对快速增长。1996年粮食总产量突破50000万吨。20世纪90年代中期以后,中国的市场化改革不断深入,经济迅速发展。政府于1994年和1996年两次大幅度提高粮食收购价格。粮食收购价格的提高刺激了粮食种植面积扩大。1996年全国粮食总产量突破了50000万吨,1998年达到历史最高水平,为51229.5万吨。这一阶段粮食产量年均增长3.6%。

4. 1999—2003年,粮食产量呈现下降趋势。这一阶段虽然中国经济仍以高于世界平均水平的速度增长,但由于亚洲金融危机的影响,国内需求明显不足,粮食市场价格持续下降。由于粮食供大于求和一些地方在农业结构调整中放松粮食生产,削减粮食作物播种面积,增加经济作物的种植面积,加上严重自然灾害的影响,粮食生产连续5年减产。到2003年,粮食播种面积减少了12.2%,粮食总产量跌至43069万吨,减少了15.3%,下降到20世纪90年代初的水平,粮食供求关系再度趋紧。

5. 2004—2009年,粮食生产恢复性增长,粮食产量实现了连续6年增长。2004年中央"一号文件"的出台,标志着中国政府农业政策在加强农业保护方面迈出了重要一步。粮食直接补贴、良种补贴、农机购置补贴、减免农业税等一系列政策措施的出台,极大地调动了农民的积极性,粮食产量扭转了自1999年起连续5年下降的局面,进入了恢复性增长阶段。6年间,中国粮食生产从46947万吨增加到了2009年的53082万吨,连续3年保持在50000万吨以上。

从历史回顾中不难发现,改革开放后中国粮食生产经历了几次比较明显的波动,对当时粮食市场甚至整个社会经济稳定都带来一定威胁。从2004年以来连续6年的增产,到目前粮食产量基本稳定在50000万吨水平,实现了粮食供求基本平衡,为经济社会发展和深化改革奠定了物质基础。

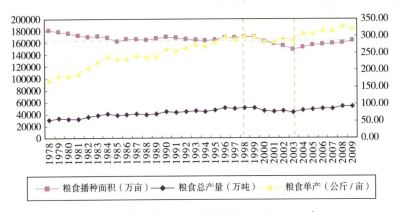

图 10　中国粮食生产的发展变化：1978—2009 年

（二）品种结构变化

粮食生产的波动及近几年的连续增产，与水稻、小麦和玉米三大粮食作物的生产变化密不可分。总的来看，"播种面积是两减少一增加，总产量和单产是三增加"。

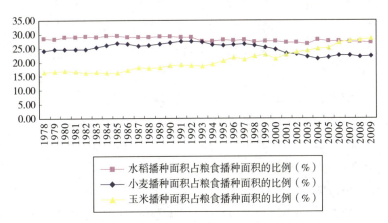

图 11　1978—2009 年全国水稻、小麦和玉米的变化：播种面积的比例

从播种面积来看，水稻和小麦占粮食播种面积的比例在波动中有所下降，玉米占粮食播种面积的比例逐渐上升。水稻播种面积的比例从 1978 年的 28.5%下降到 2009 年的 27.2%，小麦播种面积的比例从 1978 年的 24.2%下降到 2009 年的 22.3%，玉米播种面积的比例从

1978 年的 16.6%增加到 2009 年的 28.6%。

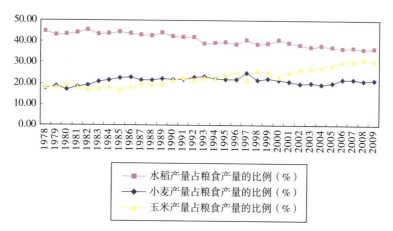

图 12 1978—2009 年全国水稻、小麦和玉米的变化：产量的比例

从产量来看,水稻产量占粮食总产量的比例波动中下降,小麦产量占粮食总产量的比重波动中略有上升,而玉米产量占粮食总产量的比重波动中不断增加。水稻产量的比例从 1978 年的 44.9%下降到 2009 年的 36.8%,小麦产量的比例从 1978 年的 17.7%上升到 2009 年的 21.7%,玉米产量的比例从 1978 年的 18.4%增加到 2009 年的 30.9%。

1.水稻变化

总的来看,水稻播种面积有所下降,1978 年为 51631.3 万亩,下降到 2009 年的 44440.4 万亩。水稻总产有所上升,1978 年为 13693 万吨,增加到 2009 年的 19510.3 万吨。亩产从 1978 年的 265 公斤增加到 2009 年的 439 公斤。

2.小麦变化

总的来看,小麦播种面积有所下降,从 1978 年的 43773.9 万亩,减少到 2009 年的 36436.1 万亩。小麦产量波动中增长,从 1978 年的 5384 万吨增加到 2009 年的 11511.5 万吨。亩产从 1978 年的 123 公斤增加到 2009 年的 316 公斤。

3.玉米变化

总的来看,玉米播种面积有所增加,从 1978 年的 29941.7 万亩,增加到 2009 年的 46773.9 万亩。玉米产量也不断增长,从 1978 年的 5594.5 万吨增加到 2009 年的 16397.4 万吨。亩产从 1978 年的 187 公斤增加到 2009 年的 351 公斤。

三大粮食作物在粮食总产量中的贡献发生了明显变化。稻谷增产幅度低于粮食总产量增长,贡献显著下降。主要是稻谷面积趋于收缩所致。小麦产量贡献在波动中略有提升,影响小麦总产量变化的最主要因素是单产。国内饲用需求增长、玉米种植效益提高推动了国内玉米生产稳定增长,其产量贡献大幅上升。主要归结于种植面积扩大和单产水平提高。

二、粮食生产的重心区域与地区变化

自 20 世纪 90 年代以来,中国传统的"南粮北调"格局愈益明显地被"北粮南运"格局所取代。对有关统计资料的分析表明,这一格局变化乃是生产地域重心由南向北逐渐推移的结果。粮食生产重心渐趋北上的原因是多方面的,其中粮食需求压力、生产知识和技术进步、经济体制变革是最基本的动力机制。

为了更客观地反映不同地区粮食综合生产能力的大小及其增长情况,便于制定区域针对性强的粮食综合生产能力政策,需要区分不同地区类型评估粮食综合生产能力状况。对中国区域划分,以省级为单位,有多种角度:从粮食产销角度,将中国划分为主产区、平衡区和主销区;从粮食生产力区域布局角度,将中国划分为东北、华北、西北、华东、华南、华中、西南七大地区;从气候适宜角度,将中国划分为北方地区和南方地区;从经济发展程度角度,将中国划分为东部、中部和西部地区。

(一)粮食生产向主产区集中

从播种面积来看,无论是主产区、平衡区还是主销区,粮食播种面积都有所减少。主销区粮食总产量逐年减少,而主产区和平衡区,粮食总产量逐年增加。

主销区粮食播种面积所占比例从 10.8% 减少到 5.7%;平衡区粮食播种面积所占比例基本稳定在 21%—23% 左右;主产区粮食播种面

积所占比例从 68% 增加到 71.6%。而粮食产量,主销区所占比例从
14.2% 减少到了 6.3%;平衡区从 16.5% 增加到了 18.9%;主产区则从
69.3% 增加到了 74.8%。

无论是播种面积还是产量,主产区所占比重都超过了 70%,中国
粮食生产的重心主要集中在主产区。

(二)粮食生产重心北移

随着东南沿海工业化、城镇化进程的加快推进,粮食播种面积不断
减少,北方地区粮食生产占全国比重逐年上升。2009 年,北方地区粮
食播种面积达 90161.06 万亩,占全国的 55.2%,产量达 27947.76 万
吨,占全国的 52.7%,分别比 1978 年增加 5.5 个百分点和 11.9 个百分
点。粮食流通格局由"南粮北调"变为"北粮南运"。

(三)中西部成为粮食生产的重要地区

从东、中、西部地区来看,西部粮食生产基本保持稳定,而随着东部
地区工业化、城镇化进程的加快推进,粮食播种面积不断减少,中部地
区粮食生产占全国比重不断增加。2009 年,中部地区粮食播种面积达
79642.2 万亩,占全国的 48.7%,产量达 25409.9 万吨,占全国的
47.9%,分别比 1978 年增加 8.7 个百分点和 10.3 个百分点,中部地区
已经成为中国粮食生产的重要地区。

(四)东北地区粮仓地位提升

从七大经济区的粮食生产变化情况看,西南地区粮食播种面积和
产量的比重从第三降为第四,东北地区粮食播种面积和产量的比重都
有所增加,粮食播种面积的比例,从 1978 年的第四位上升到 2009 年的
第二位,粮食产量从 1978 年的第四位上升到 2009 年的第三位。其他
地区粮食播种面积的比例,华北地区有所增加,华东、华南和西北都有
所下降,但是仍保持着原来的地位。西南地区粮食播种面积的比例略
有增加,但排名从第三下降为第四。

三、三大作物的地区区域变化

(一)主产区不断增加,平衡区波动中稳定,主销区趋于下降

近年来,中国粮食生产的区域变化是粮食生产不断向主产区集中。

主产区粮食播种面积占全国的 72%,产量占全国的 75%。而三大作物,无论是播种面积还是产量,所占比重都在 70% 以上。

平衡区,小麦和玉米播种面积和产量均在波动中略有下降,水稻生产则有所增加。水稻播种面积在全国所占比重于 2001 年超过了主销区,到 2009 年达到了 16.3%,比 1978 年增加了 1.6%,水稻产量在全国所占比重于 2002 年超过了主销区,到 2009 年达到了 15.1%,比 1978 年增加了 1.9%。

主销区,三大作物的播种面积和产量在全国的比重都有所下降。小麦和玉米所占份额都降到了 2 个百分点以内,而水稻生产下降最多,播种面积从 1978 年的 26% 降到了 2009 年的 14.2%,下降了 11.8%,产量从 1978 年的 25.1% 下降到了 2009 年的 12.7%,下降了 12.4%。

(二)水稻和玉米北方增加南方减少,小麦南北基本保持平稳

随着中国粮食生产重心的北移,南北方粮食种植品种结构也发生了变化。水稻所占比重、播种面积和产量,北方都有所增加,南方则都有所下降。小麦播种面积,北方比重略有下降,南方比重略有上升,增减幅不到 1 个百分点;小麦产量,北方随着单产水平的提高,比重有所增加,南方则有所下降,增减幅在 3.4 个百分点。玉米播种面积,北方比重增加,南方比重减少,增减幅在 5.4 个百分点;玉米产量,北方比重增加,南方比重减少,增减幅在 3.9 个百分点。

四、粮食生产发展变化的原因分析

(一)比较效益相对低下是东南沿海粮食生产萎缩的主要原因

从农业内部比较收益分析,粮食作物收益大大低于经济作物、水果、淡水鱼类,无论是土地收益还是资金、劳动收益,在四个农业生产部门中都是最低的。经济发达的沿海地区,乡镇企业的崛起,使农民家庭收入结构发生了重大变化,粮食生产在家庭收入中的地位已显得"微不足道"。

(二)北方种植制度的改变和立体农业的迅速发展

南方多熟制地区复种指数降低。西部和北部一熟制地区,由于水利条件的改善,多熟种植发展很快。农业部全国农业技术推广总站于

20世纪90年代初组织有关省、自治区、直辖市实施的"北方一熟制区粮食作物立体种植技术"推广项目,以春小麦间套玉米、玉米间套豆类作物、玉米间套马铃薯等的立体种植模式,促进了北方一熟制区粮食作物种植的优化,为北部和西部一熟制地区普及推广多熟制积累了成功的经验。

(三)人地矛盾的制约和影响

从耕地资源的地区分布来看,西部和北部地区耕地资源比较丰富,而东南沿海地区人多地少,这是中国粮食增长中心"北上"、"西移"的客观原因。至2008年底,全国耕地面积最多的黑龙江省有耕地17745.2万亩,占全国耕地总面积的9.7%,超过了耕地面积最少的10个省份的总和。东北和西北地区地域广阔,人均耕地面积大都在2亩左右,黑龙江、内蒙古分别高达4.6亩和4.4亩,新疆、宁夏、吉林、甘肃人均耕地面积分别高达2.9亩、2.7亩、3.0亩、2.7亩,人均耕地面积在1亩以下的8个省份,主要集中在东南沿海、华中和华南地区。除直辖市外,经济发达的广东和浙江省人均耕地面积分别仅有0.4亩和0.6亩。东南沿海地区工业化和城市化进程较快,城镇扩展、交通建设占用了大量耕地。

五、结论与讨论

中国粮食生产的发展,使粮食综合生产能力不断向主产区集中。

(一)粮食主产区发展粮食生产比较优势明显。中国粮食主产区的13个省份,耕地面积11.7亿亩,占全国耕地面积的64%。其中,基本农田面积10.1亿亩,占64.8%,有效灌溉面积6亿亩,占51%,旱涝保收面积4.4亿亩,占37.6%;13个省农机总动力占全国总动力的73%。从这些基本情况来看,粮食主产区具有发展粮食生产得天独厚的优势条件。

(二)粮食主产省提供了全国粮食产量的四分之三。1980年至1998年间,全国粮食产量增加量的三分之二以上来自于粮食主产省;1999年至2003年间,全国粮食产量减少量的三分之二以上也来自于粮食主产省;而2004年以来,全国粮食产量增加量的80%以上又来自于粮食主产省。目前,13 个粮食主产省粮食播种面积和产量分别占全国粮食播种面积和总产量的 73% 和 76%,产量较 1980 年提高了 6 个百分点。根据粮食跨省流通数据,2007 年 13 个粮食主产省外销原粮占全国外销原粮总量的 88%,比 2005 年增长近 8%。黑龙江、吉林、河南、江苏、安徽、江西、内蒙古、河北、山东等 9 个主产省、区净调出原粮占全国净调出原粮总量的 96%。

以上分析说明,粮食主产区的粮食生产直接左右着中国粮食安全的大局,是中国粮食生产安全的"蓄水池"。只有粮食主产区的粮食生产能力得以提高,粮食生产稳定发展,才能更有效地增加粮食供给,保证中国粮食供求的基本平衡,确保国家的粮食安全。

随着现代生物技术、动植物遗传育种技术和现代园艺技术等农业领域的科技进步,以及加入 WTO 后农产品国际贸易的冲击,导致中国在传统农业向现代农业转型的过程中,农业及农户经济发展不平衡性在加剧,农户之间生产经营的收益也在变化。中国粮食生产向主产区集中的趋势已经非常明显,主产区农户粮食生产构成了中国粮食生产的基础,主产区农户粮食生产效率的改善也将促进中国粮食整体生产能力的提升。

第四节　财政支农投入与农民收入

中国农民收入中农业收入是主要来源,农民收入增长呈现出明显的阶段性,与农业收入的增长关系十分密切。但农业发展具有弱质性和外溢性,农村副业的发展也需要依赖于电力、道路等公共基础设施的完善。因此,财政作为宏观调控的手段所提供的价格或资金支持对于增加农民收入具有重要作用。

财政支农支出是反映国家财政对农业和农村发展支持程度的重要指标,也是国家财政支农政策的集中表现。近年来,中国高度重视"三农"问题,财政支农支出不断增加。根据 2010 年的《中国统计年鉴》,2009 年中国财政用于农业的支出达到 7253 亿元,占财政总支出的 9.5%。虽然从总量上看国家财政支农的投入巨大,但人们普遍认为目前财政支农的力度还很不够,支农效果也不理想。究其原因是多方面的,但与财政支农支出口径和统计方法上存在问题也有密切的关系。相关研究表明,在农业基本建设中,用于重大水利工程和生态建设等全社会受益的投资较多,约占 80%—90%,而真正用于增强农业市场竞争力和直接改善农业生产生活条件的良种工程、重要农产品基地、农田水利、节水灌溉等中小型基础设施方面的投入少,只占 10%左右,这些项目都是直接增加农民收入的。财政支农结构的不合理,抑制了农民收入的提高。

要真正实现国家财政对农业、农村、农民的支持,就必须对能够直接带动农民增收、促进农业发展、繁荣农村社会经济事业的支农项目加大投入总量、改善投资结构。从现有的财政支农支出统计口径中,不能很好地分辨体现财政支持农业生产、农民直接受益的原则,在一定程度上误导了支农政策的优化选择。

一、国家财政用于农业的支出与农民收入

近年来,国家加大了对"三农"支持的力度,财政支农资金不断增加,财政支持农业支出占财政支出的比重也不断增加,自 2007 年后一直稳定在 9.5%左右。

随着国家支农力度不断加大,农民收入持续增加。2011 年,农民增收"八连快",农民人均纯收入达到 6977 元,实际增长 17.9%,增量 1058 元,超历史最好纪录。

二、本研究中的财政支农支出口径

2007 年开始,中国对政府收支分类进行了改革,与之相应的 2007 年以后的《中国统计年鉴》中,仅列出了政府农林水事务支出,包括农业支出、林业支出、水利支出、扶贫支出、农业综合开发支出等,这是一个大口径(即"三农"口径)。按照研究目标要求,根据《政府收支分类改革方案》确定的《政府收支分类科目》梳理了政府财政支持农业的财政支出,同时比照了 2006 年及以前的《政府收支分类科目》、《政府预算收支科目》,整理了政府财政支出与农业生产直接有关的项目,对前

述政府财政支农支出"三农"口径做出一定调整。

1978—2011 年政府"三农"支出占财政支出比例（%）

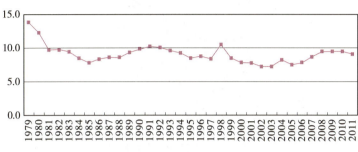

图 13　1978—2011 年政府"三农"支出占财政支出比例（%）

三、财政支农投入与农民收入关系的实证分析

从模型估计的结果看,政府在退耕还林方面的支出对农民的收入有负的影响,但不显著。分析其原因,实施退耕还林政策后,退耕引起农户实际耕地面积减少,致使粮食减产,导致种植业收入降低,同时农民发展畜牧业的资源基础被削弱,养殖业也受到了削弱。即使发放了补贴,但补贴发放不及时,以及未建立长期稳定的补贴政策、政策标准不灵活等,在一定程度上影响了补贴效用的发挥。

政府在农业产业化和农民合作经济组织方面的支出,对农民工资性收入有正的影响,但不显著,对农民家庭经营收入有正的显著影响。近几年政府在农业产业化和农民合作经济组织方面加大了投入力度,对带动农民收入的增加产生了一定的影响。但中国农业产业化和农民专业合作组织的发展,一方面由于中国农业商品化程度低、农产品市场一体化程度低、农产品加工程度低和农民组织化程度低,农民面临的交易成本高,这"四低一高"制约了农民收入的增长;另一方面,目前农民专业合作经济组织仍处在初始发育阶段,专业合作社组织化程度低,规模小,内部管理不规范、利益联结结构松散,农业产业化发展水平低,规模小,竞争力不强,利益连接机制不完善,扶持政策不到位等,都制约了农业产业化发展,进而影响了农民收入的提高。

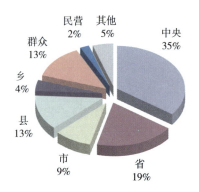

图 14　2010 年农田水利投资来源

　　小型农田水利方面的支出,对农民家庭经营收入产生了正的影响,但不显著。由于小型农田水利设施是农业生产基础设施建设的重要组成部分,有研究证明,加强农田灌溉设施对农民增产增收有显著作用。但从全国来看,由于改革开放后的 30 多年来,大约有 60% 的财政支农资金主要用于大江大河的治理和气象事业发展,而直接用于农业生产性支出的仅占 40% 左右。其中,能够分给小型农田水利建设和水土保持工作的费用就更加微乎其微。根据第二次全国农业普查数据显示,我国有 70% 以上的村庄没有任何农田水利建设投资,而能够获得国家投资的村庄仅占 9.56%。

　　政府扶贫支出对农民收入有影响,但不显著。

　　农业综合开发方面的支出,对农民工资性收入和家庭经营收入有正的影响,而且对农民工资性收入有正的显著影响。农业综合开发的支出主要包括了土地治理、产业化经营、科技示范、贷款贴息等方面,产业化经营对农户的带动作用不明显,而土地治理、科技示范等方面则有利于提高农业生产能力。

　　农业生产资料专项补贴,对农民工资性收入有负的显著影响,而对家庭经营收入则有负的影响,但不显著。这可能是由于近年来国家加大了农业生产资料的补贴力度,但是由于农业生产资料价格的上涨,补贴并不足以抵消价格上涨带来的成本的上升。

　　基金预算支出中,用于农业部门的支出对农民工资性收入产生了正的显著影响,而对农民家庭经营收入则有正的影响,但不显著。虽然基金预算支出中用于农业部门的支出大部分用于大江大河及库区等建设支出使用,但用于新菜地开发基金、农业发展基金的支出,对农民收入提高产生了正的影响。

第五节　主产区农户粮食生产的效率

2010 年,中国粮食产量实现了"七连增",粮食总产量达到 10928 亿斤,增产 312 亿斤,再创历史新高。农户粮食生产情况直接决定和影响了中国的粮食安全。

对于生产效率的估计,通常采用两类方法:一类是随机前沿分析(SFA)参数方法,另一类是数据包络分析(DEA)的非参数方法。参数方法的优点是考虑到生产前沿的随机性,可以把随机扰动的影响与非效率性分开,但是它必须首先在一些假设基础上设定生产函数形式,从而无法区分设定偏误与非效率性的问题。所以,一旦函数模型设定不正确必将影响测算精度,甚至导致测算结果失效。

而非参数方法则不受假设条件的约束,测算生产率时可以省去设定函数形式的麻烦,避免了函数设定偏误,并且能够对多投入多产出的复杂系统进行有效评价。在分析时不必计算综合投入量和综合产出量,能够避免传统方法中由于各指标量纲方面差异而寻求同度量因素过程中所带来的诸多困难以及替代数据方面的估计误差。当然,它也存在没有考虑随机扰动影响的缺点,但是同参数方法相比较,优势是明显的,所以被越来越多的研究者使用。我们应用非参数方法估计农户粮食生产的效率。

一、农户粮食生产效率的估计(DEA 模型)

由于 DEA 模型估计的效率值为相对的概念,效率值越接近于 1,代表相对越具有效率。根据 DEA 模型的估计,水稻、小麦和玉米种植农户综合技术效率的平均值为 0.6120、0.6338 和 0.1854,效率值落差很大,显示农户在水稻、小麦和玉米生产上有无效率的情形。并且农户种植水稻、小麦和玉米的纯技术效率平均值小于规模效率平均值,说明技术无效率的原因主要是来自于农户纯技术无效率,即投入要素并未最有效的运用;而规模效率值为1的农户占比很小,说明绝大多数农户水稻、小麦和玉米的生产正处于规模报酬递增或递减的阶段,还未达到最优的规模。

这说明,在未考虑环境因素及随机干扰因素的情形下,大多数农户种植水稻、小麦和玉米在资源利用上仍有改善的空间,且由于纯技术效率值明显低于规模效率值,代表农户水稻、小麦和玉米生产面临的纯技术无效率问题较之规模无效率问题严重,若要改善技术无效率之现象,必须从投入要素的使用管理上着手,避免生产要素浪费的情形。

二、主产区农户粮食生产效率的影响因素研究

基于 Tobit 模型对农户粮食生产效率影响因素进行分析发现,土地细碎化是生产效率的瓶颈。地块数越多,土地越细碎,农户的生产效率则相对越低,而农户经营耕地面积大,有利于提高农户的生产效率。因此,促进土地流转,使农户保持在一个适度规模水平上进行生产,将有利于提高农户粮食生产的效率。

减少用工投入、提高机械化水平将有利于提高农户种粮效率。三大作物分析表明,减少用工投入均有利于提高生产效率。因此,继续加大农机补贴力度,在主产区不断提高农户生产的机械化率,减少人工投入,将有利于提高粮食生产效率。

加强农田基础设施建设,完善水田灌排系统和小麦、玉米生产的灌溉条件,可以减少农户生产中的其他间接费用,将有利于提高农户的粮食生产效率。

第六节 提高农户粮食生产效率和收入的政府农业投入政策建议

一、加大对主产区粮食生产的支持力度

目前,中国粮食生产向主产区集中,重心向北偏移,东北、中西部地

区粮食比重在加大。因此,要重视主产区的粮食生产,加大支持力度。

(一)支持主产区大规模旱涝保收标准农田建设

中国粮食增产主要来自主产区的增产,波动也是主产区粮食生产的波动造成的。因此,有必要在主产区开展大规模旱涝保收标准农田建设,稳定提升主产区的粮食综合生产能力,确保国家粮食安全。根据《中国耕地质量等级调查与评定》的研究结果表明,全国耕地优、高、中和低等耕地面积占全国耕地评定总面积的比例分别为 2.67%、29.98%、50.64%、16.71%,中低产田的比例仍占二成以上。在粮食主产区改造 4 亿亩中低产田,修护 6 亿亩高产良田,使全国高产良田的总面积保持在 10 亿亩左右,粮食产出能力稳定在 53000 万吨以上。在资金需求方面,按 1000 元/亩或 1500 元/亩的改造费用估算,改造 4 亿亩中低产田需要 4000 亿元或 6000 亿元的投资,按照财政资金占 75%估算,需要 3000 亿元或 4500 亿元的财政投入,按 10 年投资期限均分,每年需要 300 亿元或 450 亿元投资。同时,可以参照日本、韩国等国的做法,有相关法律作为保障,建立政府和农民共同参与的建管机制。

(二)主产区发展粮食生产的财政支持

中国粮食生产集中在主产区,主产区粮食生产重点在产粮大县,而产粮大县大多是财政穷县,目前受到了发展经济与稳定产粮问题的困扰。因此,应对产粮大县给予更大的财政支持。为此,根据国家主体功能区规划,在产粮大县的基础上确定一批粮食生产功能区,建立国家粮食生产功能区转移支付制度,大幅度增加均衡性转移支付规模,满足粮食生产功能区政府提供基本公共服务需要,调动地方政府发展粮食生产的积极性。

二、提高农户粮食生产效率的有关建议

(一)不断完善基层农业技术推广体系

目前,基层农业技术推广体系存在种种问题,由于缺少推广工作经费、工作条件差、农技人员待遇低等原因,造成农技推广人员"下不去",农民需求的技术"上不来",使得在主产区用于粮食生产的技术推广活动受到严重影响。因此,要不断完善基层农业技术推广体系,尤其

是加强主产区的技术推广工作,更加注意对提高农民生产投入的技术指导,不断提高农民种粮的资源利用效率和管理技能,从而提高主产区农户的粮食生产效率。

(二)加快土地流转

地块细碎制约了主产区农民粮食生产效率的提高。在新时期,结合"在工业化、城镇化深入发展中同步推进农业现代化"战略的实施,在主产区促进土地流转,强化对规模经营从事粮食生产的政策扶持,农村土地整理、标准农田建设、农业综合开发、农业产业化、特色农业产业示范基地等涉农项目,尽可能地与土地流转规模从事粮食生产相结合,优先安排粮食生产项目资金。

(三)加大种粮技术补贴力度

结合种粮生产的重大技术进行补贴,有利于提高农民种粮生产效率,同时也有利于促进粮食生产的发展。因此,在继续实行种粮农民直接补贴、稳定增加良种补贴、农机具购置补贴的同时,继续扩大补贴范围,适当提高补贴标准。国家设立农业重大技术补贴政策,通过直接给予农民物化补贴,大面积推广一批对区域性粮食生产稳产增产、节本增效或防灾减损效果显著的重大技术,更有效地提高农户种粮生产效率。

三、提高农民收入的政府农业投入政策建议

(一)加强小型农田水利设施建设,完善动态建管机制。农业生产收入是农民家庭经营收入的主要组成部分,而在中西部地区和粮食主产区,农田水利工程建设对于促进粮食生产、确保国家粮食安全具有重要意义。但近年来农田水利设施老化、失修现象严重。因此,要加强对2011年中央"一号文件"精神的宣传力度和加强文件有关措施的实施力度。各地区要加快制定小型农田水利设施建设中长期规划和实施方案,明确实施主体和进度,建立动态建管机制,保证农田水利设施建设的可持续发展。

(二)建立退耕还林补贴的灵活的长效机制。由于退耕还林工程覆盖面广,在不同的地方产生的影响必然有差异,不可能搞"一刀切"政策。要针对退耕农户收入提高困难的情况,进一步完善退耕还林政

策。继续对退耕农户给予适当补助,以巩固退耕还林成果、解决退耕农户生活困难和长远生计问题,同时加强对农户的技术指导和培训,加快退耕地区农业结构调整,增加农民增收的渠道。

(三)加强扶持农业产业化和农民专业合作经济组织的发展,提高带动农户作用。一要落实农业产业化财政专项资金政策的实施,加大政策执行力度,切实发挥效益。二要继续加大金融支持力度,积极探索采取担保基金、担保公司等有效形式,对龙头企业、农民专业合作组织的融资给予担保,切实解决龙头企业和农户贷款难问题。三要完善各种税收扶持政策,尤其是完善农业产业化组织和农民专业合作经济组织相关的涉农税收法律和规定。

(四)调整农业综合开发项目的投入结构方向,完善管理评价体系。针对农业综合开发项目的投入方向、筹资投劳政策、地方配套政策等与地方发展实际存在脱节的现象:一是完善项目投入政策,使减轻农民负担和财政支农政策落到实处。二是建立项目库,进一步发挥地方的主动性和积极性。三是完善项目管理和评价体系,改变重建设轻管理的局面。

(五)加大对农业生产资料的补贴力度,改进补贴方式和监管机制。以农业机械购置补贴为例,日本农民最大承担比例是 25%,而这 25%的比例还有可能减至 12.5%,或者可以以贷款形式购置农业机械。相较而言,中国的农业机械购置的补贴比例还较低,如果所购机械价格昂贵,农民则可能由于购买力不足而选择放弃,最终影响农业生产的效率。因此,一是加大补贴力度,提高补贴标准。二是改进补贴方式,在综合考虑农业科技创新和新技术推广应用的基础上,着眼长远研究和设计农业生产资料的补贴,包括补贴的发放依据、发放对象和发放方式。三是研究建立补贴的动态监管机制。

(崔永伟、詹慧龙)

附表与附图

1978—2009 年中国东中西部地区农民人均纯收入及其变化					
年份	收入差距（元/人）		年均增长率（以 1978 年为基期）（%）		
	东中部差距	东西部差距	东部	中部	西部
1978	39.20	45.99	—	—	—
1979	39.03	59.20	19.88	25.86	17.04
1980	56.04	64.64	15.49	10.46	18.52
1981	56.51	78.56	15.92	20.39	14.54
1982	67.19	97.49	16.02	15.54	13.43
1983	61.86	126.39	15.03	20.69	9.49
1984	94.35	159.32	17.74	11.91	14.67
1985	130.01	172.84	7.18	2.69	8.03
1986	158.89	208.71	4.93	2.95	2.32
1987	195.78	252.16	7.00	4.58	4.18
1988	263.77	317.57	7.53	5.33	6.35
1989	327.66	388.31	−2.02	−1.12	−1.02
1990	303.64	397.85	1.13	2.38	1.79
1991	406.44	468.33	6.00	−0.99	2.46
1992	451.79	558.62	6.82	7.23	3.65
1993	587.53	736.13	3.75	2.67	1.88
1994	706.66	960.40	4.51	5.51	4.32
1995	922.77	1310.17	5.31	5.16	3.86
1996	990.42	1532.31	7.49	10.39	8.22
1997	1052.82	1631.40	4.70	5.41	6.17
1998	1142.83	1692.25	6.87	4.84	9.44
1999	1245.69	1770.54	5.79	0.50	3.46
2000	1341.39	1840.97	3.45	0.53	2.49
2001	1483.81	1990.46	5.56	3.40	4.10
2002	1605.92	2134.71	7.05	6.00	6.45
2003	1782.67	2303.11	5.41	3.59	5.02
2004	1850.14	2537.99	6.06	8.98	6.40

续表

年份	收入差距（元/人）		年均增长率（以1978年为基期）（%）		
	东中部差距	东西部差距	东部	中部	西部
2005	2050.23	2810.50	5.81	5.56	5.41
2006	2222.58	3114.13	7.17	7.90	6.36
2007	2365.46	3404.75	7.70	10.16	10.15
2008	2529.42	3749.28	6.78	8.64	8.40
2009	2645.11	3878.14	6.40	7.33	9.60

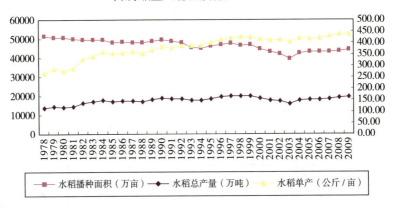

中国水稻生产的发展变化：1978—2009

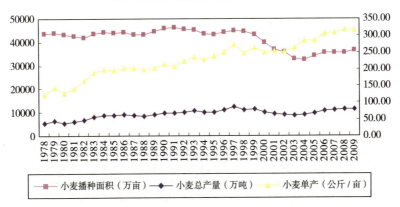

中国小麦生产的发展变化：1978—2009

中国玉米生产的发展变化：1978—2009

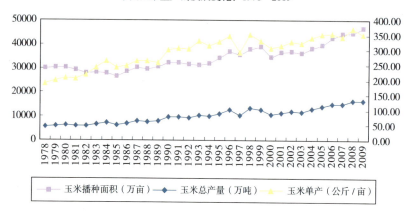

中国玉米生产的发展变化：1978—2009

—— 玉米播种面积（万亩）　—— 玉米总产量（万吨）　—— 玉米单产（公斤／亩）

主销区、平衡区和主产区粮食生产发展情况

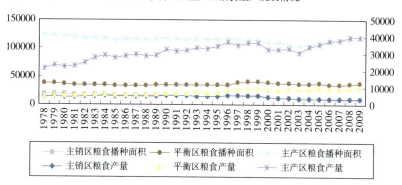

—— 主销区粮食播种面积　—— 平衡区粮食播种面积　—— 主产区粮食播种面积
—— 主销区粮食产量　—— 平衡区粮食产量　—— 主产区粮食产量

按产销分区域粮食生产比例（%）

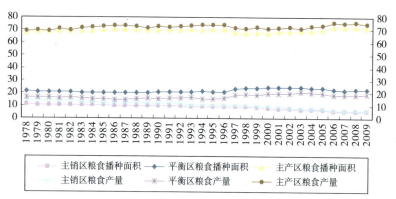

—— 主销区粮食播种面积　—— 平衡区粮食播种面积　—— 主产区粮食播种面积
—— 主销区粮食产量　—— 平衡区粮食产量　—— 主产区粮食产量

北南方粮食生产发展情况

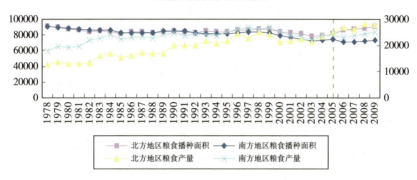

南北方粮食生产比例（％）

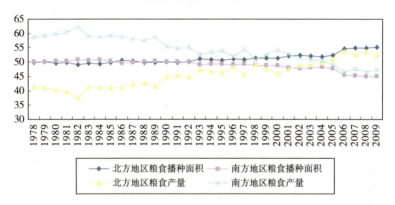

东中西部粮食生产发展情况

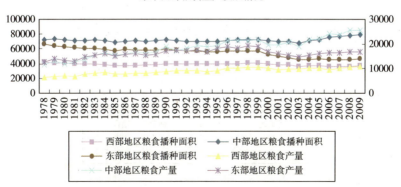

东中西部地区粮食生产比例（%）

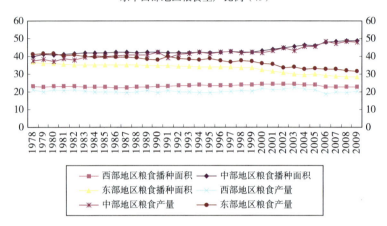

七大经济区粮食生产发展情况

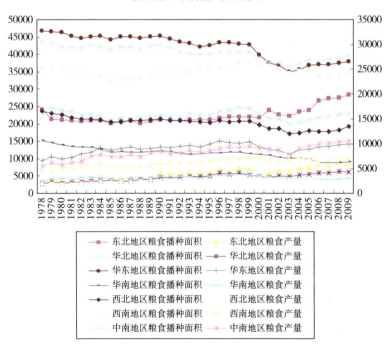

七大经济区域粮食生产比例（%）

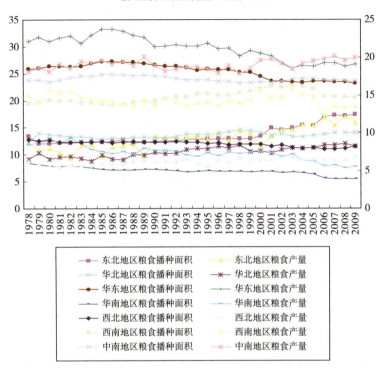

三大作物按产销分区域播种面积比例（%）

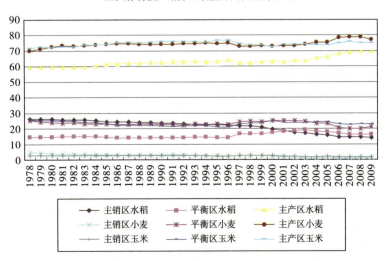

三大作物按产销分区域产量比例（%）

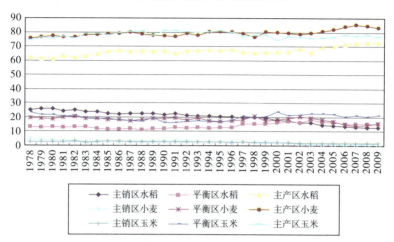

南北方三大作物播种面积比（%）

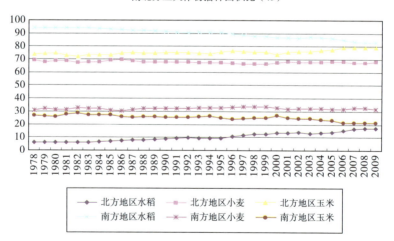

第六章　中国政府农业投入体制研究

近年来,中国农业投资管理体制出现了一系列明显变化。随着农村经济体制、投资体制、金融体制以及财政体制改革的深入,逐步明确了国家、集体、农户的农业投资主体地位,形成了农业投入主体多元化、筹资渠道多元化、投资决策分散化的格局。在农业发展方式和经营管理形式不断创新发展的形势下,农业经营主体的分散多元和政府投入管理日益集中之间的不匹配现象日益引人关注。

第一节　中国政府农业投入决策与运行中存在的主要问题

一、项目决策控制不力

现有的农业项目决策程序基本上是:中央→省→县逐级分配投资计划,再由县→省→中央层层上报实施方案。项目决策权基本上集中于省级以上机关,主要是按计划平均分配。由于决策单位人少事多,难以对所有项目进行实地考察,只能凭报送材料来决断。地市以下机关虽然可以对项目进行实地考察,但是却没有决定权。上下之间信息非对称,很容易出现"逆向选择"和"道德风险"行为,导致该选的项目未入选,不该选的项目反而被选上。投资计划到达县级后,由于缺乏严格的控制,项目实施的随意性和不规范现象大增。

二、内部控制不严

首先,财务与会计控制不力。没有完整的会计信息系统,"账"与

"证"稽核不力,会计报告报送不及时,数据衔接不够,信息化程度不高等,这些造成了一些项目使用单位在银行多开户头、日常经费和专项资金不分导致挤占挪用专项资金,还有的财力不足便做假账以套取财政资金等。其次,财务制度不完善。有的地区和部门执行有关制度规定不严格,违规使用财政支农资金;监管工作不到位,惩处制度不完善等。最后,岗位职能划分不明晰。项目的编制、审核、申报职能未能分离,造成有的地区在编制项目计划及扩初设计时,故意加大土地平整、科技投入等方面的投资额度,使之成为挪用资金的渠道;项目工程的发包、检查、验收职务未分开,施工单位与拨款单位容易形成合谋,截留或挪用资金。

三、支农资金管理条块分割严重

目前,政府对农业投入渠道多元化,农业财政支出分部门管理,财政支农资金设置重复交叉、投入分散,支农重点不够突出,平均分配资金,影响了财政支农资金整体效益的发挥。支农资金管理中存在着严重的"条块分割"现象,涉及部门利益太多。据审计署 2007 年的调查,财政支农款项达 160 个左右,这些名目不同的项目资金,从中央到省、市、县,都有 20 个左右的部门参与资金管理。无论在中央还是地方,目前都没有一个对上述诸多支农资金真正愿意并且能够有效实行统筹管理的部门,这是中国支农资金低效使用的重要原因。

表1 支农资金管理涉及的部门			
1.直接分配与管理支农投资的部门			2.安排涉农专项投资的其他部门
	资金项目	交叉部门	
发改委	基本建设投资(含国债投资)	会同有关行业主管部门和地方安排计划并组织实施	交通
财政部(农业司、农业综合开发办公室、国务院农村综合改革工作小组办公室)	支援农村生产支出、农业综合开发支出、农林水气部门事业费等	财政部门直接安排或会同有关部门安排	电力
	农产品补贴	财政部门或同流通主管部门共同管理	

1.直接分配与管理支农投资的部门			2.安排涉农专项投资的其他部门
	资金项目	交叉部门	
科技部	农业科研费	和财政部门共同管理	教育
水利部			卫生
农业部	农业科研费	和科技部门共同管理	文化
	农业基本建设投资	和发改委一同管理	
林业局			民政等
气象局			
国土资源部	土地开发、整理和复垦的新增建设用地土地有偿使用费		
国务院扶贫办	支援不发达地区支出	国务院扶贫领导小组确定分配原则,审定分配方案,发改委和财政部门分别负责管理以工代赈资金和其他专项资金	
国家防汛抗旱办等			

四、支农专项的项目管理不够科学

目前,按项目分配的中央支农专项资金中,大多采取由下而上层层上报项目,再由中央、省有关部门选择确定并直接分配资金到具体项目的工作机制。层层申报导致流程时间长、项目执行滞后和资金滞拨,影响效率。还有的地方对项目和资金重争取和分配、轻管理和监督的问题比较突出。

五、财政支农事权与财权划分不清

1994 年分税制改革以来,中央与地方之间的财政关系划分取得了初步成效,但是也存在着事权与财权的背离。中央、省、市、县、乡五级政府中,财权不断上移,而事权不断下移,造成了基层财政的困难。目前,中央与地方财政支农事权划分也不尽清晰,导致中央与地方财政支农责任不够明确。有的支农事权属于中央,但是也划归地方;有的支农事权在地方,中央却全部负责;还有部分支出责任中央与地方划分不清导致交叉和错位。这些不仅不能保证支农资金的使用效率,也不能保证农业投入的稳定增长。近些年来,中央财政对"三农"的投入增速远高于地方的"三农"支出增速。分税制以来地方财力分配的份额下降,使得地方想尽办法套取中央补助资金,挤占和挪用支农资金以备他用。据审计署 2007 年审计,16 个省(自治区)有 77% 的中央支农专项资金未按照财政部的规定编入省本级预算,50 个县中未将中央支农专项资金编入县级预算的比例高达 95%。

六、监督机制不健全

一是监督管理力量不够。随着经济社会的发展,财政性项目资金规模越来越大,项目个数越来越多,监督力量未随着财政性项目数量和投资数额实行同步增长。二是监督资源未实现整合。未将主管部门监督、财政部门监督、纪检监察部门监督、人大监督、政协监督、社会监督、新闻监督等各方面的监督资源整合起来,未实现资源共享。一方面存在监督缺失,另一方面又存在重复监督现象。三是处罚力度不够大。对部分违反法律、法规、财经纪律的人和事,未严格依照相关法律、法规和规章制度进行处罚。违法、违纪成本低,致使个别单位和个人心存侥幸,屡屡违反法律、法规、财经纪律。

七、农业投入立法缺失

首先,农业投入绩效考量不够。以投入为例,尽管《农业法》规定"中央和县级以上地方财政每年对农业总投入的增长幅度应当高于其财政经常性收入的增长幅度",但现实中各级对农业总投入的具体含义理解不一,财政经常性收入划分不一,很难据此来进行判断。其次,政府职责不明确。中国的国情决定了政府财政投入是政府支农的主要手段,近几年来的中央"一号文件"一再明确这一点,但是缺乏对各级政府的农业投入职责、方式等的明确的法律界定,没有建立起农业投入依法正常增长的机制,特别是要完善土地出让金制度,提高从集体土地的出让金中提取用于农业发展资金的比例。再次,对农业投入进行切块、确定预算比例时应单列,不应与其他"三农"资金捆绑计算。又次,在确定地方各级农业投入的财政体制时,应该考虑各级财政的实际负担能力来进行相关配套。最后,支农资金整合的力度不够也跟现有法律制度不完善有关,部门法规或条例甚至有冲突,这不便于支农资金的顺利拨付使用。

八、投入总量不足,结构不尽合理

第一,农业投入的结构不佳。财政支农支出的主要部分用于供养人员。2006 年,全国支援农村生产支出和农林水利气象等部分事业费用 2161.35 亿元,占整个财政农业支出的比例为 68.12%,是一种典型的"吃饭财政"。尽管从 1998 年以后,中央加大了对农业基础设施的投入,利用国债筹措资金成为一种主要手段,但由于历史欠账太多,农业建设性支出比例和实际需求相比依然不足。2006 年,农业基本建设支出为 504.28 亿元,占整个财政农业支出的 15.89%。

表 2　农业支出结构　　　　　　　　　　单位:亿元

年份	合计	支农支出	农业基本建设支出	农业科技三项费用	农村救济费	其他
1978	150.66	76.95	51.14	1.06	6.88	14.63
1980	149.95	82.12	48.59	1.31	7.26	10.67
1985	153.62	101.04	37.73	1.95	12.9	
1990	307.84	221.76	66.71	3.11	16.26	
1991	347.57	243.55	75.49	2.93	25.6	
1992	376.02	269.04	85	3	18.98	
1993	440.45	323.42	95	3	19.03	
1994	532.98	399.7	107	3	23.28	
1995	574.93	430.22	110	3	31.71	
1996	700.43	510.07	141.51	4.94	43.91	

续表

年份	合计	支农支出	农业基本建设支出	农业科技三项费用	农村救济费	其他
1997	766.39	560.77	159.78	5.48	40.36	
1998	1154.76	626.02	460.7	9.14	58.9	
1999	1085.76	677.46	357	9.13	42.17	
2000	1231.54	766.89	414.46	9.78	40.41	
2001	1456.73	917.96	480.81	10.28	47.68	
2002	1580.76	1102.7	423.8	9.88	44.38	
2003	1754.45	1134.86	527.36	12.43	79.8	
2004	2337.63	1693.79	542.36	15.61	85.87	
2005	2450.31	1792.4	512.63	19.9	125.38	
2006	3172.97	2161.35	504.28	21.42	182.04	303.88

注:支农支出即支援农村生产支出和农林水利气象等部门事业费。

数据来源:《新中国农业 60 年统计资料汇编》,中国农业出版社 2009 年版。

第二,财政农业建设支出结构不合理。用于大中型水利建设的比重较大,直接用于农业基础设施建设的比重较少(见表 3)。1981—2003 年,水利基本建设投资占农业基本建设投资的平均比例为 60%左右,2003 年为 62%,而且这一比例基本稳定。目前,大部分水利资金被投入到防洪、抗旱、灌溉等应急性工程项目上,对农业技术推广投入不足。水利、林业生态等社会效益强,受益对象广的投入项目长期被列入农业投入中,从统计上扩大了农业投入总量。

表 3　农业和水利基本建设投资规模及比重				单位:亿元
	农业基本建设投资	水利基本建设投资	农业基本建设投资占总基本建设投资比重	水利基本建设投资占农业基本建设投资比重
一五时期	41.8	24.3	7.1	58.1
二五时期	135.7	96.6	11.3	71.2
1963—1965 年	74.5	28.9	17.6	38.8

续表

	农业基本建设投资	水利基本建设投资	农业基本建设投资占总基本建设投资比重	水利基本建设投资占农业基本建设投资比重
三五时期	104.3	70.1	10.7	67.3
四五时期	173.1	117.1	9.8	67.7
五五时期	246.1	157.2	10.5	63.9
1980 年	52	27.1	9.3	52
六五时期	172.8	93	5.1	53.8
1981 年	29.2	13.6	6.6	46.5
1982 年	34.1	17.5	6.1	51.2
1983 年	35.5	21.1	6	59.6
1984 年	37.1	20.7	5	55.7
1985 年	36.9	20.2	3.4	54.5
七五时期	241.2	143.7	3.3	59.6
1986 年	35.1	22.9	3	65.2
1987 年	42.1	27	3.1	64.1
1988 年	46.2	23.6	3	51.2
1989 年	50.7	29.5	3.3	58.3
1990 年	67.2	40.7	4	60.5
八五时期	697.8	440.7	3	63.1
1991 年	85	50.2	4	59
1992 年	111	68.3	3.7	61.5
1993 年	127.8	81.6	2.8	63.8
1994 年	154.9	98.2	2.4	63.4
1995 年	219.1	142.5	3.1	65
九五时期	3143.2	1993.7	5.6	63.4
1996 年	317.9	206.6	3.7	65
1997 年	412.7	258.8	4.2	62.7
1998 年	637.1	411.7	5.4	64.6
1999 年	835.5	536.5	6.7	64.2
2000 年	940	580.1	7	61.7
十五时期				

续表

	农业基本建设投资	水利基本建设投资	农业基本建设投资占总基本建设投资比重	水利基本建设投资占农业基本建设投资比重
2001 年	993.4	558.8	6.8	56.3
2002 年	1291.6	703.8	7.3	54.5
2003 年	1097.7	680.9	4.8	62

数据来源:《中国农村统计年鉴2008》,中国统计出版社2008年版。

第三,农业科技教育投资不足。从理论上看,农业科技的绝大部分都具有效用的不可分割性、消费的非竞争性和受益的非排他性,农村教育尤其义务教育更是一种公共品,对社会有很大的正外部性,从公共产品属性看大多属于纯公共产品或准公共产品,政府必须对其加大投入。从表2可以看出,农业科技三项费用(尽管不是全部的农业科研投入)占农业支出基本上在1%左右,大部分年份低于1%,2006年仅为0.68%。农业科技投入存在总量低、投资强度弱、投入分散等特点。

表4 20世纪80年代国际上110个国家财政对农业科研投资的强度(%)

国家/地区	简单平均	加权平均数
30个最低收入国家	0.65	0.37
28个低收入国家	1.00	0.40
18个中等收入国家	0.84	0.57
18个中上收入国家	1.26	0.55
16个高收入国家	2.37	2.23
以上110国家的简单平均	1.12	0.76
日本	2.89	2.89
澳大利亚	4.02	4.02
北美	3.27	2.42
中国	0.20	

注:农业科研投资强度为农业科研投资占农业国内生产总值的比例,分收入组的加权平均数是按各国的农业国内生产总值加权平均而求得的。

资料来源:《中国农业科研投资:挑战与展望》,中国财政经济出版社2003年版。

第四,财政支农高度依赖中央投入,地方投入不足。分税制改革以来地方财政自给率下降,县乡财政基本上是"吃财政饭"。财力不足加之农业投入周期长、见效慢,以及风险高,这些都制约了地方财政对农业投入的积极性,很难追加更多的资金给农业。据统计,1991—2000年,地方财政支农资金支出从220.74亿元增长到689.47亿元,增长了2.13倍,而同期地方财政支出从2295.80亿元增加到10366亿元,增长了3.52倍,地方财政农业支出比例呈下降趋势,1991年为9.6%,2000年为6.6%。中央财政支农专项资金一般要求地方财政进行配套,地方配套资金到位率低已经成为影响农业投资效益的主要制约因素。无论是扶贫资金、林业资金、农业综合开发资金或是粮食收购的补贴资金,中央财政资金往往都能够及时到位,而地方配套资金的到位率都很低。一些粮食主产区,例如河南省,财政收支压力大导致配套资金不足,只能通过银行贷款或自筹资金来弥补缺口。

第二节　财政农业投资绩效评价

一、农业财政投资经济效益绩效评价指标

(一)农业财政投资对农业 GDP 的贡献率

这一指标主要反映农业财政投资对于新增农业 GDP 的贡献,农业财政投资对农业 GDP 贡献率=当期农业 GDP 增加量/当期农业财政投资额增加量×100%。这里为了比较,我们还计算了农业基本建设支出对新增农业 GDP 的贡献(见表5)。

表5　财政支农效益:1978—2006 年

	第一产业增加值(现价)(亿元)	财政支农支出(亿元)	农业基本建设支出(亿元)	农业基建支出效益(%)	财政支农支出效益(%)
1978	1027.5	150.66	51.14	1.50	0.51
1979	1270.2	174.33	62.41	3.89	1.39
1980	1371.6	149.95	48.59	2.09	0.68

	第一产业增加值（现价）（亿元）	财政支农支出（亿元）	农业基本建设支出（亿元）	农业基建支出效益（%）	财政支农支出效益（%）
1981	1559.5	110.21	24.15	7.78	1.70
1982	1777.4	120.49	28.81	7.56	1.81
1983	1978.4	132.87	34.25	5.87	1.51
1984	2316.1	141.29	33.63	10.04	2.39
1985	2564.4	153.62	37.73	6.58	1.62
1986	2788.7	184.2	43.87	5.11	1.22
1987	3233	195.72	46.81	9.49	2.27
1988	3865.4	214.07	39.67	15.94	2.95
1989	4265.9	265.94	50.64	7.91	1.51
1990	5062	307.84	66.71	11.93	2.59
1991	5342.2	347.57	75.49	3.71	0.81
1992	5866.6	376.02	85	6.17	1.39
1993	6963.8	440.45	95	11.55	2.49
1994	9572.7	532.98	107	24.38	4.89
1995	12135.8	574.93	110	23.30	4.46
1996	14015.4	700.43	141.51	13.28	2.68
1997	14441.9	766.39	159.78	2.67	0.56
1998	14817.6	1154.76	460.7	0.82	0.33
1999	14770	1085.76	357	−0.13	−0.04
2000	14944.7	1231.54	414.46	0.42	0.14
2001	15781.3	1456.73	480.81	1.74	0.57
2002	16537	1580.76	423.8	1.78	0.48
2003	17381.7	1754.45	527.36	1.60	0.48
2004	21412.7	2337.63	542.36	7.43	1.72
2005	22420	2450.31	512.63	1.96	0.41
2006	24040	3172.97	504.28	3.21	0.51

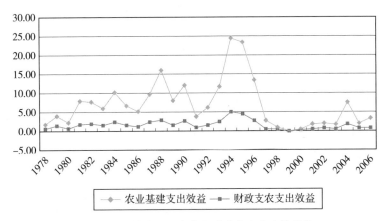

图1　农业基本建设支出和财政支农支出的效益

　　从1978年到1994年,财政支农和农业基本建设支出对新增GDP的贡献总趋势是逐步上升,尽管中间有所波动;之后直到2000年一路下降,如图1所示。就每一年而言,农业基本建设支出对新增GDP的贡献要高于整个支农支出的贡献,平均来说,前者为6.88,后者仅为1.52,也就说平均每增加1元的农业基本建设支出,会使农业GDP增加6.88元,而每增加1元的财政支农支出仅会使农业GDP增加1.52元。这也表明了支农支出结构中农业基本建设支出的重要性。

　　(二)农业投资对农民人均纯收入的贡献

　　财政对"三农"的投入归根结底是要增加农民的收入,提高农民的生活水平。具体来说,农业投资对农民人均纯收入的贡献=农民人均纯收入增长/农业财政总投资×100%。结果我们发现:1978年到1982年,财政支农投入对于农民人均纯收入增长的拉动作用在增加,之后总的趋势在降低。从1978年到2006年,财政支农投入对农村人均纯收入的拉动作用有明显的周期性,几个波峰分别是1982年(17.35%)、1988年(8.31%)、1994年(6.10%)、2004年(0.515),如图2所示。这些结论表明财政支农对于农民增收的拉动作用在日益减弱。

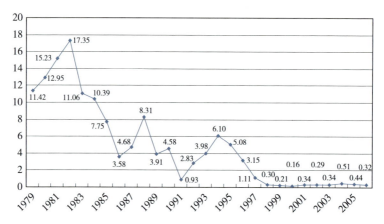

图2　农业投资对农民人均纯收入增长的贡献

二、农业投资生态效益指标

生态效益是人类在经济活动中依据生态平衡规律,对自然生态系统,对人类的生产、生活条件及环境条件所产生的有益的或有利的结果。生态效益的基础是生态平衡和生态系统的良性、高效循环。物质能量转化效率是功能指标;生态质量是指生态环境的现存状态,包括环境质量和资源状况,是结构指标;生态效益可以通过上述功能指标和结构指标计算。农业生态环境的治理是一项投资大、周期长、短期内难以见效的复杂系统工程,作为一项具有"正外部性"的经济活动,由于其具有非竞争性和非排他性两大特点,属于典型的公共产品,需要建立和完善农业生态建设补偿机制,加大国家财政拨款,实现生态与经济的可持续发展。

按照2007年实施的新财政收支分类科目,与农业生态保护直接相关的科目如下表所示:

类	款	项	科目编码	科目名称
				表6　农业生态保护相关的政府支出科目
211	04		21104	自然生态保护
211		01	2110401	生态保护

类	款	项	科目编码	科目名称
211		02	2110402	农村环境保护
211		99	2110499	其他自然生态保护支出
211	05		21105	天然林保护
211		01	2110501	森林管护
211		02	2110502	社会保险补助
211		03	2110503	政策性社会性支出补助
211		04	2110504	职工分流安置
211		05	2110505	职工培训
211		06	2110506	天然林保护工程建设
211		99	2110599	其他天然林保护支出
211	06		21106	退耕还林
211		01	2110601	粮食折现挂账贴息
211		02	2110602	退耕现金
211		03	2110603	退耕还林粮食折现补贴
211		04	2110604	退耕还林粮食费用补贴
211		05	2110605	退耕还林工程建设
211		99	2110699	其他退耕还林支出
211	07		21107	风沙荒漠治理
211		01	2110701	京津风沙源禁牧舍饲粮食折现补助
211		02	2110702	京津风沙源治理禁牧舍饲粮食折现挂账贴息
211		03	2110703	京津风沙源治理禁牧舍饲粮食费用补贴
211		04	2110704	京津风沙源治理工程建设
211		99	2110799	其他风沙荒漠治理支出
211	08		21108	退牧还草
211		01	2110801	退牧还草粮食折现补贴
211		02	2110802	退牧还草粮食费用补贴
211		03	2110803	退牧还草粮食折现挂账贴息
211		99	2110899	其他退牧还草支出

续表

类	款	项	科目编码	科目名称
211	09		21109	已垦草原退耕还草
213	02	09	2130209	森林生态效益补偿
213		10	2130210	自然保护区
213		11	2130211	动植物保护
213		12	2130212	湿地保护
213		09	2130409	环境、移民及水资源管理与保护

资料来源:《2007 年政府收支分类科目》,中国财政经济出版社 2006 年版。

结合这些支出科目,我们可以对财政投资前后的一些农业生态相关指标变化进行实证分析,一些主要的农业生态指标包括:农地保护程度、水资源利用率、水质改善程度、农村土壤改良程度、林草覆盖率、土壤有机物含量变化、农田林网化率变化、水土流失面积变化等。

国家财政近年来也加大了对农业生态的投入:1998—2002 年,共安排农林水利和生态建设国债资金 1438 亿元,用于长江上游、黄河中上游、东北及内蒙古等国有林区的天然林保护,加固大江大河大湖堤防 3 万公里,增加行蓄洪面积近 3000 平方公里。安排环境保护国债资金 207 亿元,其中建成 141 个污水处理项目。2000 年启动的退耕还林(草)工程和京津风沙源治理工程,也都取得了很好的效果。此外,财政还大力推进资源环境有偿使用制度改革,建立和完善森林生态效益补偿基金制度。

具体到每一项农业投资来说,对应的生态效益指标也不尽相同,评估所依据的理论也不同。这里我们以退耕还林工程为例:目前,退耕还林生态效应评价是利用生态经济理论中森林资产价值理论与效益费用分析方法,其原理是运用直接市场法、替代市场法和陈述偏好法将生态系统的服务功能货币化。利用该方法结合退耕还林工程所产生的生态效益,可以确定退耕还林生态效益的指标主要包括以下几个方面:水源涵养效益(防洪效益,增加枯水期径流效益,改善水质)、维持大气平衡、改良土壤效益、固土保肥效益(固土效益,保肥效益)、生物多样性保育价值和防护价值(防风固沙林保护土地价值)。

第三节　中国政府农业投入运行机制及模式创新研究

一、政府农业公共投入创新机制和投入模式的基本原则

(一)农业公共投入创新机制的基本原则

借鉴国内外农业公共投入理论和实践,未来中国农业公共投入创新机制要遵循以下几个基本原则:

一是坚持民生为主原则。全面落实各项惠农政策,继续加大对"三农"工作的投入,扩大惠农政策的覆盖面,重点加大农村教育、医疗卫生、社会保障等民生投入。

二是坚持政府与市场相互协调配合的原则。充分发挥政策扶持导向作用和市场配置资源的基础性作用,既着眼于"三农"发展需要,体现政府农业发展的重点,又要尊重市场规律的内在要求,规范政府的投融资行为,控制投资风险,逐步提高投融资效益。

三是坚持统筹兼顾的原则。要正确处理好经济效益与社会、生态效益,眼前利益与长远利益的关系,使农业的发展更加科学,更具可持续性。

四是坚持绩效原则。农业公共投入要强化绩效导向,首先在政府绩效考核目标体系中,突出农业发展、农民收入增加和城乡差距缩小等社会指标以及生态改善指标。在考核主体结构上,增加农民对地方政府政绩的影响力,鼓励农民参与和农业相关的预算管理活动。在考核周期上,考虑到财政农业投资见效慢的实际,适当延长对地方政府政绩考核周期等。其次是建立农业资金的绩效考评机制,强化对各项农业资金尤其是专项资金的绩效考评工作。

五是坚持资金优化使用原则。要逐步建立一套科学合理、重点突出、安全高效的资金运转和管理机制,调整财政资金、信贷资金、社会资金投入比例,优化投资结构,发挥协同效应。同时,要强化支农资金的整合,将支持现代农业发展资金与资金整合工作结合起来,推动建立"以政府为主导,以规划为引导,以产业为平台,以统筹为核心"的支农

资金整合机制。

六是坚持管理优先原则。在已有的农业公共投入条件下,如何向管理要效益是一个值得认真思考的问题。近年来,财政部门通过开展部门预算、国库集中支付、收支两条线等财政改革,极大地丰富和加强了财政支农资金的管理手段和方法,提高了农业资金的科学化、精细化管理水平和使用效益。

(二)公共投入新模式的基本原则

我们要根据不同的农业投入类型,结合不同地区的具体情况以及发展阶段,来因地因时制定相应的农业投入模式。我们一定要切实改变过去财政过多直接投入生产建设领域的做法,探索建立"政府出资,市场运作"新型财政资金运作模式,加快将财政资金从一般竞争性领域退出来,更多地依法、依规采用补助、贴息、奖励、保险、物资援助、风险补偿、减免税费、购买服务等政策工具和激励措施,支持农村公共产品建设,把钱用到农民直接受益的项目上,提高财政资金使用效益。从理论上讲,农业公共投入创新模式仍然需要坚持一些基本原则,主要包括下面几个方面:

一是坚持政府资金的积极引导作用。充分发挥财政支农资金的导向性作用,引导信贷和社会资金投入农业农村,建立政府投入、社会资金、农民投入相结合的多元化投入机制。

二是坚持平衡发展与因地制宜相结合的原则。既要注重农业投入的平衡性,保持区域平衡发展;又要因地制宜,根据区域特点进行投入结构的优化,促进区域特色农业发展。

三是坚持农民意愿为主原则。"三农"的公共投入一定要充分尊重农民意愿和农民在农业产业化中的主体地位,这样才能真正得到农民的配合,才能保证资金的使用效果。

四是坚持资金的整合使用。在目前"三农"投入的资金需求与供给的矛盾仍然十分突出、各级政府财力有限和机构职能难以调整的情况下,整合支农资金是新形势下加强支农资金管理、创新支农工作方式、提高支农资金使用效率的重要手段,它可以部分解决目前财政支农资金多头管理、分散使用、效益不高的问题。

五是坚持循序渐进,量力而行。从农民最关心、最迫切需要解决的现实问题入手,先易后难,分步实施。政府需要安排扶持资金,但不能超出现有财政承受能力,乡村需要为民办事,但不能增加新的债务,农民需要投工投劳,但不能违背农民意愿,增加过多负担。

二、建立财政支农资金管理的长效机制

(一)加强支农资金的立法工作

建立政府支农的法律架构,用法律来调整财政部门、政府农业和农村发展事务管理部门与农业财政资金使用者之间的关系,从而实现农业财政资金使用管理的规范化和透明化,真正达到整合农业财政资金的目标——提高支农资金使用效果。如果没有配套的法律来调整和约束政府支农事务,即使完成了机构和职能的整合,仍然不能改变财政与主管部门之间,以及主管部门与资金使用者之间的博弈关系。只有用法律手段来调节和约束政府支农事务中各方的关系,才能建立财政农业资金投入自我调节的良性机制。欧美农业发达国家政府农业财政资金的使用绩效之所以比较好,一方面得益于其科学合理的政府机构和职能设置,另一方面更主要的是得益于健全的法律保障机制。完善中国农业支持法律体系,必须从法律和行政法规两个层面入手。在法律层面上,重新修订《农业法》,同时抓紧制定出台《农民专业合作经济组织法》、《农产品行业协会管理法》、《农业保险法》、《农业补贴条例》、《农业灾害救助条例》、《贫困地区援助条例》等法律;在行政法规层面上,建议抓紧制定内容更具体、操作性更强的比较完善的行政法规。

(二)创新财政支农机制

一是要规范资金分配办法。继续推广使用公式法、因素法等科学分配方法合理分配财政支农资金,并利用以奖代补、民办公助、以物代资、奖补结合等有效的激励引导手段,不断完善财政支农资金分配管理机制,特别是要逐步建立财政支农资金安排与财政支农资金使用管理绩效考评结果相衔接的分配制度。二是要规范支出行为。任何地区和部门都必须按规定使用和管理财政支农资金,严禁以任何形式用财政支农资金设置账外账和私存私放;对直接补贴农民的资金,要利用"一

卡通"、"一折通"等手段,及时足额地兑现给农民。进一步推广财政支农资金国库集中支付、县级报账制等管理措施,努力提高财政支农资金使用管理的安全性、有效性和规范性。三是要加快支农支出进度。根据农业季节性明显、时效性强的特点,采取得力措施,切实加快支出进度。坚决杜绝人为滞留财政支农资金特别是救灾性和涉及民生的财政支农资金的现象。正确处理好支出进度和支出管理的关系,防止出现资金使用单位突击花钱、违规花钱等行为。四是创新支农资金整合机制。进一步完善支农资金整合的引导和激励机制,由目前中央财政安排引导性资金支持各地整合的做法,转变为各地先自主整合、中央财政评估考核后实施奖励的制度。

此外,还要改革专项资金管理方式,采取加大贴息资金力度、切块下达资金、下放项目审批权限等改革措施,变单一的直接补助方式为综合性的激励引导政策,进一步发挥财政支农资金"四两拨千斤"的杠杆作用。完善支农投入民办公助机制,积极创新财政扶贫开发机制,大力支持集体林权制度改革。

第四节　健全中国政府农业投入的监管机制

一、同级不同政府部门的自我监督机制

在财政部门内部建立综合型监督机制。财政监督机构应被赋予有监督同级业务部门的权力,在行政级次上可以略高于其他业务部门。外部监督职责可由财政监督部门和业务部门共同负责,由财政监督部门进行组织、指挥和协调工作。内部监督工作则由财政监督机构直接负责,对业务机构和财政干部的廉政情况进行监督检查。要结合部门内部财政监管工作的实际需要,制定年度内部监督检查计划,安排财政监督机构定期和不定期地对财政部门内部的各业务机构,在进行农业财政投资活动中执行有关法律法规、政策制度以及财务收支情况的监督检查。在内部监督的内容和对象上,应当既能覆盖全面,又能突出重点,抓住主要矛盾,提高内部监督的针对性、及时性、有效性。在财政部门内部,要形成预算编制、执行相分离,并从制度上保证内部监督检查

的经常化、规范化。财政机构各业务主管部门要加强对农业投资资金拨付使用过程的控制,规范办事程序,增加资金投放的透明度,实行国库集中支付制度,从源头上减少和防止资金分配过程中可能发生的违法违纪行为。

二、不同级政府内部的自我监督机制

要完善上级对下级财政机关的监督约束机制。上级财政部门对下级财政部门执行财政法规政策的情况进行定期或不定期的监督检查,是财政监督的基本任务,上级部门需要针对特定项目的具体情况,制定出一套合理的激励约束机制,包括一套完整的资金绩效考核指标体系,通过机制和制度建设来减少上下级之间的信息非对称所致的"逆向选择"和"道德风险",让下级部门的行为模式符合上级部门所要求达到的目标,使上下级部门的目标趋于一致。同时,对其他有可能影响农业财政投资政策的贯彻执行、导致农业财政投资资金浪费的不当行为,上级财政部门也有监督检查的责任。

三、人大监督机制的建立

目前,中国对农业财政投资的监督主要包括财政部门监督和审计部门监督。由于财政部门与审计部门是平级机关,缺乏一个置于两者之上的监督机构,监督体系是不完整的。在实际工作中经常发生不同监督部门之间相互撞车、相互扯皮、重复检查的现象,造成物资上的浪费和监督的空档问题。因此,建立一个完善的农业财政投资监督保障体系显得尤为重要。中国农业财政投资的监督保障体系应该是由人民代表大会的宏观监督、财政部门的日常监督和审计部门的事后监督组成,并以社会监督为补充、以法律监督为保障的全方位、多层次的监督保障体系。

就农业投入监督而言,人大要督促政府加大对农业投入和政策扶持力度,组织人大代表深入农村了解现实问题,提出意见建议,督促政府尽快落实资金。由于大部分人大代表在履行代表职务时是无偿的,这种制度设计有违按劳分配原则。未来人大还要强化专业监督队伍建

设,在代表选举中引入竞争机制吸引具有专业知识的人士加入,形成对各类专项资金监管的专业队伍,切实履行人大的监督职责,同时对其专业技能给予适当的劳动报酬。此外,还要严格按照监督的运作程序进行,任何部门和团体不得违反程序要求。

四、审计监察监督机制的建立

审计部门的事后监督是指由审计部门依法对被审单位的财政、财务收支及其有关经济活动的真实性、合法性、效益性进行审查,评价责任,用以维护财经法纪,改善经营管理,提高经济效益,促进宏观调控的独立性。

(一)完善财政审计监督机制

加快财政审计监督法律制度建设。坚持依法行政和依法监督,是做好财政审计监督工作的基础和前提。目前,迫切需要制定和完善财政审计监督的法律法规,加快财政审计监督的法制化进程,提升财政审计监督的法律地位,弥补法律缺失遗漏,实现财政审计监督的规范化、法制化和程序化,确保财政审计监督的权威性和有效性,确保有关的法律、法规、规章和政策措施符合国际惯例的要求。

强化财政绩效审计监督。要从项目合理性及实现程度、预算执行情况、资金使用合规性和合理性、财务管理状况等方面进行分析考评,促进完善绩效评价审计监督体系。尝试将绩效评价审计监督结果作为部门预算编制的重要依据,促进建立以结果为导向的预算管理体制。重点抓住财政专项资金和重要的政府投资项目,及时总结成功经验,进一步扩大绩效审计的范围。

加强监督机构建设。健全的机构和高水平的干部队伍是做好财政审计监督的基础。中国财政审计监督机构和人员面临事多人少的现象严重,现有的财政审计监督机构状况难以承担应尽的职责。一些地方审计监督机构不健全,专职审计监督人员数量少、素质低,无法适应财政审计监督工作的需要。

加快财政审计监督信息化建设。目前,财政审计监督方面的信息化建设还处于起步阶段,检查人员到单位检查,主要是翻账本、看凭证,效率较低。因此，为提高财政审计监督的时效性，必须利用计算机网络。在"金财工程"的总体部署下，结合财政审计监督的工作需求，实现信息共享。

强化事前、事中、事后审计监督的有机结合。落实严格的责任追究制度。要进一步规范审计检查工作程序，引入责任追究制度，增强内部监督的权威性和威慑力，严格整改制度。建立和落实严格的责任追究制度，是强化财政审计监督的重要手段。

未来对农业政府投入的审计监督必须寻求一条适合财政审计管理实际的操作路径，以农业资金预算编制、执行和绩效审计监督为重心，以依法理财为手段，强化事前、事中、事后审计监督，以支农资金整合为契机扩大绩效审计的覆盖范围，以此来实现财政审计监督机制的创新。

（二）完善外部审计监督机制

外部审计监督又称为社会中介机构监督，是通过国家的授权，经国家批准的会计事务所、审计事务所和资产评估所等社会中介机构，对使用农业财政投资资金或实施农业财政投资项目的企业单位财务报告的可靠性进行评估和审查。通过对被审查对象的会计凭证、会计报表和预决算是否一致等情况的审查，监督和评估有关单位经济行为是否合法，会计信息是否真实、可靠、完整，并作出资金跟踪报告，向委托其进行监督检查的财政部门汇报。在中国农业财政投资的监督保障体系中，外部审计监督可作为补充体系，汇聚社会公众的监督力量，促进农业投入资金的有效管理和使用。

第五节　完善中国政府农业投入体制和机制的政策建议

一、建立适合中国国情的农业投入新模式

（一）强化政府农业投入的引导作用

市场经济条件下，由于社会财富占有主体多元化，农户与农业企业依然是农业投入中最重要的经济主体。在目前农户与社会农业投入不足的背景下，政府应通过提供各种必要的制度与政策，逐步形成以国家

财政性投入为导向、金融优惠、农业保险、贸易保护相结合;以直接投资、补助、贴息、地方政府配套投入等各种方式相结合;以农户与社会经济组织投入为主体、个人积极筹资投劳,以资本市场与外资为补充;国家诱导、市场自发、引导农民自主投入,各类投资主体共同参与的多渠道、多元化、完整的农业投入体系。另一方面,为了增强财政农业投资对其他主体的诱导功能,应围绕降低农业投资风险、提高农业经营预期净收益与打通外围资本和农业对接平台做足文章。

(二)探索有效的农业政策性金融支持方式

农业投入模式创新主要通过政策性金融方式,可采取以下措施:一是建立信贷农业投入利益补偿机制。金融机构农业信贷投入的获利空间小、时间长、成本高。国家在鼓励金融机构增加信贷支农投入的同时,要出台相关的优惠政策。对于国家重点扶持的农业投入,由国家核定信贷额度,规定基准利率,对于实际利率与成本利率的差额可由国家进行补贴。要进一步深化农村金融体制改革。农业银行、农村金融合作组织继续坚持为农业、农村和农民服务的主导方向。二是建立金融机构对农村社区服务机制,明确邮政储蓄等各种限于金融机构为"三农"服务的义务,在不同程度上承担当地放贷业务。创新金融产品和服务,不断拓宽信贷资金支农渠道。三是农业信贷投入机制要转变观念,优化信贷方向,向农村高层次的商品经济、农业产业化龙头企业、现代高科技农业和有产业支撑的农村小城镇建设倾斜。因地制宜、方式多样化地开展农业信贷扶贫工作。发挥货币政策作用,鼓励和引导金融机构加大农业信贷投入。建立农村信用担保体系。政策性担保机构与商业性信用担保公司互为补充,积极为农村中小企业提供融资担保,并与银行相结合,规避风险,扩大担保范围。

(三)拓宽财政农业投入资金来源

仅就财政农业投资资金而言,可考虑设立专项农业生产与建设基金,专款专用保证重大农业投资项目的资金需求。运用国家的稳定信用,尝试发行专项国债或进行政府贴息贷款,从而有效积聚社会闲散资金投入农业生产活动,大胆运用国外政府、国际金融组织或民间团体资金,或积极引导其他资本形式如金融资本、工商业资本等进入农业产业体系。

（四）加大财政支农资金整合力度

要强化财政支农资金的整合,一个首要前提是理顺各相关部门之间的职责关系。要明确投资管理部门、财政管理部门、农业行业管理部门以及其他涉农部门在涉农投资管理上的职责分工。发展和改革部门主要负责政府投资宏观管理,衔接行业间发展建设规划,提出政府年度投资总规模、结构和资金来源,编制年度财政性建设资金安排方案并报同级人民政府审批后组织实施,按照权限审批重大政府投资建设项目。农业部门主要是依据法律法规拟定行业发展规划和专项建设规划并监督实施。按规定权限承办农业投资项目建议书、可行性报告以及初步设计审批,负责农业固定资产投资计划管理以及农业固定资产投资财务管理工作,负责农业建设项目建设管理、竣工验收、后期评价工作。财政部门主要按照固定资产投资计划办理各级投资项目的财政拨款,拟定基本建设财务管理制度,对投资项目的财政拨款使用效益进行分析、评价,其他部门按照各自的职责范围管理好各自的资金项目。

（五）改进财政涉农预算分配管理效率

要改革财政涉农预算分配管理方式:

一是要统一预算内与预算外资金,科学划分财政涉农预算科目,把人员机构经费与建设发展支出严格分开。

二是要建立并完善"三农"投入的信息系统。本着财政管理科学化、精细化的要求,通过"金财工程"建设等为"三农"资金预算管理提供强大的技术保障;加强"三农"资金信息平台建设,加强"三农"资金信息系统与其他政府信息系统的有效衔接,为政府农业投入决策提供强大智力支持,实现农业预算资金管理的安全、可靠、高效。

三是要做好支农预算的综合平衡。紧密本地经济社会发展实际和财力现状,按照目标明确、重点突出、优化配置的原则,确定财政农业投入的适度规模和合理结构,把涉及三农的所有政府收入以及所有政府支出进行科学分类,实现支农预算的综合预算平衡。

二、完善农业公共投入决策机制

(一)建立支农投入需求的意愿表达机制

首先,为了使财政农业投入决策更能反映实际需求,广泛地表达各方面和各层次的意见,提高决策的科学性,应当按照自上而下和自下而上相结合的原则建立调查研究制度,将政府主导与基层广泛参与有机结合。一方面,高层政府更具有全局观念和长远观念,了解发展大势,在制定投入决策时可以扬长避短,协调配合。另一方面,各地发展不平衡,影响农业发展的制约因素各不相同,基层政府熟悉当地实际情况,了解民意,在项目选择上比高层政府更有优势。因此,根据各级政府的优势特点,采取上下结合的决策模式,更有利于决策的科学化和民主化。如在制定资金分配计划环节,各省级政府可以先征集各基层政府的支农投资计划,进行统计、汇总,然后依据不同地区的财政支农资金供给和农业发展需求之间关系,在各地区间进行综合平衡分配。

其次,理顺农民参与农业投入决策的渠道。有必要对公众尤其农民的需求进行调查、筛选。通过制订《政府信息公开法》、完善社会民意调查体系、提高听证会质量,逐步建立规范的人民群众广泛参与决策的机制,使广大农民能够便捷地利用电台、电视台、报纸杂志等新闻媒体和电子政务平台,广泛开展政策评论并提供合理化建议,确保决策结果真正体现民情、反映民意、集中民智、珍惜民力,从而提高公共选择的民主化水平。

(二)建立决策部门联席会议制度

在财政支农资金归属多部门管理的体制下,可充分利用部门联席会议制度这个平台,将分散决策和集中决策有机结合。即由各部门联合决策,协调各预算部门之间的利益关系,形成全省一盘棋,使各部门的投入目标趋于收敛并最终达成一致,与各省确定的支农政策相匹配,从而实现全省财政农业投入效用最大化目标。在具体运作中,进一步将现行的以政府为主导的决策方式逐步转变为"集中与分散相结合"、"上与下相结合"的决策方式,如将省级财政部门与农口职能部门有机结合。其中,财政部门是省级财政资金的归口管理部门,承担了资金预算和支付的职能,在资金分配上代表政府的意愿。各部门按照职责分工,主动研究本省的农业发展的有关问题,积极参加联席会议,并互通信息、相互配合、相互支持、形成合力、集体决策,科学认真落实联席会议布置的工作任务,充分发挥联席会议的作用。

（三）建立并启用项目库规划制度

首先,项目库实行统一规划,分别管理。即:由财政部门设计统一规划,制定统一的项目申请文本;由部门和各级地方政府设立本部门和本级政府的项目库,并按重要性进行排序;由计划部门结合财政农业预算计划,按照逐级申报的原则确定支农项目。

其次,经过科学评估论证且合乎规定的项目才可进入项目库。财政部门在综合考虑财力状况、项目预期目标等因素的前提下,本着科学、审慎、负责的态度,组织专家按照区域发展规划重点,对拟申报项目进行可行性论证,选择可推广的优势项目组建项目库,合理安排项目库的规模和区域布局,保证项目库的完整性和可操作性。同时,为确保专家论证的科学性和可行性,应当选拔相关领域的专业技术人员组建专家库,根据专家的论证水平和论证结果,对其进行优胜劣汰,定期更新,使专家库中的成员既能保证工作热情,又能保证论证的严谨性和科学性。

最后,对项目库进行滚动管理。为提高实效性,各部门、各级政府应按轻重缓急制定项目三年滚动规划,并根据实际情况适时更新,对未列入三年滚动规划的农业项目不予申报,不予拨付资金。

（四）明确支农资金投入计划的基本原则

制定财政农业投入计划时,必须遵循如下原则:一是公共性原则。市场经济下,政府主要是弥补市场失灵,提供公共物品,满足公共需要,尤其是在农村教育、公共卫生、农村基础设施建设、农业科研服务等方面,政府应以无偿性资金支持为主。二是产业导向原则。财政资金主要投入到符合农业产业结构调整方向、代表农业产业发展前景的农业项目,向优势产业和强势产业倾斜,促进农业产业结构的优化和升级。三是效益优先原则。财政支出应追求综合效益(经济效益、生态效益和社会效益)的最大化,但在三者发生矛盾时,应首先考虑社会效益和生态效益。在制定财政农业投入计划时,应科学、审慎地选择备选方案。在综合考虑项目内外环境的积极因素和不利影响的前提下,参照项目建设的目标要求,拟定多个备选方案,交由专家小组,选择使用成本—效益分析法、最低成本法等方法,对备选方案进行评估、排序,最终由决策者集体讨论,确定最终的行动方案。

三、加强政府农业投入绩效评价

(一)加强农业投入绩效评价框架体系建设

增强农业投入绩效评价,是完善改革财政体系的重要举措,是提高公共农业投入效率的必然要求。财政部制定并下发了《财政支出绩效评价管理暂行办法》。绩效评价框架体系以绩效目标的设立为逻辑起点,中间依次为绩效指标、评价标准和方法、组织管理、工作程序、绩效报告和绩效评价报告,到绩效评价结果运用于预算管理结束。主要的绩效评价方法有成本—效益分析法、比较法、因素分析法、最低成本法、公众评判法等。

推行政府农业投入绩效评价还应该引入相关的奖惩机制。缺乏相应的奖惩机制使得目前所实施的绩效评价大多流于形式,即使评价结果不好,对代理方也不会引起什么严重的后果,除非是出现严重的挪用挤占行为。因此,要充分发挥绩效评价的约束力,引入相应的奖惩机制是十分必要的,这样才能更好地增强绩效评价力度。

我们要在明确项目责任主体、科学制定预算、规范预算执行等基础上才能有效实施绩效评价。只有各方面的配套环节做好了,才能保证绩效评价能切实发挥事后监督的作用,保证评价的公平、独立。

这些体系在建设中仍然会遇到这样或那样的问题,需要我们在实践中不断探索归纳总结,不断完善现有的绩效评价体系,包括对各类资金的绩效评价指标分类的依据、指标权重的设定标准、专家库的建设管理、绩效评价信息系统建设、动态跟踪全过程评价、结果运用等,所有这些都是为了与以后的绩效预算制度推行奠定基础。未来的农业投入绩效预算将有助于实现政府支农投入资金管理的科学化精细化。

(二)明确农业投入绩效评价的基本原则

一是全面性与特殊性相结合原则。投入对象的广泛性、差异性决定了其绩效的表现具有多样性特征,如经济效益和社会效益、短期效益和长期效益、直接效益和间接效益、整体效益和局部效益等。要对各项投入进行客观、公正的评价,就必须对上述因素进行全面衡量,从诸种效益的相互结合中得出能达到社会福利最大化的综合绩效评价结果。同时,由于不同类别的投入具有特定的功能,所追求的效益也有其侧重,因此,评价时在全面衡量各种效益的基础上,也要充分考虑不同类别投入所产生的效益的特殊性。

二是统一性和差别性相结合原则。从西方国家的实践经验看,对财政支出绩效的评价可以采取多种方法,常用的有前后对比法、有无对比法、逻辑框架法等。但无论何种方法,都有标准、指标、程序和分析框架。结合中国的实际情况,建立财政支出绩效评价体系必须设计一套统一的原则、制度、标准和程序,以此作为开展评价工作的基本规范,否则,评价结果的准确性将失去衡量的依据,评价的程序和质量也会失去控制。但考虑到财政支出绩效表现形式的多样性,对不同类别财政支出的评价,可以在统一规范的平台上,充分考虑其差别性,结合各自的功能特性,选择相应的指标和标准来进行。

三是定量和定性相结合原则。定量计算是通过选择一系列的数量指标,按照统一的计算方法和标准,评定财政支出的效益状况定性分析是评价者运用其自身的知识,参照有关标准,对评价对象作出的主观评判。在实际评价过程中,支出执行的结果有的可以直接用定量化的指标和标准来计算衡量,如经济效益状况;有的则不能用定量指标、标准来计算衡量,如公众的满意度。单纯使用定量或定性的方法进行支出绩效评价,势必会影响评价结果的客观性、公正性,如一些对国民经济和社会发展具有重大推动作用的支出由于投资数额大,时间和运行周期长,绩效的发挥具有明显的滞后性。有的支出项目直接经济效益不明显,但外溢效益显著,如果仅用定量指标和标准来衡量,显然不能反映支出绩效的真实情况。所以,在进行评价时,定量计算和定性分析的有机结合非常重要。

(三)推广支农项目管理的平衡计分卡技术

为了减小绩效评价成本,减轻地方财政压力,可以考虑采用平衡计分卡方法对一些重要的农业投入项目进行绩效评价与管理。平衡计分卡技术强调"将战略传播到组织的各个部分,使部门和个人目标与组织战略保持一致,同时能够定期地对战略进行系统性评估,以及提供反馈以促进战略学习和改进过程"。这一思想对于目前财政支农项目运作中各相关部门条块分割、各自为政,部门利益最大化而忽略项目整体的核心竞争力有很强的借鉴和指导意义。按照平衡计分卡的财务、顾客、内部、学习与成长等四个指标维度来设计评价指标,借鉴现代企业管理中委托—代理理论的绩效评价理念,对支农资金进行有效的事后监督,以此来提高项目各代理方的"绩效责任",从而提高财政支农项目的综合效益。

四、加强农业投入的法制建设和制度保障

(一)农业投入立法

首先,合理划分政府事权与财权。从宪法基本思想来看,中央和地方的事权划分总体上遵循"中央统一领导、地方分级管理"的原则,对于各级政府的事权和支出责任应该"依照法律规定的权限"进行具体划分,也就是在大原则确定的情况下,需要由相关法律来进一步细化政府间的事权分工。而事实上,中国在基本法律层面目前还缺乏统一明确的划分。各级政府部门以及不同政府部门之间事权划分不清,会造成多头领导,或部门间相互推诿责任的局面,导致政府行政效率低下。应通过法律的形式清楚划分事权,提高政府对农业投入的效率。让法律成为有效调节中央与地方政府农业投资行为关系的基本规范,合理划分各级政府财政农业投资的"财权"、"事权",用法律规范的强制性保证财政农业投资的连续性、稳定性。授权地方性法规在不低于一定额度的范围内,具体确定省级以下地方政府财政预算支出科目中农业投入的具体比例、相关地方性农业基金的筹集渠道(如耕地占用税、乡镇企业相关税收等地方性税收的留存)和额度(或比例)。

其次,激励地方政府增加投入。财政农业投资法律法规体系在调节各地方财政农业投资行为时应体现经济性、间接性和多层次性要求,法律法规的实施及监督虽体现了强制性特征,但毕竟调节的对象不同

于一般的微观经济主体,地方政府的"讨价还价"能力更远远强于企业或家庭,更何况许多法律法规的实际执行还有赖于各级地方政府。因此科学财政农业投资机制应充分尊重地方政府的合理利益要求,在使用法律法规强制性特征的同时,给予各级地方政府更多的选择性激励,最大限度谋求中央与地方政府在财政农业投资行为上的内在动力的一致性。

再次,提高决策科学性。通过法律的形式规范政府农业投入决策机制。确保政府农业投入的决策过程合法合规,避免农业投入过程中出现的方向性错误,从而保证政府农业投入投向正确。

最后,明确政府投资引导的多元化农业投入模式。确立多元化农业投资主体结构,明确各级政府农业投资、社会(农户、农村集体经济组织、社会组织)农业投资、外商农业投资的具体权利和义务,充分发挥政府融资的积极引导作用,实行"谁投资,谁受益,谁承担风险"原则,拓展融资渠道;明确政府与社会在农业投资的公益性投资、基础性投资和竞争性投资三大投资领域的投资范围和分工,规范投资行为和界定投资责任。

(二)相关配套法律体系建设

政府投资立法体系建设的主要任务包括:(1)制定修改《预算法》以明确中央与地方的事权分配原则和标准,以及与事权相应的各级政府的财权分配原则和标准,重点解决县乡政府事权过多而财权不足问题;合理确定财政支农范围和目标、财政支农的分类、财政支农资金的整合、财政支农的责任主体、财政支农的方式,强化支农资金监管制度,建立支农资金的绩效评价体系;提高财政支农预算的权威性、科学性和公共性。(2)通过制定《财政补贴法》整合涉农政府机构,明确各部门之间的财政补贴权限,规范财政补贴的目标、分类、原则、方式和监管办法,根据WTO的规则调整优化财政补贴结构,加大对农补贴力度,严格补贴资金监督管理,提高补贴资金的使用效率。(3)通过制定《财政监督法》,对国家财政活动各方面和各环节的监督、检查,规定对于财政活动中截留、挪用、挤占支农资金等违法行为的法律责任和法律制裁,解决财政部门缺失执法权所导致的对部门资金监管不力的现状。

（4）我们还需要制定《农村合作金融法》、《农业保险法》和《社会融资法》等配套法律，明确政府在农村金融、农业保险等方面所应承担的职责范围、支持的方式、监管责任等事项，合理界定政府投资范围、投资方式，发挥政府投资对社会投资的引导作用。同时，政府应加大对农业招商引资的政策性支持，制定更加宽松的投资政策，改善农业投资环境，允许各类市场主体积极参与并保证其正当利益，通过法律保证各类资金在农业发展中的长期稳定投入。

（三）推动地方农业投入法制建设

由于中国各地发展不平衡，农业投入也不平衡，区域间差别非常明显，各省市政府可以在授权范围内根据当地的具体情形设计涉农投入的规定和实施办法。具体的内容有根据上位阶的法律法规制定相关的具体执行法规和规章，在不违反相关法律法规的情况下，制定与全国性立法相对应的地方性综合或专门的农业投资立法，包括本地区农业投入、农业补贴、农业保险、农村合作金融等具体法律法规。

（王向阳）

第七章　适应气候变化的中国农业投入政策

第一节　引　言

全球气候变化是目前人类社会面临的最大挑战之一。由于人类在短期内难以摆脱对传统化石能源的依赖,气候变化的趋势在短期内也就难以得到有效遏制。根据《哥本哈根协议》,全球温度上升幅度要控制在不高于工业革命前 2℃ 以内。根据 Meinshausen, et al(2009),如果超过 2℃ 的概率为 10%—42%,则 2010—2050 年全球只能够再排放 750 Gt CO_2—e。按照目前全球超过 30 Gt CO_2—e 的年排放量,未来全球的排放空间只够排放 25 年左右。应对气候变化的基本途径,一是通过减少温室气体排放遏制气候变化发生,二是通过适应气候变化措施减少气候变化的负面冲击。由于全球气候变化已经是一个难以改变的事实,今后无论如何减排,都只能减缓气候变化的速率,并最终将温度控制在一个目标温度上。这意味着,适应气候变化将在应对气候变化行动中扮演越来越重要的角色。

农业部门是受气候变化影响最大的部门。对于发展中国家而言,气候变化对农业的影响更加严重,因为这些国家的农业,无论是在产值中还是在就业中的比重都很大。2011 年,中国农业增加值仅占其 GDP 的份额 10%,但农业劳动力的比重却高达 34.8%,农业人口占全国人口的比重则高达 48.73%。在中国目前仍然处于较低经济发展水平阶段,以及城乡差别仍然较大的条件下,农民更是缺乏通过增加投入来提高适应气候变化的能力。增加农业公共投资以提高农业适应气候变化的能力,是中国保障粮食安全和应对气候变化所要面对的一项紧迫而重大的课题。这就需要对农业适应气候变化的额外投资需求进行估算。

气候变化通过温度、降水、极端天气等因素影响农业。从近年来频繁发生的气候灾害中可以看出气候变化因素对于制订农业投资政策的重要性。比如,2009 年秋天,中国的广西、贵州、云南、重庆和四川这些通常雨水充沛的地区,遭遇到百年不遇的旱灾,受灾人口达 6000 万,受灾农田达 500 万公顷,其中 110 万公顷颗粒无收,直接经济损失达 35 亿美元。2011 年初夏的长江中下游干旱,则导致鄱阳湖、洞庭湖、洪湖等大型湖泊出现枯水。显然,如果有良好的农业基础设施,农业就可以尽可能地摆脱"靠天吃饭"的局面,气候变化对农业的影响就可以降到最低。可见,适应气候变化的农业投资,对于中国粮食安全和应对气候变化有着重要作用。

目前,关于气候变化条件下中国农业投资政策的研究,主要有两大方面需要进行改进:第一,虽然气候变化早已成为一个普遍的事实,但由于过去对此没有充分重视,现有农业投资政策很少考虑气候变化因素,因此,中国农业投资政策的制订,需要充分考虑日益增强的气候变化因素对农业的影响,在农业投资的投资规模、结构,以及投入方式等方面,均需要进行相应的调整。第二,就气候变化如何影响农业而言,目前的研究还存在一些不足,未能充分揭示气候变化对农业的影响,这使得中国农业投资政策的制订缺乏足够的依据。本课题的研究旨在克服这两方面的不足,为中国农业投资政策如何更好地适应气候变化提供政策建议。

第二节　中国气候变化情况

根据《中国应对气候变化国家方案》,在全球变暖的大背景下,近 100 年来中国的气候发生了明显变化,中国未来的气候变暖趋势将进一步加剧。

第一,近 100 年来,中国年平均气温升高了 0.5℃—0.8℃,略高于同期全球增温平均值,近50年来变暖尤其明显。从地域分布看,西北、华北和东北地区气候变暖明显,长江以南地区变暖趋势则不太显著;从季节分布看,冬季增温最明显。从1986年到2005年,中国连续出现了20个全国性暖冬。

第二,近100年来,中国年均降水量变化趋势不显著,但区域降水变化波动较大。中国年平均降水量,在20世纪50年代以后开始逐渐减少,平均每10年减少2.9毫米,但1991年到2000年略有增加。从地域分布看,华北大部分地区、西北东部和东北地区降水量明显减少,平均每10年减少20—40毫米。其中,华北地区最为明显;华南与西南地区降水明显增加,平均每10年增加20—60毫米。

第三,近50年来,中国主要极端天气与气候事件的频率和强度出现明显变化。华北和东北地区干旱状况加重,长江中下游地区和东南地区洪涝灾害增多。1990年以来,多数年份全国年降水量均高于常年,出现南涝北旱的气候,干旱和洪水灾害频繁发生。

此外,近50年来,中国沿海海平面年平均上升速率为2.5毫米,略高于全球平均水平。中国山地冰川快速融化,并有加速趋势。

中国未来的气候变暖趋势将进一步加剧。中国科学家的预测结果表明:一是与2000年相比,2020年中国年平均气温将升高1.3℃—2.1℃,2050年将升高2.3℃—3.3℃。全国温度升高的幅度由南向北递增,西北和东北地区温度上升明显。预测到2030年,西北地区气温可能上升1.9℃—2.3℃,西南地区可能上升1.6℃—2.0℃,青藏高原可能上升2.2℃—2.6℃。二是未来50年中国年平均降水量将呈增加趋势,预计到2020年,全国年平均降水量将增加2%—3%,到2050年可能增加5%—7%,其中东南沿海增幅最大。三是未来100年中国境内的极端天气与气候事件发生的频率可能性增大,将对经济社会发展和人们的生活产生很大影响。四是中国干旱地区范围可能扩大、荒漠化可能加重。五是中国沿海海平面仍将继续上升。六是青藏高原和天山冰川将加速融化,一些小型冰川将消失。

第三节　气候变化如何影响中国农业

虽然关于中国气候变化的情况和未来发展趋势较少存在争议,但对气候变化如何影响中国农业,不同的研究结果则存在较大差异。目前,国内关于气候变化如何影响农业的研究,从学科分类上看,主要包括自然科学家和经济学家;从研究方法上看,主要分为是否考虑适应气候变化的因素,以及是采用局部均衡还是一般均衡的分析视角。由于学科特点的不同,自然科学家和经济学家的研究方法有较大区别。自然科学家的研究通常采用作物模拟模型,不太考虑农民适应气候变化的因素,而经济学家由于研究人的行为,考虑了农民适应气候变化的因素。这两种方法研究得出的结论有较大区别。一般来说,如果考虑适应气候变化行为,则气候变化对农业的影响要小得多,在一些情况下甚至对一些地区有正面的影响;如果不考虑适应气候变化的因素,则气候变化对农业往往有负面影响。但是,目前的这些研究,都没有充分考虑气候变化导致的极端天气增加对农业的影响。下面分两个部分,分别报告本项研究开展之前关于气候变化如何影响中国农业的相关研究及结论,以及本项研究的一些新结论。

一、已有的研究方法和主要结论

(一)基于作物模拟模型的研究结论

目前,国内研究气候变化对中国农业影响的研究,采取的主要研究方法是作物模拟模型(crop simulation model)。也就是说,假定同样一个地方在气候变化前后均种植同样的作物,当气候条件发生变化时,这些变化会通过作物机理影响产量。因此,通过实验模拟作物对气候变化的作用机理后,再将预测的未来气候变化条件输入作物模拟模型,就可以知道气候变化如何影响作物产量。这方面的代表性研究,主要包括林而达(1997,2001,2007)、姚凤梅等(2005)、金之庆等(1997)、熊伟(2009)。他们的研究成果,反映在《气候变化国家评估报告》,以及中英联合项目"气候变化与中国农业"。

在《气候变化国家评估报告》中,他们得出如下主要结论:"中国已经观测到气候变化对农业生产的不利影响,如农业生产的不稳定性增加,局部干旱高温危害加重,春季霜冻的危害因气候变暖发育期提前而加大,气象灾害造成的农牧业损失加大。但适应增温使东北地区小麦种植北界明显北移,西延,玉米晚熟品种种植面积不断扩大。未来气候变化对农业的影响以负面为主,农业生产布局和结构将出现变动,农业生产条件将发生变化,农业成本和投资需求将大幅度增加。如果不采取适应措施,到 2030 年,中国种植业生产能力在总体上可能会因气候变暖的原因下降 5%—10%左右,其中小麦、水稻和玉米三大作物均有可能减产。2050 年后受到的冲击会更大。"

在中英联合项目(2001—2008)中,他们应用英国 Hadley 中心的区域气候情景 PRECIS(Providing REgional Climate for Impacts Studies) 模型模拟中国气候变化情景,在此基础上进行作物模拟,并进一步考虑技术进步因素。在没有技术进步的条件下,且不考虑 CO_2 肥效的条件下,未来粮食产量总体上会出现较大幅度下降。但是,如果考虑技术进步和 CO_2 肥效作用,则总的粮食产量会出现增长。主要的研究结论归纳为下图。

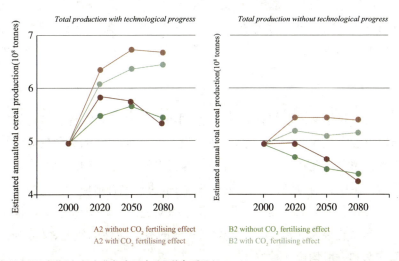

资料来源:中英"气候变化与中国农业"联合项目(http://www.china-climate-adapt.org)

(二)气候变暖对种植制度的影响

自然科学家采取的另外一条研究线索,则是考虑气候变暖如何影响种植制度北界变化,进而对农业产生影响。同作物模拟模型的研究方法不同,同样一个地块种植的作物,可能会因气候变化而发生改变。气候变暖使得中国种植制度北界产生明显变化,这种变化进而对粮食产量产生十分正面的影响。

第一,与目前常用的中国种植制度气候区划结果(1951—1980年)相比,1981以来由于气候变暖,在陕西省、山西省、河北省、北京市和辽宁省,一年两熟种植北界明显向北移动;在湖南省、湖北省、安徽省、江苏省和浙江省一年三熟种植北界向北空间位移明显。在不考虑品种变化、社会经济等方面因素的前提下,各省的种植制度由一年一熟改变为一年二熟,粮食单产平均可增加54%—106%;由一年二熟变成一年三熟,粮食单产平均可增加27%—58%。

第二,与1951—1980年相比,1981—2007年辽宁省、河北省、山西省、陕西省、内蒙古、宁夏、甘肃省和青海省冬小麦的种植北界不同程度北移西扩。以河北省为例,冬小麦种植界限的北移,可使界限变化区域的小麦单产平均增加约25%。

第三,浙江省、安徽省、湖北省和湖南省双季稻的种植界限平均向北移动47公里、34公里和60公里。单从热量资源的角度出发,种植界限的变动将会使浙江省、安徽省、湖北省和湖南省粮食单产分别增加13.8%、12.2%、1.8%及29.9%。

(三)考虑适应条件的经济学分析

自然科学家采取的有适应行为,同经济学家采取的有适应行为的研究方法有很大的区别。比如,在杨晓光等人的研究中,如果气候变化导致种植北界北移,则农民的种植行为就自然会发生变化。但是,在经济学家眼中,这种适应行为是否会发生,取决于这种适应行为是否会给农民带来收入上的增加。因此,经济学家对适应气候变化的研究,同自然科学家有很大的不同。经济学家采取的有适应性的研究,又分为局部均衡和一般均衡两种方法。

Mendelsohn,Nordhaus and Shaw(1994,以下简称MNS模型)将适应

气候变化行为引入经济学分析,对于气候变化与农业的研究作出了突出贡献。他们用一个决策模型来模拟农民的决策行为,即模型假定各种粮食价格不变,在气候变化条件下,农民的决策行为就是选择种植不同种类的作物,以便将自身收入最大化。这样,在气候变化条件下,就会得出农民收入与农业产量的变化结果。该模型是目前国际上研究有适应条件下气候变化对农业影响的主要方法,被广泛应用于评估气候变化对各国农业影响的研究中。[①] 虽然 MNS 模型考虑对气候变化的适应行为是一个大的进步,但它却没有完全准确地刻画适应行为。该模型只是一个决策模型而不是一个一般均衡模型,由于农民收入、农业产量和价格之间有着复杂的交互作用,这种决策模型得出的结论往往不可靠。这种误导性不仅可能会反映在程度上的偏差,而且有可能产生方向性的误导(比如负的影响被预测成正的影响)。实际上,由于价格会因产量变化而变化,产量上升并不意味着农户收益会上升,而产量下降也并不意味着农户收益会下降。因此,如果考虑价格的变动情况,MNS 模型中关于农产品产量与价格变化的关系就会比其决策模型所预见的要复杂得多。这意味着,这种广为流行的研究方法其实存在着很大欠缺。我们需要发展一个基于一般均衡的农业适应气候变化模型。

(四)农业适应气候变化的投资需求研究及其存在的问题

在本项研究之前,对农业适应气候变化的投资需求进行的估算,主要针对全球适应气候变化成本,没有专门针对中国农业适应气候变化的系统的估算。目前对于全球适应气候变化成本的估算,主要包括世界银行(World Bank,2006)、乐施会(Oxfam,2007)、联合国开发计划署(UNDP,2007),以及《斯特恩气候报告》(Stern,2006)。根据 Parry

---

① 包括美国、巴西、斯里兰卡、南美洲、印度、非洲、以色列等国家和地区,比如,Mendelsohn and Dinar 1999;2003;Seo and Mendelsohn 2007;Mendelsohn and Dinar 1999;Kurukulasuirya et al 2006;Seo and Mendelsohn 2007;Fleischer et al. 2007;Mendelsohn and Dinar 2003;Kurukulasuriya and Mendelsohn 2006;Mendelsohn and Seo 2007;Mendelsohn and Dinar 2003 and Fleisher and Mendelsohn 2007,Seo et al. 2005;等等。MNS 模型方法在近年也被用于气候变化对中国农业的影响研究,比如,Wang,Mendelsohn et al(2008a);Wang,Mendelsohn et al(2008b)。

et al（2009）和 Agrawala and Fankhauser（2008）的归纳比较,世界银行（2006）估算的2010—2015年间发展中国家适应气候变化的成本为每年90亿—410亿美元,乐施会（Oxfam,2007）估算为每年500亿美元,斯特恩（Stern,2006）估算为40亿—370亿美元,UNDP（20007）估算为860亿—1090亿美元。

这些研究的结果基本接近,看起来似乎令人信服。但是,事实并非完全如此。第一,这些研究并非是由不同研究者独立做出的不同研究。目前这些研究,其实都是基于世界银行2006年发展起来的同样的估算方法,即认定一个国家当前投资中有一部分投资对气候敏感,从而根据这部分投资大小设定一个系数（mark-up）,据此计算出"消除气候变化影响"的投资。第二,这些研究都是采用"自上而下"的方法估算,缺乏坚实的实证基础。

UNFCCC 委托进行过6项研究,估算在 IPCC 报告设定的 SRES A1B 和 B1 情景下2030年不同部门适应气候变化成本。McCarl（2007）是 UNFCCC 报告之一,专门估算全球农业部门适应气候变化的成本。全球农业部门2030年在没有减缓和有减缓情景下因气候变化需要的额外投资分别为126亿美元和113亿美元（按2000年美元汇率计）。至于为什么将气候敏感系数分别设定为10%和2%,作者在背景论文中指出,由于构建这些系数的基础较为有限,该假定存在不确定和臆测性。在 UNFCCC 的报告中,对这一系数则没有进行解释。这种估算方法存在的最大问题是,发展中国家由于发展水平所限,当前的投资不仅规模很低,而且增长率也不高,故而按该系数估算而得的未来适应气候变化的投资需求就不合适,会大大低估发展中国家适应气候变化的投资需求。Burton（2004）将这种情况称为"适应赤字"（adaptation deficit）。在发展中国家,适应气候变化存在的最大问题是发展不足（underdevelopment）,而不仅仅是像发达国家一样,只是在现有投资基础上,简单地增加一个气候敏感的额外投资。同样的气候变化,对发展中国家的冲击要远远大于发达国家。如果不充分考虑发展中国家的"适应赤字",简单地根据气候敏感系数估算的投资需求,并不足以避免气候变化带来的严重损失。因此,McCarl（2007）的方法会大大低估发展中国家的适应成本。同时,由于投资额巨大,气候敏感系数的不同设定(比如,设为 2% 或 3%)对结果也有很大的改变。除此之外,McCarl(2007)这种"自上而下"的估算方法还缺乏坚实的经验数据支撑。

二、气候变化如何影响中国农业:新的研究结论

由于现有研究在方法上存在各自的缺点和不足,尽可能地为制定中国农业投资政策提供更充足的依据,我们需要采用一些互补的研究方法,充分揭示气候变化对中国农业的影响。为此,本课题采用新的研究方法,评估气候变化对农业产量及对农产品流通的影响,并对中国农业适应气候变化额外投资需求进行估算,得出如下基本结论。

第一,气候变化对中国农业产量的总体影响较小,但对不同地区和不同作物的影响则有较大的不同。比如,由于农民的自发适应行为,水稻的种植将减少,气候变化对水稻产量将有明显的负面影响。但是,对玉米和大豆产量将会产生正面影响,对小麦产量的影响则相对较小。就地区而言,气候变化对华北地区及华中地区粮食产量有正面影响,但对华东地区、西南地区及东北地区粮食产量则会产生负面影响。

第二,气候变化对不同作物、不同地区的不同影响,会最终反映到地区农产品贸易上,进而会潜在地影响中国的粮食安全。因此,为应对粮食安全问题,中国不仅应关注粮食的生产问题,也应关注粮食的流通问题,及早做好应对准备。粮食的流通、调运系统需要适应气候变化的要求。

第三,由于较充分考虑了适应气候变化因素,同其他研究方法的结论相比,我们的研究结论中,气候变化对农业的冲击相对较小。比如,《气候变化国家评估报告》中引用的基于作物模拟模型的研究结论认为:"到 2030 年,中国种植业生产能力在总体上因气候变暖可能会下降5%—10% 左右"。我们的研究结论则相对乐观,在现有的适应措施下,"2030 年的粮食总产量将由于气候变化下降 0.31%—2.69%"。如果中国今后能够进一步地提高适应能力,气候变化对农业的总体影响会得到有效缓解。

第四,增加农业投资是提高适应气候变化能力的重要途径,中国适应气候变化的投资需求在可承受的范围之内。如果以日本等农业发达国家的农业基础设施为参照,则2011—2030年中国累计适应气候变化所需的额外投资为3000亿元左右,平均每年增加150亿元左右。由于气候变化对于农民而言是一种额外负担,适应气候变化的成本主要应由政府公共投资来承担。对于中国目前的财力而言,这种投资并非不可承受。

下面对这些结论及其背后的方法进行具体说明。

(一)气候变化如何影响中国农业产量

由于农民的净收益实际上是价格、产量之间复杂交互变动的结果,并不是像MNS模型描述的那样,净收益完全同产量成等比正相关,因而同MNS模型使用每公顷农作物净收益作为被解释变量不同,本课题使用农村住户农作物产量作为被解释变量,应用传统生产函数直接研究气候变量对不同地区不同粮食作物产出的影响。在本课题的研究中,农民适应气候变化的行为,自动反映在对历史数据的回归函数中。我们用该回归函数和未来气候变化数据,进一步地模拟未来不同气候变化情景对农业产量的影响。因此,这个预测结果包含了农民已有的适应气候变化的行为。我们的结果意味着,在不采取新的适应气候变化措施以及其他条件不变的情况下,气候变化这一单一变化因素如何影响中国的农业。

我们所使用的是2003年、2005年、2008年中国农村住户调查数据,每年涵盖9000户农村住户信息。根据中国国家统计局的数据显示,中国的四大粮食作物(小麦、水稻、玉米、大豆)占全国粮食总产量的93%,本研究选定这4种粮食作物分析气候变化对粮食产出的影响。

研究结果显示,气候变化对不同粮食作物的影响存在显著的地区差异。总体而言,在不同的气候变化模拟方案下,气候变化将会导致中国粮食总产量减少,但对不同地区和不同作物的影响则各不相同。2030年的粮食总产量将由于气候变化下降0.31%—2.69%,2050年下降1.93%—3.07%。但是,气候变化对不同地区不同的粮食作物影响不同。

——对不同作物产量的影响。(1)如果不采取新的适应行动,气候变化对水稻产量将有明显的负面影响。在不同的气候变化条件下,乐观的估计结果是 2030 年和 2050 年中国稻谷产量将分别下降 15.62%和 25.95%,比较悲观的估计结果是 2030 年和 2050 年中国稻谷产量将分别下降 24.26%和 45.09%。要特别说明的是,在方法论上,这一研究结论有严格的限定条件,不能简单地将这一研究结论等同于现实,从而产生误读。我们应该如何准确地把握这一结论背后的政策含义呢? 第一,在有适应条件下,水稻产量的下降并不是由于水稻单产降低,很大程度上是由于农民会像过去一样,为适应气候变化而主动调整种植结构的结果。如果政府有预见性地采取新的有针对性的增加水稻产量的适应气候变化行为(比如,增加投资以鼓励水稻种植、引入适应气候变化的新水稻品种、加强农民培训等等),则气候变化对水稻产量的影响效果将会被有效地对冲。进一步地,如果未来水稻产量因为气候变化影响而出现明显下降,产量、价格、适应行为、政策之间一定会相互影响,政府和市场一定会做出相应的反应,水稻价格上升,从而激励农民种植水稻,故而水稻产量如此大幅度的下降实际上不可能发生。本项研究没有模拟这些未来可能发生的新的变化。第二,研究显示的水稻产量下降,是在考虑其他影响水稻产量的因素不变的假定条件下的结果,以提示适应气候变化单一因素的重要性。(2)气候变化对玉米和大豆产量将会产生正面影响。在不同的气候变化情景模拟下,2030 年和 2050 年,中国玉米产量将分别增加 18.59%—24.27%和32.77%—49.58%;大豆产量增加 0.48%—5.53%和 3.96%—6.48%。(3)气候变化对小麦产量的影响相对较小。

——对不同地区的影响。(1)华北地区及华中地区的气候变化,将有助于提高全国粮食产量。华北地区的气候变化,将导致全国粮食产量到 2030 年和 2050 年分别增加 2.85%—4.80%和 5.30%—8.49%;华中地区的气候变化将导致全国粮食产量在 2030 年和 2050年分别增加 3.53%—4.97%和 8.91%—13.43%。(2)华东地区、西南地区及东北地区的气候变化,将会对国家粮食产量产生负面影响。华东地区气候变化将导致全国粮食产量 2030 年下降 4.10%—8.58%,

2050 年下降 9. 85%—15. 94%；西南地区气候变化将会导致全国粮食产量 2030 年下降 2. 29%—4. 05%, 2050 年下降 3. 97%—6. 10%；东北地区气候变化将导致全国粮食产量 2030 年下降 2. 58%—2. 66%, 2050 年下降 3. 66%—4. 86%。(3)华南地区和西北地区的气候变化将导致全国粮食产量小幅提高。

当然,上面的预测是基于过去中国的适应气候变化情况。如果未来适应气候变化的机制比过去更加灵活,且模型中进一步考虑未来粮食产量变动、价格变动、新的适应行为以及政策之间的复杂互动,则气候变化条件下农业产量如何变化将会复杂得多。特别是对于模型预测的气候变化对华东地区、西南地区及东北粮食产量的负面影响,除了如上面对"气候变化对水稻产量影响"做出的说明外,还需要具体说明如下:第一,上述地区粮食产量会发生结构性变化。第二,显然,即使政府不采取预见性的适应措施,当作物产量出现明显变动时,其价格亦会出现明显变化,从而激励农民采取新的适应行为,以增加那些产量可能会减少的作物的产量。也就是说,充分的市场行为会起到缓冲器的作用,有效地减少气候变化对农业的影响。从现有的国际文献来看,还很难在研究中有效考虑此类因素。

(二)气候变化如何影响国内农产品贸易

由于气候变化对不同地区、不同农作物的影响差别巨大,气候变化会对区域间农产品贸易产生重大影响,这会潜在地影响到中国的粮食安全问题。我们利用 Liu et al. (2010)构建的可计算一般均衡模型,来估计气候变化对中国地区间农产品贸易流的影响。在估算过程中,利用前面得到的气候变化对中国不同地区农产品产量影响的研究结果,将这些产出变动数据融合到模型中,估算气候变化对中国地区间农产品贸易流变动的影响。

可计算一般均衡模型包括中国七个地区和世界其他国家和地区以及 6 个产业部门。中国七个地区分别为东北地区(包括黑龙江、吉林、辽宁),华北地区(包括北京、天津、河北、山东、内蒙古),华东地区(包括江苏、上海、浙江),华南地区(包括福建、广东、河南),华中地区(包括山西、河南、安徽、湖北、湖南、江西),西北地区(陕西、宁夏、甘肃、青海、新疆),西南地区(包括四川、重庆、广西、云南、贵州、西藏)。这6个产业部门分别为农业、采矿业、轻工业、重工业、建筑业和服务业。

研究结果表明,气候变化将对中国地区间农产品贸易产生显著影响,地区间的农产品贸易流量和流向将产生显著变化。西北地区、华南地区、华中地区和东北地区在 2030 年和 2050 年农产品贸易流出量将增加;相反,华东地区、华北地区、西北地区的农产品贸易流出量将下降。具体结果如下:

——2030 年气候变化对农产品贸易量的影响

气候变化对中国地区间农产品贸易的影响在各个地区之间存在差异,2030 年气候变化对于中国总的农产品贸易的影响较小,在模拟方案 A2 中,中国总的地区间农产品贸易流(包括流入量和流出量)将下降 3.52%,而在模拟方案 B1 和 A1B 中将分别上升 1.56%和 1.54%。

然而,在各个地区之间贸易流变动存在显著差异。在不同的模拟方案下,西北地区的农产品贸易流将增加 29.90%—48.49%,华东地区的贸易流出量将增加 8.68%—14.49%,西南地区将增加 7.22%—11.08%。东北地区的贸易流出量将增加 0.72%—3.98%,华东地区的贸易流入量将增加 11.40%—21.48%,西南地区 5.39%—22.63%,华北地区 3.44%—9.22%。

西北地区的贸易流入量将下降 11.96—18.99 个百分点,华中地区贸易流入量将下降 8.63%—14.13%,华南地区贸易流入量下降 4.63%—9.75%,东北地区下降 2.23%—6.10%。

——2050 年气候变化对农产品贸易量的影响

在 2050 年,气候变化对中国地区间农产品贸易流的影响比 2030 年大,中国地区间农产品总的贸易流(流入量和流出量)将增加 5.92 到 13.98 个百分点。2050 年,在不同的模拟方案下,西北地区的贸易流出量将增加 58.85%—93.43%,华中地区增加 17.82%—30.86%,华南地区增加 12.82%—33.47%,而东北地区增加 4.25%—7.65%。华东地区的农产品贸易流量将增加 22.42%—60.06%,西南地区增加 27.11%—44.66%,华北地区增加 11.69%—15.12%。西北地区的贸易流入量将下降 19.50—27.34 个百分点,华中地区下降

12.93%—20.45%,华南地区下降 6.81%—14.71%,东北地区下降 3.11%—5.34%。

同样需要说明的是,由于气候变化对农产品贸易量的影响的结论是基于气候变化如何影响不同地区农产品产量的研究结论之上,故而对这些结论的解读应考虑气候变化对农产品影响研究存在的不足。尽管气候变化如何影响不同农产品流通还难以准确预见,但气候变化对农产品流通将产生较大的冲击却是一个较为确定的结论。

(三)适应气候变化的额外农业投资需求估算

针对目前国际上关于农业适应气候变化投资需求估算方法存在的不足,本课题对中国农业适应气候变化的额外投资需求进行估算时,进行了若干改进。在研究方法上,主要有如下改进。第一,充分考虑所谓"适应赤字"的问题。不是简单地根据中国当前投资增长趋势推算未来投资总量,并在此基础上设定气候敏感系数,而是根据中国当前的 GDP 增长趋势推断 2030 年中国的农业发展情景,然后将其与不同发展情景下相对应的现阶段发达国家单位农业土地面积的资本存量作为中国 2030 年农业投资的参照。在此基础上,按照不同的气候变化情景设定气候敏感系数,根据 2030 年的农业投资情景和当前投资规模,倒推出每年适应气候变化的投资需求。第二,这种做法也在某种程度上克服了"自上而下"方法缺乏经验数据支撑的问题。由于将与中国未来发展程度相当且同类型的发达国家的单位农业土地面积投资量作为参照(benchmark),这种情景估算就有了较为坚实的现实依据。要说明的是,由于中国经济处于高速工业化阶段,2030 年左右基本可以实现工业化,故本研究以当前发达国家农业投资状况为参照,来估算中国未来适应气候变化的投资需求具有的现实可行性,而同样的方法并不一定适合其他发展中国家。

结果表明,在无减排的 A1B1 情景下,2030 年中国农业适应气候变化的额外投资需求为 63.57 亿—298.73 亿元之间,2011—2030 年期间中国农业适应气候变化的累计额外投资需求为 1068.60 亿—3445.07 亿元之间;在 B1 减排情景下,2030 年中国农业适应气候变化的额外投资需求为 55.62 亿—261.39 亿元之间,2011—2030 年期间中国农业适应气候变化的累计额外投资需求为 935.03 亿—3014.43 亿元之间。由于适应气候变化的投资对于农民而言具有额外性,这一投资主要应该由政府公共投资来承担。这意味着,如果以日本的农业投资水平为参照,则 2011—2030 年,政府每年要增加 150 亿元左右的适应气候变化投资。

第四节　适应气候变化的农业投资政策建议

目前,中国适应气候变化方面存在的问题,突出体现在两大方面:第一,总体而言,中国农业适应气候变化的能力较弱。造成这种情况的原因有两个方面:一是发展阶段的原因。适应气候变化问题在很大程度上是一个发展问题,发展水平越高,则适应气候变化的能力越高。中国作为一个发展中国家,现阶段发展水平相对较低,适应气候变化的能力也相应较低,这需要通过发展来解决。二是目前的农业投资中未能充分考虑气候变化的因素。气候变化作为一个世界性的挑战虽然由来已久,但真正引起全社会的高度关注不过是近几年的事情,尤其是在中国政府于哥本哈根全球气候变化大会前夕宣布中国在 2020 年将碳排放强度降低到 2005 年水平的 40%—45%之后。在"十二五"规划中,适应气候变化受到高度重视。第二,缺乏灵活的适应气候变化机制。建立灵活的适应气候变化机制,就是要在农业生产、流通、消费等环节,建立起基于市场的机制。这其中,很多都需要通过改革来实现。比如,农业区划的制定、粮食价格体制、流通体制、土地制度、农业生产资料的生产流通体制、政府补贴制度、税收制度等等。

中国农业适应气候变化的投资政策,应主要针对以上的突出问题来制定。基本思路是,通过加大农业投资尤其是政府公共投资,以及建立灵活的适应气候变化机制,最大限度地降低气候变化对农业的负面影响,确保中国的粮食安全。正如前面对报告研究结论所做的说明,考虑适应行为下气候变化对农业的影响是一个非常复杂的过程。对这一过程的模拟,超出了现有研究工具的能力。对于本项研究的具体结论及其政策含义,应进行准确且非常小心地解读,不能简单地根据表面结

论来进行决策,以避免陷入政策误区。本项研究的政策含义如下:

第一,在现有农业投资基础上,国家可以考虑每年新增150亿元左右适应气候变化农业专项投入。从结构上看,农业投入不仅包括硬件(农业基础设施等),而且包括软件,即相关研究资助、教育培训、技术发明、农业组织结构升级、信息系统建设、加强规划等支持系统方面的投入。

第二,对受气候变化影响较大的地区和作物实行重点投资倾斜。一是重点关注受气候变化影响较大的华东地区、西南地区及东北地区。二是重点关注稻谷生产。如果不能有针对性地加大对水稻生产的支持,气候变化就会导致水稻种植面积明显下降,从而对大米产量产生较严重的负面冲击。

第三,针对气候变化对地区粮食流通的影响,加大对与农业相关部门(比如交通)的投入,保障粮食流通渠道畅通,确保粮食市场安全。国家相关部门需加大对农产品市场的监控,完善农产品市场流通体系,保障农产品跨区域顺利流通。

第四,评估和调整现有农业生产区划和种植结构,以适应气候变化的新情况,并建立灵活的农业区划及相关政策调整机制,进一步将农业生产区划和种植结构建立在市场基础之上,不仅要根据气候变化的新形势调整农业区划,而且要将原有不合理的区划进行优化调整。

第五,建立多元化的农业投入体制,确保农业投入持续增加。多元化的农业投入体制不仅包括不同层级政府支出责任的划分,更包括如何吸引私人投资进入农业领域。要吸引私人投资农业,一是要充分发挥政府投资对私人投资的杠杆作用;二是要通过对包括农业土地经营制度在内的体制进行改革,建立对私人投资的激励机制。

第六,加快传统农业向现代农业的改造步伐。要通过包括土地经营制度在内的农村经济体制改革,建立起基于市场的高效而活力的现代农业专业化组织,通过组织效率的提升大幅提高农业生产力,从而提高抵御气候变化的能力。

第七,探索建立现代低碳农业发展道路。通过土地利用方式改变、植树造林、生产方式调整对减少农业温室气体排放具有巨大潜力。通过地区减排合作机制和排放权交易市场,将这种减排效果转化成经济效益,从而增强农业的发展能力和农民增收能力。

第八,建立完善的农业保险和巨灾保险体系,增强农民抵御因气候变化导致的自然灾害的能力。加强对农业相关的极端气候事件的监测预警能力建设,建立相应的气象及其衍生和次生灾害应急处置机制。加强台风和区域性暴雨洪涝等极端天气气候事件的防御,建立起气候与气候变化综合观测系统。

第九,通过培训加强农民适应气候变化的能力建设。气候变化会带来大范围的种植模式和种植习惯的改变,这种改变需要大量的学习成本和转换成本。国家应在现有农民培训体系中,加大对农民适应气候变化的能力培训。

第十,建立一个包括农业部门、非农业部门和国际市场在内的政策模拟系统。目前农业部实施的产业技术体系中,对单个产品市场的研究已经不能适应不同产品市场联系日益紧密的现实状况。我们的模型对中国七个地区之间的农产品贸易流进行了研究,如果这七个地区被分成更多的子地区,则研究气候变化对中国农产品贸易流的变动将变得更有参考价值。

(张永生、辛贤)

第八章 创新政策 健全机制 推动现代农业发展

——云南省完善政府投入政策的实践

第一节 云南及云南农业概况

云南地处中国西南部,国土面积39.4万平方公里,占全国陆地总面积的4.1%,居全国第八位。全省土地面积中,山地约占84%,高原、丘陵约占10%,盆地、河谷约占6%。云南省总人口4600万,是中国少数民族人口超过1000万人口的3个省、区(广西、云南、贵州)之一。云南农业资源丰富,有北热带、南亚热带、中亚热带、北亚热带、南温带、中温带和高原气候类型。多样的气候,造就了多样的生物种类,使云南获得了"动物王国"、"植物王国"、"香料之乡"、"药材宝库"、"天然花园"的美誉。

长期以来,由于自然条件、科技水平、投入能力等方面的制约,云南农业生产力水平不高,农民人均纯收入始终低于全国平均水平。作为一个集老区、山区、民族地区和贫困地区于一身的传统农业省份,云南面临着加快转变发展方式、推动现代农业发展、加速工业化和城镇化的历史重任。为适应这一要求,近年来,该省有关部门紧密结合本省现代农业建设的实际,加快发展模式和体制机制创新,特别是借鉴亚洲开发银行《中国政府农业投入政策研究》课题的最新成果,在转变发展观念、加大政府投入、完善体制机制等方面进行了一系列有益的探索,取得了显著成绩,有力推动了农业和农村经济又快又好发展。

第二节　云南省农业投入政策创新情况

近 3 年来,云南围绕提高粮食产量、调整农业结构、增加农民收入这一主线,在财政农业投入的规模、重点、管理体制等方面进行了一系列改革创新,农业发展取得了显著成效。

一、出台政策文件,加大政府农业投入力度

2011 年以来,云南省委省政府先后出台了一系列文件,对农业资源保护、财政金融支持、设施装备完善、产业结构调整和现代农业园区建设等方面做出了一系列规定,逐步完善了农业投入和支持的政策体系。

2011 年 8 月 30 日,出台了《云南省人民政府关于加强耕地保护促进城镇化科学发展的意见》(云政发[2011]185 号),提出转变城乡建设用地方式,严格保护耕地,促进土地资源节约、高效利用的若干意见;2011 年 12 月 1 日,《云南省人民政府贯彻落实国务院关于促进农业机械化和农机工业又好又快发展文件的实施意见》(云政发[2011]240号),提出"力争到 2015 年,农机总值达到 200 亿元,农机总动力突破3000 万千瓦,农机作业面积 7000 万亩,主要农作物耕种收综合机械化水平达到 45%以上;到 2020 年,农机总值达 300 亿元,农机总动力达到4000 万千瓦,农机作业面积 8500 万亩,主要农作物耕种收综合机械化水平达到 60%左右。在适宜农业机械作业的耕地中,水稻机插、收获机械化水平达到 50%以上,小麦耕种收综合机械化水平达到 40%以上,甘蔗种植、收获机械化关键技术有重大突破"的发展目标,并提出加大投入、减免税赋、强化金融支持等促进农机化发展的政策措施;2011 年 12 月 15 日,云南省政府下发《关于鼓励和引导民间投资健康发展的通知》(云政发[2011]247 号),对支持和引导民间资本进入农业领域做出了政策规定;2012 年 4 月,云南省财政厅、云南省农业厅出台《云南省草原生态保护补助奖励资金管理办法实施细则》(云财农[2012]43 号),决定在全省范围内实施禁牧补助、草畜平衡奖励、牧草

良种补贴、牧民生产资料综合补贴和绩效考核奖励;2012 年 6 月 26 日,中共云南省委农村工作领导小组办公室下发了《云南省州(市)和县(市、区)"三农"发展综合考评办法》(云农领发[2012]3 号),提出了包含农业增加值可比增速、农民人均纯收入增速等 9 个指标的考核指标体系,以评价各地农业投入和"三农"综合发展的情况,并对考评靠前的州(市)和县(市区)进行表彰奖励;2012 年 6 月 29 日,中共云南省委、云南省人民政府联合下发《关于推动县域经济跨越发展的决定》(云发[2012]10 号),提出了调整结构、壮大产业、促民增收等一系列政策要求;2012 年 8 月 6 日,发布了《云南省人民政府关于命名第一批高原特色农业示范县的决定》(云政发[2012]116 号),命名了第一批40 个"云南省高原特色农业示范县";2012 年 9 月,云南省委省政府出台《关于加快高原特色农业发展的决定》(云发[2012]13 号),决定在"十二五"期间,省财政每年安排 1 亿元高原特色农业发展专项资金,用于省内 12 大优势特色农业产业的发展。

在以上政策措施的引领下,2011 年,云南全省中央和省级资金投入(财政支农专项)达 68.16 亿元。其中:省级投入为 15.92 亿元;州市及县级投入 20.32 亿元,比上年增长 7.72 亿元,省、州、县三级财政合计全省人均投入 78.6 元。2012 年,全省争取农业投入 93.23 亿元,比2011 年增加 25.07 亿元,增长 36.7%。其中:中央农业投入 75.6 亿元,比 2011 年的 52.81 亿元增加 22.79 亿元;省级农业投入 17.63 亿元,比 2011 年的 15.35 亿元增加 2.27 亿元;州市及县级投入 22.71 亿元,比上年增长 2.39 亿元,省、州、县三级财政合计全省人均投入83.94 元。

二、明确主攻方向,着力强化农业基础建设

云南农业投入以提高粮食、高原特色农业等主要农产品综合生产能力为方向,重点是改善农业基础设施条件,强化农业发展的基础支撑。涵盖惠农直补、农业公共服务、高原特色产业提升、农业产业化、农业科技推广与培训、新农村建设等领域。

云南山区、半山区占全省国土面积的 94%,中低产田地占耕地总

面积的比例高达 67.1%,全省水资源开发利用率仅为 6.9%,不到全国平均水平的三分之一。水资源开发以地表水为主,利用程度低,水利设施调节控制水量时空再分配能力弱,全省有效灌溉面积 2380 万亩,仅占耕地面积的 37.5%,有近三分之二的耕地只能"靠天吃饭",常年农作物受旱面积占播种面积的 30%,有四分之一左右的耕地受到洪水威胁。对于人均占有森林面积和荒山面积均大大高于全国平均水平的云南来说,通过加强农业基础设施建设,改造中低产田地以提高耕地产出率,有着巨大的空间。通过提高耕地产出率提高粮食产量、保障粮食安全是云南发展现代农业的重要目标,是促进农业增效、农民增收和农村稳定的关键环节。随着城镇人口的大量增长、畜牧业和旅游业的加快发展以及食物消费结构的不断升级,对粮食生产提出了更高的要求,预计 2020 年全省粮食需求将达 2000 万吨以上。为有效提高粮食自给率,为本省畜牧产业、旅游产业和农产品加工业发展提供有力支撑,云南省委决定在全省范围内实施中低产田地改造工程,举全省之力,到 2020 年新建 2000 万亩的高稳农田,使全省高稳农田累计达到 5000 万亩,实现全省人均 1 亩高稳农田的目标,以夯实农业生产基础,激发和释放农业发展潜力。

中低产田地改造工程的主要内容是对周年产量低于 400 公斤、基础条件较为适宜的耕地进行改造,重点为配套建设机耕路、蓄水池、喷滴灌设施、土壤肥力、田间渠系、机耕道路建设、坡改梯等改造。在整个中低产田地改造工作中,以建设"田成方、路相连、管成网、渠相通、旱能灌、涝能排、机能耕、车能运、田园化、生态化"的高标准农业基础设施为目标,注重建管结合和产业培育,最大限度地提高中低产田地的改造效益。据云南有关部门测算,经过改造的坡耕地每亩可多产粮食 50 至 60 公斤,全省农民可增收 100 元左右。2000 万亩中低产田全部改造完成,就意味着至少要增加 10 亿公斤粮食,全省农民可增收 20 亿元。

为促进该项工程的实施,云南省发布了中低产田地改造技术规程,要求"以发展粮食和优势特色经济作物,增加优质农副产品有效供给为目标,以治水改土为中心,坚持工程建设、改土培肥、生物农艺措施相结合,立足提高耕地质量,使土壤肥力不断提高,建成旱涝保收的高产稳产农田"。同时,积极构建以财政补助为引导,以农民为投资主体,同时吸纳社会资金共同参与改造的投入模式,并整合国家、省级各部门资金,提高投入规模和使用效益。近两年来,中央及云南省级财政每年投入 30 亿元左右资金,在带动州县两级政府财政投入的同时,充分运用市场化手段,通过银行融资、企业投资、社会筹资和农民投工投劳等途径,引导社会各方面力量参与中低产田改造,使每年投入中低产田地改造的资金总量保持在 60 亿元以上。

除此之外,云南省还在强化农业科技推广、农民技能培训、农业装备建设、动植物疫病防控、农产品质量检测等方面持续加大投入,以完善农业发展的基础条件。

三、完善支持措施,应对气候变化

2010 年以来,云南连续遭受历史罕见的特大干旱,给农业生产带来了极其不利的影响。在此情况下,云南加大财政农业投入,大力开展农业基础设施建设,加快推广抗旱生产技术,确保农业生产,稳定农民收入。具体包括:

——调整耕作制度和种植品种,加强科技推广。在抗旱救灾中,一大批科技抗旱栽培技术措施,包括地膜覆盖、水改旱、高产创建、间套种、旱育秧、集中育苗、施用抗旱剂、测土配方施肥、病虫害综合防控、水稻精确定量栽培、玉米三干播种、马铃薯高垄栽培、机耕机播机收等措施的推广应用,成为降低小春粮食损失、保证春耕生产稳步推进、完成大春播种任务的新亮点。对因旱绝收的地块,及早调整种植结构,分别采取水改旱,改种补种蔬菜、鲜食玉米、青饲等短生育期作物的措施,尽力减少旱灾损失。

——实行养殖业生产补贴。实施畜禽饮水、受灾死亡补栏补助和动物疫病防控的补助、饲草饲料基地建设补助、水产养殖基础设施加固和鱼苗补助等措施,支持养殖业健康发展。

——实施抗旱科技补贴。包括实施地膜覆盖等科技抗旱措施的补助、良种(水改旱、缩短农时及耐寒耐旱的品种等)、应对干旱的农技农艺调整的补贴等。2011 和 2012 年连续两年各安排种业发展专项资金

5000 万元。

——实施抗旱用能补贴,用于大春生产抽水用电、运水用油和机耕、机播用电用油的补助。

四、强化政策激励,引导产业结构优化调整

按照资源和市场相结合的原则,注重发挥区位优势、挖掘资源潜力、提升资源价值,出台《关于加快高原特色农业发展的决定》,先后印发了云南省优势特色产业"十优强县"和现代农业"百县百园"创建两个试行方案,推选 80 个优势特色产业强县和 75 个现代农业园,由省政府命名推广。通过政策倾斜、资金奖励等措施,大力推进粮食、生猪、蔬菜、茶叶、咖啡、橡胶、药材等 12 个具有区域比较优势的产业的发展。在大力发展劳动密集型产业的同时,根据近年来劳动力转移就业迅速扩大的实际,积极发展科技和资本密集型的农业产业,通过农机具补贴等手段,提高农机装备水平;通过科技推广、劳动力技能培训,提高劳动生产率、土地产出率和资源利用率,经过一段时间的努力,云南省农产品加工业、农业特色产业、休闲农业和农业服务业发展提速,农村产业结构和农业内部结构得到优化,实现了资源适度集中、产业有效集聚、效益合理集成。

五、适应要素供应变化,推动农业资源保护和经营方式创新

在农村劳动力大量转移、优质耕地不断减少、气候环境条件持续恶化的情况下,通过加大政府投入,实现政策引导、资本替代和经营模式创新的有机结合,推动农业生产的稳定发展。

一是以政策推动耕地保护。政府通过发布文件、制定规划等措施,引导城镇向山地转移(即"城镇上山"),以确保平坝地区有限的优质耕地数量不减。为此,政府每年在城镇建设及配套公共基础设施投入上的开支显著加大。二是实施草原奖补政策,推进生态保护。2012 年草原生态奖补工作经费达到 3200 万元。三是促进优质生产要素的集聚。通过命名一批高原特色农业示范县、建设一批现代农业示范园区,使优质农业资源向优势区域积聚,在提高区域农业发展水平的同时,示范带

动周边地区农业经营水平的提高。四是鼓励大户与合作社发展,促进农业规模化水平的提高。五是加大对农民培训和农机具购置补贴力度,仅 2011 年就落实农机购置补贴工作经费 3000 万元,2012 年补贴力度进一步加大。

六、创新体制与机制,提高资金使用的效率与效益

一是更新项目管理理念,优化资金管理机制,积极稳妥地推进项目整合。率先在中低产田地改造中,以县为平台将发展改革、土地整理(国土部门)、农业综合开发(财政部门)、现代农业产业发展资金(财政部门)、高标准粮田(农业部门)、高产烟田(烟草部门)、扶贫开发资金(扶贫部门)、农田水利建设(水利部门)的资金,按照"统一规划、集中建设,坚持标准、分别管理"的原则进行整合,"各炒各的菜,共办一桌席",使分散在各部门,标准、规模各异的涉农资金,集中统筹使用,互相配套、有机补充、形成合力,产生"一加一大于二"的效果。

在具体实施过程中,突破了原有投入体制和资金管理模式的局限,创造性地建立了"五破"原则,做到了"十个结合",提高了资金使用的效率和效益。

"五破"的内容包括:一破地域统一规划,实现一张图设计,一盘棋考虑;二破权属连片治理,打破土地权属,将土地丈量后交施工单位统一集中改造,以便于机械化作业,改造后再根据村民原有土地比例重新分配、优化组合;三破田埂整合项目,打破田埂限制,统一改造,实现作业机械化、水浇管网化、道路畅通化;四破行业整合资金,打破行业分块,全面整合各类涉农项目资金,做到渠道不变、用途不乱、形成合力;五破传统调整结构,打破传统种植模式,结合当地气候特点及农村经济发展需求调整产业结构,发展现代农业,提高土地使用率和产出率,带动农业经济增长,增加农民收入。

"十个结合"指的是中低产田地改造工作与新一轮兴边富民工程相结合、与山区综合开发相结合、与农村饮水安全工程相结合、与扶贫开发相结合、与新农村建设相结合、与现代基本烟田建设相结合、与百亿斤粮食增产计划相结合、与退耕还林基本粮田建设相结合、与土地占

补平衡开发项目相结合、与生态文明建设和水源地保护相结合,充分发挥建设项目的经济、社会和生态效益。玉溪市红塔区在近 4 年中,投入 8899 万元建设基本烟田 10.16 万亩,建设路水管网配套的高产稳产标准化烟田 7 万亩,受益农户 20520 户。

二是加强工作考核、完善奖惩机制。为确保投入资金得到安全有效的使用,云南省还大力推进项目绩效考核制度,健全管理办法。绩效考核的内容涵盖项目建设进度、建设内容与质量、地方配套资金落实、项目运行效果等方面,绩效考核的结果与下一年度中央和省级资金投入挂钩,同时对于工作成绩突出的单位和个人予以奖励,对出现重大问题或项目执行情况不好的单位和个人予以处罚。奖惩结果在一定范围内公布。

第三节　取得的成效

近年来,通过农业投入政策的持续创新和稳步实施,云南在有效应对气候变化、经济波动等不利影响中取得了粮食产量和农民收入增幅超过全国平均水平的喜人成绩,全省农业农村面貌发生了显著变化。

一是粮食生产连创新高。2011 年,全省粮食总产首次突破 1750 万吨,实现连续 9 年增产。2012 年全省粮食总产达到 1827.8 万吨,增产 72.2 万吨,首次突破 360 亿斤大关,亩产 270.5 公斤,人均占有粮食 389 公斤,在连续 3 年遭受严重旱灾的情况下实现了粮食生产"十连增"。

二是特色产业异军突起。咖啡、橡胶面积产量均居全国第一。其中:咖啡面积 134 万亩、产量 8.2 万吨,橡胶面积 820 万亩、干胶产量 40 万吨。茶叶面积全国第一,甘蔗产量全国第二,蚕茧产量全国第五,马铃薯产量全国第五,三七、天麻、石斛等特色产业发展迅猛,蔬菜、花卉等优势经济作物量效齐升,有力提高了种植效益,全省种植业亩均产值超万元的县市区达到了 7 个。

三是畜牧业加速转型。全省肉牛存栏全国第三,生猪存栏全国第五,居民人均肉类占有量达到 117 公斤,是全国人均肉类占有量 60 公斤的近两倍。

四是农民收入大幅增长。全省农民人均纯收入达 5417 元,比上年同期增加 695 元,增长 14.7%,农民收入增幅连续 4 年高于全省城镇居民。

五是农业机械化水平明显提高。2012 年全省农机总动力达 2880 万千瓦,比上年增长 9.6%;全省耕种收综合机械化水平达到 41%,较上年提高 5 个百分点。在农机总量不断增加、推广力度不断加大的同时,农机结构品种不断优化,全省有联合收割机 5075 台套,拖拉机 63.9 万台套,微耕机 37.8 万台套,特色经济作物种、采、收、加机械 80 万台套,新增设施农业面积 88.3 万亩。

(詹慧龙、崔永伟)

主要参考文献

一、英 文 类

（1）Aigner, D.J., C.A.K. Lovell and Schmidt P. .Formulation and Estimation of Stochastic Frontier Production Function Models. Journal of Econometrics, 1977, 6.

（2）Anderson, Kym and Yujiro Hayami. The Political Economy of Agricultural Protection, East Asia in International Perspective, Sidney.London.Boston：Allen & Unwin in association with The Australia-Japan Research Centre, Australian National University.

（3）Battese, G.E. and T.J. Coelli. A Model for Technical Inefficiency Effects in a Stochastic Frontier Production Function for Panel Data. Empirical Economics, 1995, 20.

（4）Battese, George E. and Tim J. Coelli. Frontier Production Functions, Technical Efficiency, and Panel Data：With Application to Paddy Farmers in India, Journal of Productivity Analysis, 1992, 3.

（5）Cai, Fang and Mei yan Wang. A Counterfactual Analysis on Unlimited Surplus Labor in Rural China, China & World Economy, Vol.16, No.1.

（6）Farrell, M. J. . The Measurement of Production Efficiency. Journal of Royal Society, Series a（General）, 1957, 120.

（7）Fleisher C M, Liu Y. Economies of scale, plot size, human capital, and productivity in Chinese agriculture. Quarterly Review of Economics and Finance, 1992, 32（3）.

（8）Hayami, Yujiro and Vernon Ruttan, Agricultural Development：An International Perspective, Baltimore and London：The John Hopkins University Press, 1980.

（9）Heerink, N., Futian Qu, Kuiper, M., Xiaoping Shi, & Shu hao Tan. Policy

Reforms, Rice Production and Sustainable Land Use in China: A macro-micro Analysis, Agricultural Systems, 2007, 94.

(10) Hu, Baiding and Michael McAleer. Sectoral Productivity Growth in China, 2002.

(11) Jinxia Wang, Robert Mendelsohn, Ariel Dinar, Jikun Huang. How China's Farmers Adapt to Climate Change, Policy Research Working Paper 4758, World Bank, 2008.

(12) Jinxia Wang, Robert Mendelsohn, Ariel Dinar, Jikun Huang, Scott Rozelle, Lijuan Zhang. Can China Continue Feeding Itself ? The Impact of Climate Change on Agriculture, Policy Research Working Paper 4470, World Bank, 2008.

(13) Kumbhakar, S. C. . Production frontiers, panel data, and time varying technical inefficiency. Journal of Econometrics, 1990, 46.

(14) Lin, Justin Yifu. Collectivization and China's Agricultural Crisis in 1959 - 1961. Journal of Political Economy, vol. 98(6), 1990.

(15) Lindbeck, Assar. Economic-social Interaction in China, Economics of Transition, Vol. 16 (1), 2008.

(16) Liu, X. Y., Xin, X.. The Impacts of Climate Changes on China's Regional Livestock and Vegetable Production, Center for Rural Development Policy Working Papers, China Agricultural University, 2010.

(17) McCarl, B. A., Adaptation options for agriculture, forestry and fisheries. A report to UNFCCC secretariat financial and technical support division, 2007.

(18) Meeusen, W. and J. ven den Broeck. Efficiency Estimation from Cobb-Douglas Production Functions with Composed Error. International Economic Review, 1977, 18.

(19) Meinshausen, et al. Greenhouse-gas emission targets for limiting global warming to 2 degrees centigrade, Nature, Vol 435, 2009.

(20) Mendelsohn, R. and A. Dinar. Climate, Water, and Agriculture. Land Economics, 79, 2003.

(21) Mendelsohn, R., A. Dinar, and A. Sanghi. The Effect of Development on the Climate Sensitivity of Agriculture, Environment and Development Economics, 6, 2001.

(22) Mendelsohn, R., Kurukulasuriya, P., Basist A., Kogan F., and Williams C.. Climate Analysis with Satellite versus Weather Station Data. Climatic Change, 81, 2007.

(23) Mendelsohn, R., W. Nordhaus and D. Shaw.. Measuring the Impact of Global Warming on Agriculture, American Economic Review, 84, 1994.

（24）Mendelsohn, R., W. Nordhaus, and D. Shaw. The Impact of Climate Variation on U.S. Agriculture. p. 55–74. In Mendelsohn, R., and J. Neumann. (eds). The Economic Impact of Climate Change on the Economy of the United States. Cambridge University Press, Cambridge, United Kingdom, 1999.

（25）Pitt, M. M. and L-F. Lee. Measurement and Sources of Technical Inefficiency in the Indonesian Weaving Industry. Journal of Development Economics, 9, 1981.

（26）Ranis, Gustav and John C. H. Fei. A Theory of Economic Development, The American Economic Review, Vol. 51, No. 4, 1961.

（27）Seo, N. and R. Mendelsohn. A Ricardian Analysis of Climate Change Impacts on Latin American Farms, World Bank Policy Research Working Paper 4163, 2007.

（28）Seo, S. N., R. Mendelsohn, and M. Munasinghe. Climate Change and Agriculture in Sri Lanka: A Ricardian Valuation, Environment and Development Economics, 10, 2005.

（29）Wan G H, Cheng E J. Effects of land fragmentation and returns to scale in the Chinese farming sector. Applied Economics, 33, 2001.

（30）Wang J., G. l. Cramer, and E. J. Wailes. Production Efficiency of Chinese Agriculture: Evidence from Rural Household Survey Data. Agricultural Economics, 15(1), 1996.

（31）Wang, J.X., Mendelsohn, R., Dinar, A., Huang, J.K., Rozelle, S., and Zhang, L.J.. The impact of climate change on China's agriculture, Agricultural Economics, 40, issue 3, 2009.

（32）Zhai, F., Lin, T., and Byambadorj, E.. A General Equilibrium Analysis of the Impact of Climate Change on Agriculture in the People's Republic of China, Asian Development Review, vol. 26, no. 1, 2009.

（33）Zhang, Xiaobo, Jin Yang, and Shenglin Wang. China Has Reached the Lewis Turning Point, IFPRI Discussion Paper 000977, 2010.

二、中 文 类

（一）文献

（1）财政部：《财政部关于进一步加强财政支农资金管理的意见》。

（2）财政部、国务院扶贫办：《财政部国务院扶贫办关于印发〈财政扶贫资金绩效考评试行办法〉的通知》。

（二）专著

（1）本书编写委员会编：《气候变化国家评估报告》，科学出版社 2007 年版。

（2）蔡昉主编：《中国人口与劳动问题报告 2011》，社会科学文献出版社 2011 年版。

（3）樊胜根、张林秀：《WTO 和中国农村公共投资》，中国农业出版 2003 年版。

（4）李克强：《农民收入、农民发展与公共产品供给研究》，中国社会科学出版社 2010 年版。

（5）林而达：《气候变化与农业可持续发展》，北京出版社 2001 年版。

（6）段应碧主编：《纪念农村改革 30 周年学术论文集》，中国农业出版社 2008 年版。

（7）王国敏、郑晔：《中国农业自然灾害的风险管理与防范体系研究》，西南财经大学出版社 2007 年版。

（8）张晓山等：《农民增收问题的理论探索与实证分析》，经济管理出版社 2007 年版。

（9）郑风田：《制度变迁与中国农民经济行为》，中国农业科技出版社 2000 年版。

（三）论文

（1）蔡跃洲：《经济刺激计划与农村消费启动——基于中国农村居民收入分解的实证分析》，《财经研究》2009 第 7 期。

（2）曾先峰、李国平：《中国各地区的农业生产率与收敛：1980—2005》，《数量经济技术经济研究》2008 年第 5 期。

（3）陈池波：《农业投资决策中的问题透视》，《中国农村经济》1996 年第 6 期。

（4）陈池波、胡振虎：《整合财政支农资金的模式构建》，《中南财经政法大学学报》2007 年第 6 期。

（5）陈圣飞：《地区间农业生产率的差异及成因分析》，《经济问题》2001 年第 3 期。

（6）陈锡文：《中国入世背景下的"三农问题"——农民收入增幅下降的原因》。

（7）单学勇：《整合财政支农资金　促进社会主义新农村建设》，《产业与科技论坛》2008 年第 1 期。

（8）董霞飞：《关于财政加强农业投入的思考》，《财政研究》1995 年第 4 期。

（9）高雄伟等：《中国政府财政对农业投资的实证分析》，《中国农业科技导报》2006 年第 8 期。

（10）郭荣丽：《中国农业生产资料补贴政策的方式及完善对策》，《经济研究导刊》2010 年第 32 期。

（11）郭晓鸣、甘庭宇等：《退耕还林工程：问题、原因与政策建议——四川省天全县 100 户退耕还林农户的跟踪调查》，《中国农村观察》2005 年第 3 期。

（12）郭永芳：《市场经济条件下财政农业投资问题分析》，《审计与经济研究》2000 年第 3 期。

（13）郭玉清：《中国财政农业投入最优规模实证分析》，《财经问题研究》2006 年第 5 期。

（14）国家发展改革委农经司课题组：《关于入世后中国农业的投入支持政策探讨》，《宏观经济研究》2003 年第 7 期。

（15）国家审计署：《10 省区市财政支农资金管理使用情况审计调查结果》，《审计结果公告》2009 年第 4 号。

（16）韩东林：《当前农业投资存在的主要问题及对策》，《宏观经济管理》2008 年第 5 期。

（17）韩　俊：《关于增加农民收入的思考》，《新视野》2001 年第 1 期。

（18）何振国：《中国财政支农支出的最优规模及其实现》，《中国农村经济》2006 年第 8 期。

（19）侯军歧、王亚红、廖玉：《退耕还林对西部经济发展的影响及对策分析》，《干旱地区农业研究》2002 年第 4 期。

（20）侯石安：《中国财政农业投入的目标选择与政策优化》，《农业经济问题》2004 年第 3 期。

（21）胡绍雨：《财政投资对中国农村反贫困影响效应分析》，《农村经济》2009 年第 4 期。

（22）胡元聪：《农业正外部性解决的经济法分析》，《调研世界》2009 年第 5 期。

（23）黄连贵、张照新、张涛：《中国农业产业化发展现状——成效及未来发展思路》，《经济研究参考》2008 年第 31 期。

（24）江激宇、李静、孟令杰：《中国农业生产率的增长趋势：1978—2002》，《南京农业大学学报》2005 年第 3 期。

（25）李谷成：《人力资本与中国区域农业全要素生产率增长——基于 DEA 视角的实证分析》，《财经研究》2009 年第 8 期。

（26）李焕彰、钱忠好：《财政支农政策与中国农业增长：因果与结构分析》，《中国农村经济》2004 年第 8 期。

（27）李嘉晓、秦宏、罗剑朝：《中国政府财政对农业投资的理论阐析与行为优化》，《中国农业科技导报》2005 年第 7 卷。

（28）李静、孟令东：《中国农业生产率的变动与分解分析：1978—2004 年——

基于非参数的 HMB 生产率指数的实证研究》,《数量经济技术经济研究》2006 年第 5 期。

（29）李兰芝：《中国农业增长中的政府投资影响》,《财经科学》2006 年第 3 期。

（30）李树培、魏下海：《改革开放以来中国财政支农政策的演变与效率研究》,《经济评论》2009 年第 4 期。

（31）李延龄：《落实中央加强农业的各项决策　进一步做好财政支农工作》,《财政》1995 年第 10 期。

（32）梁小青、黄琪琳、刘艳萍：《支农资金分散使用调研与整合使用效应分析》,《中国集体经济》2009 年第 9 期。

（33）廖西元等：《粮食安全的国家战略》,《农业经济问题》2011 年第 4 期。

（34）《农业部"气候变化与中国农业"课题背景报告（2011）》。

（35）凌耀初、于辉等：《公共财政投入农村社会福利事业和农业战略研究——以上海市为例》,《社会科学》2007 年第 4 期。

（36）刘穷志、卢盛峰：《财政支农支出绩效评估与数量优化研究》,《中南财经政法大学学报》2009 年第 2 期。

（37）刘荃信、何兆华：《完善农村义务教育财政投入体制的政策性选择》,《美中教育评论》2005 年第 7 期。

（38）龙方、杨重玉等：《自然灾害对中国粮食产量影响的实证分析》,《中国农村经济》2011 年第 5 期。

（39）鲁可荣、朱启臻：《农业的公共产品性与政府的作用》,《安徽农业科学》2007 年第 12 期。

（40）吕立才、徐天祥：《公共投资与私人投资在中国农业增长中的作用及关系研究》,《中央财经大学学报》2005 年第 11 期。

（41）马山水、高功彪：《新形势下农业投入创新机制研究》,《经济问题探索》2003 年第 9 期。

（42）孟令杰、顾焕章：《度量生产率变化的非参数方法》,《数量经济技术经济研究》2001 年第 2 期。

（43）聂莉：《中国农村公共产品供求现状及其因素分析》,《南方农村》2005 年第 5 期。

（44）农业部软科学委员会课题组：《中国农业进入新阶段的特征和政策研究》,《农业经济问题》2001 年第 1 期。

（45）钱克明：《中国"绿箱政策"的支持结构与效率》,《农业经济问题》2003 年第 1 期。

（46）钱维：《投资体制改革中政府与市场结合的方式》,《宏观经济管理》

2007 年第 4 期。

（47）钱正英：《中国水利的战略选择：转变发展方式》，《新华文摘》2009 年第 11 期。

（48）乔榛等：《中国农村经济制度变迁与农业增长——对 1978—2004 年中国农业增长的实证分析》，《经济研究》2006 年第 7 期。

（49）屈小博：《不同规模农户生产技术效率差异及其影响因素分析》，《南京农业大学学报（社会科学版）》2009 年第 3 期。

（50）冉光和、王建洪：《中国多元化农业投资的宏观绩效及协同效应研究》，《农业技术经济》2010 年第 1 期。

（51）山东省财政厅农业处：《财政支农资金绩效评价初探》，2007 年 12 月 1 日《中国财经报》。

（52）石慧、孟令杰：《中国省际间农业全要素生产率差距影响因素分析》，《南京农业大学学报（社会科学版）》2007 年第 2 期。

（53）史先虎：《发达国家建立农业投入体制的要点及其启示》，《外国经济与管理》1997 年第 2 期。

（54）苏科五：《中国农业支持政策体系的缺陷分析》，《河南师范大学学报》2003 年第 6 期。

（55）苏旭霞、王秀清：《农用地细碎化与农户粮食生产》，《中国农村观察》2002 年第 3 期。

（56）孙继琼：《中国农业公共投资绩效的空间差异——基于 7 大区域的实证研究》，《中南财经政法大学学报》2009 年第 2 期。

（57）王朝才、徐珑：《建立健全农业投入体制的思考》，《财政研究》1994 年第 10 期。

（58）王红林、张林秀：《农业可持续发展中公共投资作用研究》，《中国软科学》2002 年第 10 期。

（59）王甲林：《进一步推进政府投资体制改革》，《经济论坛》2004 年第 16 期。

（60）王奎泉：《政府农业投入机制效率分析》，《财经论丛》2003 年第 2 期。

（61）王奎泉：《农业财政专项资金设立、分配和管理的约束规范——基于浙江政府农业投入机制调查的对策研究》，《浙江学刊》2003 年第 6 期。

（62）王美艳：《劳动成本的上升和劳动投入的下降：中国的刘易斯转折点是否已经到来？》，未刊论文，2010 年。

（63）王敏、潘勇辉：《财政农业投入与农民纯收入关系研究》，《农业经济问题》2007 年第 5 期。

（64）王向阳：《中国政府农业投入运行机制与模式创新研究》，《经济研究参考》2011 第 9 期。

（65）王向阳：《中国政府农业投入的监管机制研究》，《经济研究参考》2011年第51期。

（66）魏　朗：《财政支农支出对中国农业经济增长影响的研究——对1999—2003年农业生产贡献率的实证分析》，《中央财经大学学报》2007年第9期。

（67）温涛、王煜宇：《农业贷款、财政支农投入对农民收入增长有效性研究》，《财经问题研究》2005年第2期。

（68）温亚利、陈丽荣：《退耕还林政策的经济理论分析》，《林业经济》2003年第9期。

（69）文　峰：《中国财政农业投入：绩效、原因、对策——农户经济行为理论视角的分析》，《云南财经大学学报》2009年第5期。

（70）吴家浩：《中国农民专业合作组织的发展现状与影响因素综述》，《当代经济》2010年第23期。

（71）谢明春：《加强支农资金管理四措并举》，2007年9月17日《中国财经报》。

（72）辛翔飞、秦富：《影响农户投资行为因素的实证分析》，《农业经济问题》2005年第10期。

（73）邢安会、梅书森：《财政支农支出管理方式研究》，《财政研究》1998年第10期。

（74）秀锋、饶静等：《农户选择农作物新品种的决策因素研究》，《农业技术经济》2005年第1期。

（75）徐晋涛、陶然等：《退耕还林：成本有效性、结构调整效应与经济可持续性》，《经济学（季刊）》2004年第4期。

（76）闫杰、朱美玲：《财政农业投入决策机制的完善与创新》，《浙江金融》2009年第8期。

（77）杨晓光、陈阜等：《气候变暖对中国种植制度北界和粮食产量的可能影响分析》，《中国农业科学》2010年第2期。

（78）杨中万：《财政农业投入的体制约束及其改革建议》，《农村财政与财务》2007年第10期。

（79）姚凤梅、许吟隆等：《CERES-Rice模型在中国主要水稻生态区的模拟及其检验》，《作物学报》2005年第5期。

（80）袁平夫、叶仁南等：《生态农业综合效益评价方法探析》，《中国生态农业学报》2006年第3期。

（81）詹慧龙：《中国特色现代农业发展战略研究》，《江西农业大学学报》2010年第5期。

（82）张东辉、王杰：《农业投资中政府制度因素效应分析——以山东农业投资为例》,《农业技术经济》2003 年第 6 期。

（83）张岩研、陈秉谱:《社会主义新农村建设中财政对农业投入的问题研究》,《安徽农业科学》2007 年第 19 期。

（84）张元红:《财政政策与中国农业的周期性波动》,《中国农村观察》2000 年第 4 期。

（85）赵　文:《刘易斯转折点后的中国农业增长潜力分析》,未刊论文,2010 年。

（86）赵云平、石凯峰:《论新时期中国政府农业投入的政策取向及管理方式》,《内蒙古财经学院学报》2004 年第 4 期。

（87）郑家喜、杜长乐:《财政支农项目评审中的信息不对称及其治理》,《宏观经济研究》2009 年第 5 期。

（88）中国农业银行湖南省分行课题组:《农业资金投入问题的研究》,《农业经济问题》1995 年第 12 期。

（89）中国银监会荆门监管分局课题组:《发挥财政资金与信贷资金聚合作用——对湖北省京山县支持新农村建设的调查》,《中国金融》2009 年第 18 期。

（90）中英联合项目:《气候变化对中国农业潜在影响评估项目》。

（91）朱德云:《政府农业投入:问题与对策》,《中国行政管理》2001 年第 6 期。

（92）朱德云:《政府农业投入存在问题成因分析》,《中国行政管理》2001 年第 8 期。

（93）朱　钢:《财税体制、乡村集体企业与农业投入》,《中国农村经济》1997 年第 10 期。

（94）朱杰、赵云平:《推进农业投资体制改革　千方百计增加农业投入》,《宏观经济研究》2004 年第 11 期。

（95）朱　晶:《农业公共投资、竞争力与粮食安全》,《经济研究》2003 年第 1 期。

（96）左良伦、何开发:《财政支农支出预算管理亟待完善》,《四川财政》1999 年第 12 期。

后　记

　　《中国政府农业投入政策研究》项目于 2009 年 8 月经亚行批准正式启动。在将近 4 年的时间里,项目组全体专家围绕预定的任务开展了卓有成效的研究,经过艰苦的努力,在与亚行进行反复沟通之后,终于迎来了项目的结项。现在结集出版的是项目的核心研究成果。

　　本项目由农业部发展计划司作为执行单位,农业部规划设计研究院农业发展与投资研究所原所长(现为农业部农村社会事业发展中心副主任)詹慧龙研究员担任专家组组长,来自中国社会科学院、国务院发展研究中心、商务部培训中心、中国农业大学、中国农业科学院、农业部规划设计研究院、国际食物政策研究所(IFPRI)等单位的 10 位专家为专家组成员。同时,聘请中国农业科学院梅方权教授、国务院发展研究中心农村经济研究部部长徐小青研究员、北京工商大学校长谭向勇教授、中国农业科学院农业经济与发展研究所所长秦富教授、农业部发展计划司原基建处处长殷乐信同志担任项目研究顾问。

　　项目的实施,受到了执行单位和农业部有关部门的高度重视,杨绍品、钱克明、朱明、隋斌、郭红宇、张辉、姚向君、周启疆、刘海启、王唯琴、聂新鹏、罗东、杨军等领导和同志对研究工作给予了大力支持和热情帮助,不仅多次参加课题研讨、听取研究工作汇报,还对研究中的有关问题给予悉心指导,对遇到的困难予以热情帮助,在此谨向他们致以最高的谢忱! 亚行先后派任的项目官员林曦先生和上田刚先生为推进项目研究并争取获得理想的成果付出了艰辛的劳动,谨向他们致以崇高的敬意! 还要特别感谢农业部规划设计研究院农业发展与投资研究所和农业工程标准定额研究所的陈伟忠、康永兴、何龙娟、唐冲、孟蕾、赵彩云、邢敬、刘思、张艳平、高云、陈霞等同志,感谢帮助本书顺利出版的张怀海、张振明、詹玲等同志,同时向无私帮助和大力支持我们的其他单位和个人表示衷心的感谢!

本研究由农业发展新阶段与农业投入政策的变化、政府农业投入和中国食物安全等 6 个专题构成,各专题报告分别编排于书稿之中。各专题的研究是相关专家根据自己的任务要求,在项目研究总框架下独立进行的,成果的荣誉和责任均属于各位专家。在各专题研究的基础上,根据研究任务的要求和逻辑上的需要,专家组长开展了一些补充研究,结合云南省的实践进行了案例研究。同时汇聚各专题的主要观点,形成了项目研究总报告,作为书稿的开篇,读者可以把它看作一个自成系统的研究报告,也可以视为全书的导读。

深入全面地研究中国政府农业投入问题,是一项十分具有挑战性的工作。由于研究内容复杂而广泛,加之资料、能力等方面的局限,书中难免会存在各种不足,敬请读者批评指正。

项目专家组

2013 年 7 月于北京

责任编辑:郑　治
封面设计:石笑梦
版式设计:胡欣欣

图书在版编目(CIP)数据

中国政府农业投入政策研究/亚洲开发银行政策研究技援项目
　(TA-7306)专家组著. -北京:人民出版社,2013.7
ISBN 978-7-01-012378-3

Ⅰ.①中… Ⅱ.①亚… Ⅲ.①农业投入-农业政策-研究-中国
Ⅳ.①F320

中国版本图书馆 CIP 数据核字(2013)第 168098 号

中国政府农业投入政策研究
ZHONGGUO ZHENGFU NONGYE TOURU ZHENGCE YANJIU
亚洲开发银行政策研究技援项目(TA-7306)专家组　著

人民出版社 出版发行
(100706　北京市东城区隆福寺街 99 号)

北京新华印刷有限公司印刷　新华书店经销

2013 年 7 月第 1 版　2013 年 7 月北京第 1 次印刷
开本:700 毫米×1000 毫米 1/16
印张:15.5　字数:223 千字

ISBN 978-7-01-012378-3　定价:48.00 元

邮购地址 100706　北京市东城区隆福寺街 99 号
人民东方图书销售中心　电话 (010)65250042　65289539